이스라엘의 상상력과 기억 속에 새겨진
다윗의 진실

Copyright ⓒ 2002 1517 Media

Originally published in English under the title
David's Truth: In Israel's Imagination and Memory, second edition by Walter Brueggemann
by Fortress Press, an imprint of 1517 Media, Minneapolis, MN, USA.
All rights reserved.

Translated and used by permission of 1517 Media
through arrangement of rMaeng2, Seoul, Republic of Korea.

This Korean Edition Copyright ⓒ 2022 by Daiseo Publishing Company

이 한국어판의 저작권은 알맹2 에이전시를 통하여
1517 Media사와 독점 계약한 대서출판사에 있습니다.
신저작권법에 의하여 한국 내에서 보호를 받는 저작물이므로
무단 전재와 무단 복제를 금합니다.

이스라엘의 상상력과 기억 속에 새겨진
다윗의 진실

초판 1쇄 인쇄 2022년 2월 20일
초판 1쇄 발행 2022년 2월 25일

지은이   월터 부루그만
옮긴이   주현규
펴낸이   장대윤

펴낸곳   도서출판 대서
등 록   제22-2411호
주 소   서울시 서초구 방배동 981-56
전 화   02-583-0612 / 팩스 02-583-0543
메 일   daiseo1216@hanmail.net

디자인   참디자인

ISBN 979-11-86595-73-2 (03230)

* 책 값은 뒤표지에 있습니다.
* 잘못된 책은 교환하여 드립니다.

이 책은 신 저작권법에 의하여 한국 내에서 보호받는 저작물이므로
무단 전재와 무단 복제를 금합니다.

이스라엘의 상상력과
기억 속에 새겨진

다윗의 진실

월터 브루그만 지음 | 주현규 옮김

David's Truth in Israel's
Imagination and Memory.
Second Edition

사무엘서와 역대기에 대한 사회·문예 신학적 해석

도서
출판 **대서**

추천사

류호준 교수
(백석대학교 신학대학원 구약학 은퇴교수)

현존하는 위대한 구약 신학자를 꼽으라면 단연코 월터 브루그만을 빼놓고 생각할 수는 없을 것 같다. 창의적 구약 신학자, 적실성 있는 성경 해석자, 예언자적 상상력의 신봉자, 도전적인 설교자, 치밀한 본문 조사자, 통찰력 있는 주석가, 도발적이고 전복적 언어의 달인, 인기도서 작가 등 그에게 따라붙는 수식어들이다. 개인적으로 월터 브루그만이 저술한『구약 신학』에서 가장 인상 깊은 단어는 "증언"이었다. 구약성서는 본질상 하나님에 대한 이스라엘의 증언이라는 뜻이다. 증언한다는 것은 법정적 은유로 "진실 말하기(truth-telling)를 전제로 한다. 달리 말해 구약성서는 이스라엘이 자기들이 믿고 신뢰하는 하나님에 대해 "진실"을 말한 것을 담고 있는 다층적이고 복합적인 문헌이라는 말이다. 그 하나님이 누구이신가? 이해하기 어렵고 가늠하기 어려우며 때론 상당한 충격과 놀라움을 주시는, 그러면서도 주도적으로 다스리시는 그분이다. 그분은 어떠한 선입견의 범주 안에 가두어 둘 수도, 이해될 수도 없는 하나님이다. 이것이 이스라엘이 하나님에 대한 진실 말하기의 시작이다.

여기서 주목해야 할 사실은 브루그만이 왜 "진실"이란 용어를 그렇게도 강조하고 있느냐는 것이다. 분명 그의 성서해석 방법론과 깊게 연계되어 있기 때문이리라 추정한다. 그에 따르면 구약 내러티브는 단순히 역사적 사실을 재현하거나 재구성하기 위한 역사 비평적 문헌도, 문학적 구성을 통한 예술적 가치와 심미적 감흥을 위한 문학 비평적 문헌도 아니다. 그렇다면 이 두 가지 방법론은 필요 없다는 말인가? 그건 아니다. 브루그만은 서로 함께 갈 수 없는 듯 대척점에 있는 이 두 가지 방법론을 함께 사용하여 더 큰 목적을 추구하겠다는 것이다. 그게 무엇일까? "성경 본문의 신학적 의도와 무게"를 밝혀내는 것이다. 달리 말해 구약의 어떤 내러티브도 내러티브가 담고 있는 "진실"이 드러나기를 원하지 않는 내러티브는 없다는 것이다. 이것이 브루그만의 성경 본문에 대한 신학적 읽기다. 심지어 그 진실이 불편하고 고약스럽고 모호하고 이해 불가하더라도 그렇다는 것이다. 그의 말을 직접 들어보자. "지금 나는 진실이란 모름지기 다양한 면모(polyvalent)를 갖기 마련임을 주장하려는 것이다. 또 진실은 여러 방향으로 움직이기 일쑤다. 따라서 진실은 오직 하나의 단일한 공식이나 정형화된 어구로 축소하거나 환원해서는 안 된다"(p.54). 브루그만이 성경 해석자들에게 반복해서 경고하는 "축소 환원" 말이다.

『다윗의 진실』 본서에서 월터 브루그만은 독자들에게 본인은 역사적 다윗을 재구성하는 일에 전혀 관심이 없다고 분명히 밝힌다. 그의 관심은 오롯이 신앙공동체에 전승되고 받아들여진 다윗, 즉 성서 내러티브의 다윗을 강론하는 것에 있다. 역사적 다윗을 추구하는 작업은 결국 신기루를 좇는 것과 같이 손에 잡히는 결론은 없음을 누구보다 잘 알고 있는 브루그만은 내러티브 본문에 그려지고 있는 다윗을 진지하게 파헤쳐 그에 대한 진실을 드러내고자 한다. 이런 입장은 이 책을 비롯하여 그의 다른 모든 저서와 글에 일관되게 흐른다.

구체적으로 『다윗의 진실』과 관련한 브루그만의 성서 내러티브 해석 방법론은 무엇일까? 그에 따르면 성경 본문은 사회적 정황 속에서 태동하며 당시의 공동체적 희망을 반영하는 신학적 주장을 담고 있는 문헌이다. 이러한 신학적 주장을 담고 있는 문헌에 천착하는 일이 성서 내러티브를 다루는 해석자가 해야 할 가장 중요한 임무다. 그의 말로 대신하자면 이렇다. "이런 차원에서 내가 전개하려는 연구는 사회적 정황과 문학적 구성방식, 그리고 신학적인 주장 이 세 가지 측면에 주안점을 둔 것이라고 말할 수 있다. 이 세 가지 중에 어느 하나만으로는 아무런 의미도 갖지 못한다. 신학적 주장은 문학적인 표현 및 구성방식과 긴밀하게 연결되어 있다. 하지만 신학적 주장과 문학적 구성방식 둘 다 특정 사회를 반영하기 마련이다"(p.61). 저자의 관심과 목적은 본문의 사회적 배경과 문학적 구성을 통해 다윗에 관한 네 가지 유형의 "진실"을 보여주는 신학적 주장을 설득력 있게 독자들에게 제시하는 데 있다.

다윗에 관한 첫 번째 진실은 "다윗의 부상(浮上)"을 다루는 삼상

16:1~삼하 5:5을 중심으로 파헤쳐지는데, 자신의 미래에 대해 천진난만한 믿음을 가진 순수한 다윗을 그리고 있다. "변방의 인물이 적법한 권력을 잡는 자가 될 수 있음을 보여주는 이야기다. 다윗은 나중 된 자가 첫째가 된다는 것을 보여주는 모델이다." 그를 통하여 내레이터는 역사적 실재에 대한 대안적 그림과 안목을 제공하는 "지파의 염원이 가득 담긴 진실"을 말하고자 한다.

두 번째 다윗에 관한 진실은, 이른바 "왕위계승 내러티브"(삼하 8~20장; 왕상 1~2장)에 그려진 "한 인간에 대한 고통스러운 진실"이다. 왕의 개인적 실패와 잘못, 권력 남용들로 인한 추한 다윗의 실체를 여과 없이 보여준다.

다윗의 세 번째 진실은 다윗의 왕권 장악과 야웨가 새로운 왕과 언약을 맺는 기사들 안에 반영된다(삼하 5, 6~8, 18장). "왕국의 확실한 진실"로 표현될 수 있다. 왕의 통치는 하나님의 통치와 거의 동일시된다. 매혹적이며 역동적인 앞선 두 내러티브와는 달리 세 번째 내러티브는 종교적 제의와 언약이념이 전편에 건조하게 흐른다.

마지막, 네 번째 다윗의 진실은 왕권의 예전에 관한 약속들(시 89, 132편; 애 3:21-27; 사 55:4)과 역대기에 반영된 교회적 전승(대상 10~29장)이 회중의 "희망 가득한 진실"을 투영한다는 것이다. 여기서 회중은 신앙공동체를 지칭하는데, 정치적 탁월함에서 희망의 근원을 찾지 않는 신앙공동체를 말한다. 이 공동체는 현실적으로 신앙을 삶으로 살아내며 다가올 미래를 상상하고 기대하는 공동체다. 이러한 신앙공동체는 적어도 지배적인 세속 제국의 힘과 논리에 의해 좌지우지하지 않는 삶의 방식을 추구하는, 가장 겸손하면서도 실행

가능한 역사적 실체인데, 저자는 이 역사적 실체를 "소망 어린 진실"이라고 명명한다(p.239). 여기서 다윗은 유대 왕조가 새롭게 되는 갱신의 원형으로, 경건한 성전 예배자의 모델로 그려진다.

다윗에 관한 네 가지 진실을 기승전결의 형식을 따라 점진적이고 역동적으로 전개하는 브루그만의 필력은 가히 압권이다. 특별히 다윗에 관한 다양한 전승들 사이의 충돌과 모호성과 상충에도 불구하고 각 전승이 드러내는 다윗에 관한 진실을 조화시키거나 축소 환원하지 않고 있는 그대로 독자에게 내보이는 저자의 신실함과 용기에 박수를 보낸다. 단 하나의 조직적이며 일관된 다윗 표상을 만들어내는 것을 거절하고, 살과 피를 지닌 다윗을 통해 일하시는 하나님의 진실을 말하기 때문이다.

독자들은 브루그만이 우리에게 "다윗 사진"이 아니라 "다윗 초상화"를 보여주려고 애쓴다는 점을 기억하기를 바란다. 이런 점에서 신약의 4 복음서와 비슷하다. 역사적 예수를 발굴하기 위해서가 아니라 "예수의 진실"을 발견하기 위해 4 복음서를 읽는 것이 아닌가! 예수에 관한 네 가지 서로 다른 초상화를 통해 해석자와 독자들은 예수라는 분의 실체적 진실을 배우게 되듯이, 브루그만이 말하듯이 네 가지 다윗 초상화 연구를 통해 "구약성경이 말하는 진리(진실)가 명확하게 조명되기를 바란다. 이에 더하여, 다윗의 진실을 탐구하는 이 연구가 가끔은 입으로 발설하기 곤란하고 또 때로는 고약하기 짝이 없는 우리 자신에 관한 진실도 몸소 깨닫고 바르게 성찰하는 데 도움을 주었으면 좋으리라"(p.62).

언제나 그렇듯이, 브루그만의 글은 인습적 사고방식에 철퇴를 가하고, 성경을 표피적으로 다루지 않도록 자극하며, 성서의 새로운 세상을 보게 하며, 무엇보다 "진실 말하기 공동체"를 지향하도록 이끈다. 생각하는 목회자들과 신학도들의 신학적 해석학적 안목에 새로운 지평을 열어줄 마법의 피리와 같다. 곱씹어 읽고 소화해내 영적 근력을 강화해보기를 권하면서 이 책을 강력히 추천한다.

추천사

차준희 교수
(한세대학교 구약학 교수, 한국구약학회 회장 역임, 한국구약학연구소 소장)

구약성경에서 다윗은 여러 가지 모습으로 묘사된다. 사무엘서에서는 '기민한 정치인'으로, 시편에서는 주로 '탄식하는 인간'으로, 역대기에서는 '경건한 신앙인'으로 그려진다. 신약성경에서는 예수를 새로운 다윗으로 이해하면서 다윗은 메시야 전승과도 연결된다. 따라서 다윗에 대한 성서적 해석이 올바로 정립되지 않는다면, 구약성경과 신약성경의 중요한 핵심을 놓치고 말 것이다.

다윗은 한편에서 "피에 굶주리고 성욕으로 숨을 헐떡이는 도적"(J. L. McKenzie)으로 부정적으로 평가되기도 한다. 다른 한편에서 "다윗의 순전한 믿음은 오늘날 우리 눈에 잘 띄지 않지만 내러티브 기저에 품위 있게 깔려 있다"(S. Terrien)는 긍정적인 평가도 받는다. 도대체 "다윗, 그는 누구인가?" "다윗의 진실은 무엇인가?" 이 책은 이러한 질문에 답한다.

이 책은 다윗 내러티브에 관한 전문적인 연구서이면서 평이한 해설서이다. 저자는 다윗 내러티브들이 단순한 역사적 기록물들도 아니며, 어떤 사건들을 아무런 의도 없이 순차적으로 기술해 놓은 것도 아니며, 높은 예술성과 상상력까지 가미해서 새롭게 재구성한 문학 작품이라고 주장한다. 저자는 역사비평을 기반으로 하지만, 그것을 넘어서 사회적 차원인 사회비평과 수사적 차원인 수사비평을 능숙하게 접목하여 본문을 분석한다. 그러나 저자의 주된 관심사는 본문을 사회적으로 혹은 문학적으로 연구하는 것 자체가 아니고, 성경 자체의 의미와 형태를 진지하게 주목하면서, 성경 본문이 신학적인 의도와 무게를 가지고 있음을 밝히는 데 있다. 저자의 연구는 사회적 정황과 문학적 구성방식과 신학적인 주장이라는 세 가지 측면에 주안점을 둔다. 사회비평과 수사비평을 탁월하게 접목하여 신학적 메시지까지 도출하는 것이 저자만의 특기요 장점이면서, 저자가 많은 독자들에게 환영받는 이유이기도 하다. 신학적 메시지는 오늘의 다윗 이해에 방향을 제시한다.

저자는 1장에서 다윗이 속한 지파의 염원이 가득 담긴 진실(삼상 16:1-삼하 5:5), 2장에서 한 개인이 인격을 통해 고스란히 겪어야만 했던 고통으로 점철된 진실(삼하 9-20장; 왕상 1-2장), 3장에서 왕위에 올라 왕조와 통치를 견고히 다져 나가기를 원한 다윗에 의해 확실하게 드러난 진실(삼하 5:6-8:18), 4장에서 현재를 거쳐 앞으로 종말론적으로 다가올 미래를 위해 투영된 회중의 소망어린 진실(시 89편; 139편; 애 3:21-27; 사 55:3; 대상 10-29장)에 대하여 독자들을 설득하고 있다.

브루그만은 현존하는 구약학자 가운데 가장 신뢰할만한 탁월한 학자이다. 저자는 학문과 현장을 능숙하게 가교하는 몇 안 되는 학자 가운데 하나이다. 브루그만은 연구자나 목회자나 신학생들에게 언제나 믿고 보는 구약 선생이다. 비교적 다윗에 관한 구약학자의 연구서가 많이 부족한 우리나라의 상황에서 믿을만한 구약학자의 탁월한 다윗에 대한 해석이 출간됨에 기쁨을 금할 수 없다. 그것도 브루그만의 책이 말이다.

추천자도 브루그만의 책을 몇 권 번역을 한 바 있다. 사실 브루그만은 철학적이고 해석학적이고, 사회학적이고 교육학적인 개념과 사상을 늘 자유자재로 사용하고, 글도 상징적인 언어로 표현하는 경우가 많기 때문에 번역자의 애로사항이 말이 아니다. 그런데 이 번역서는 가독성이 남달리 뛰어나다. 전혀 번역서 냄새가 나지 않는다. 글을 잘 쓰는 우리말 저자의 글로 보이는 것도 신기하다. 외국어 능력과 전문 내용의 숙지 그리고 우리말 능력이 뛰어난 역자의 노고에 박수를 보내고 싶다. 복잡한 인물인 다윗의 진실을 깨닫고, 교훈을 받고 전하기를 원하는 분들에게 적극적으로 일독을 권한다. 브루그만의 책인데, 무엇을 주저할까!!

추천사

김회권 교수

(숭실대)

1985년에 처음 출간된 월터 브루그만(Walter Brueggemann)의 『이스라엘의 상상과 기억 속에 있는 다윗의 진실』을 개정증보한 이 책은 다윗과 관련 성경본문을 규범화시켜 읽으려는 단색적 교훈적 읽기를 교정해주고 보완해 준다. 쉽게 말해 다윗을 도덕적 신앙적 영웅으로만 알고 있는 독자들에게는 낯설고 불편한 진실도 주목함으로써 하나님 앞에서 분투했던 신앙인 다윗의 면모를 입체적으로 보여주는 책이다.

역대상 10-29장은 다윗의 모든 흑역사를 지워냈고 예루살렘 성전건축을 위해 온 정성을 쏟고 레위 찬양대를 세운 이스라엘 예배와 예전 창조자 다윗의 밝은 면만 집중한다. 그러나 삼상 17-삼하 9장, 삼하 10-12장, 삼하 13-21장, 그리고 왕상 1-2장은 다윗의 진실을 복잡미묘하고 긴장감 넘치는 방식으로 보여준다. 삼상 17-삼하 9장은 대체로 신앙적 영웅 다윗과 정치적 경륜가 다윗의 성군다운 모습을 한껏 부각시킨다. 반면에 삼하 10-21장까지는 인간적 허물과 죄로 굴욕당한 후 재활복구되는 죄인 다윗의 면모를 사실적 묘사한다.

저자 브루그만은 구약성경의 메시지들 사이에 존재하는 긴장, 충돌, 혹은 대조의 양상을 정직하게 주목하며 이 긴장, 복잡미묘한 관점의 병치가 성경의 진실이라고 굳게 믿으며 다윗의 진실을 파헤친다. 그는 다윗에 관한 성경증언들이 다른 관점을 가진 채 편집된 점을 주목한다. 또 그는 다윗 관련 본문을 읽고 해석하는 일을 〈메시지들이 서로 다른 음조와 선율로 긴장을 자아내고, 그 진실이 함께 충돌하며 때로는 아이러니와 역설로 가득한 복잡미묘한 의미를 창출해 낸다는 사실을 인식하는 것은 실로 엄청난 일〉임을 강조한다. 그래서 이 책은 감동적이며 성경의 문예적 위대함과 신학적 심오함을 동시에 보여준다. 역자 주현규 교수의 번역문장도 참 좋아 참 잘 읽힌다. 모든 목회자들과 성경애독자들에게 일독을 권한다.

옮긴이 서문

주현규
(백석신학대학원 연구실에서 2021년 크리스마스를 앞둔 대림절 어느날)

월터 브루그만의 저서들은 늘 우리에게 가슴 떨리는 흥분과 설렘 그리고 신선한 충격을 선사합니다. 학계에서 은퇴한지 수 십년이 지난 현재까지도 쉼 없이 연구와 저작활동에 매진하는 성실함도 놀랍기 그지없지만, 특별한 혜안(慧眼)으로 성경을 읽어내는 그의 해석은 독자들로 하여금 경탄을 자아내게 하기에 조금도 부족함이 없습니다. 브루그만 자신이 공공연하게 말하기도 하고 타인들에 의해 자주 회자되는 것처럼, 그는 구약성경의 창의적(creative)이고 전복적(subversive)이며 도발적(provocative)인 특징들을 정확하게 포착하여 신학적으로나 문학적으로 빼어나게 부각시키는 거장으로서의 면모를 선보이곤 합니다. 브루그만이 자주 주장하는 말이 있습니다. 즉 구약성경은 고대근동 사회에서 마치 진리처럼 수용되고 신앙되던 거짓 세계관과 지배 논리에 대항하여, 대안적인 논리와 세계관을 제공하고, 그것에 입각해 세상과 역사를 이해하게 하는 새로운 지평을 제시하는 무대이자 통로라는 주장 말입니다. 이와 같은 브루그만의 통찰과 주장은 사무엘서와 역대기를 주로 다룬 본서 『이스라엘의 상상력과 기억 속에 새겨진 다윗의 진실』에서도 여지없이 드러납니다.

브루그만은 지난 세기 중후반에 신학과 관련한 세부 전공과 영역을 불문하고 북미와 유럽에서 맹활약한 구약 학자입니다. 성경신학과 그 신학적 담론을 진지하게 공부하고자 하는 한국의 신학생들과 목회자들에게도 별도로 소개할 필요가 없을 정도로 상당히 인지도가 있는 인물이기도 합니다. 브루그만은 목회자와 설교자를 위한 *Interpretation* 시리즈에 포함된 *Genesis* (John Knox, 1982)와 *First and Second Samuel* (John Knox, 1990) 두 권의 주석(『창세기』; 『사무엘서』, 한국장로교출판사, 2000), 그리고 구약성경에 대한 방대한 신학 작업을 시도한 *The Theology of Old Testament* (Fortress, 1997; 『구약신학』, 기독교문서선교회, 2003)가 2000년대 초반에 번역-출판되면서부터 한국의 일반 독자들에게 본격적으로 알려지기 시작했습니다. 그리고 브루그만이 1978년도에 세상에 내놓은 역작 *The Prophetic Imagination* (『예언자적 상상력』)이 2009년에 개정되면서 그 초판과 개정판이 같은 해에 성서유니온과 복있는사람에 의해 차례로 번역되었고, 그의 신학 사상과 성경 해석이 신학교에서 활발하게 논의되기에 이르렀습니다. 그 이후로 비교적 최근 작품인 *Sabbath as Resistance* (Westminster John Knox, 2014; 『안식일은 저항이다』, 복있는사람, 2015)와 *The Practice of the Prophetic*

Imagination (Fortress, 2012; 『예언자적 설교』. 복있는사람, 2018) 등 근 20년 동안 다양한 주제와 여러 분야에 걸쳐 브루그만의 연구 저서들이 계속해서 소개되고 있습니다.

본서 『이스라엘의 상상력과 기억 속에 새겨진 다윗의 진실』를 번역하게 된 계기를 설명하려면 브루그만과 얽힌 개인적인 이야기를 좀 해야 할 듯합니다. 저 또한 2000년대 초반에 신학대학원에서 수학하던 시절 브루그만의 이름과 그의 저서들을 처음 접했습니다. 그런데 브루그만의 영어 원문을 수소문하여 찾아내 처음 읽었던 책은 그의 예레미야 주석 (*A Commentary on Jeremiah: Exile and Homecoming*. Eerdmans, 1998)이었습니다. 공교롭게도 앞에서 소개한 브루그만의 『구약신학』을 번역한 류호준 교수님이 바로 저의 은사님이셨습니다. "추방과 귀향"이라는 구도를 통해 예레미야서에서 고통하는 장본인으로 드러나는 분은 정작 야웨 하나님이시며, 그분의 정념(pathos파토스)이 이입된 예언자 예레미야가 신명기에 입각해 당시 이스라엘의 역사적 상황을 읽어내는 한편 대안적 세계관과 전망을 제시한다는 브루그만의 설명은 정말이지 압권이었습니다. 그 이후로도 브루그만의 논문과 책들은 저의 책상 위에서 늘 떠나지 않았습니다.

미국 미시간에 위치한 칼빈 신학대학원에서 공부하던 시절 동안 저는 사무엘서와 지혜서 연구에 몰두해 있었는데, 그때 구약 내러티브를 가르치신 은사님이셨던 에리 레더(Arie C. Leder) 교수님은, 본서 『이스라엘의 상상력과 기억 속에 새겨진 다윗의 진실』과 앞에 언급한 『사무엘서』 주석과 더불어, 출애굽기를 신학적으로 분석한 브루그만의 *Peace* (Chalice Press, 2001)라는 책을 반복해서 읽게 하셨습니다. 그리고 또 한 분의 은사님이신 칼 보스마(Carl Bosma) 교수님은 구약 시가서를 가르치셨는데 브루그만의 시편 주석(*The Message of the Psalms: A Theological Commentary*, Fortress, 1985)과 해석서 (*The Psalms and the Life of Faith*, Fortress, 1995)를 늘 거론하곤 하셨습니다.

급기야 토론토 대학에서 박사 학위 중이던 어느 날 브루그만을 직접 만날 기회가 찾아왔습니다. 2010년 봄 나이아가라 폭포 인근 지역 교회에서 열린 특강 세미나에 브루그만이 주강사로 초빙되어 온 것입니다. 당시 브루그만이 강의한 주제는 그가 저작한 시편 주석과 해석서에 관한 내용을 기초로 한 것이었습니다. 신학대학원과 석박사 과정을 거치면서 저의 은사님들이 그의 저서들을 읽고 공부하게끔 워낙 친절하게(?) 안내해 주신 덕분에, 저는 브루그만과 꽤 심도 있는 이야기를 나눌 수 있었습니다. 그리고 대화를 마무리하면서 훗날 기회가 된다면 본서를 번역하여 한국의 신학생들에게 알리겠노라 약속했었습니다. 외국에서 온 박사 후보생의 당찬 열의에 호탕하게 웃으며 행운을 빈다고 답했던 브루그만의 얼굴이 아직도 눈에 선합니다. 아무튼 10여 년 전에 그와 맺었던 약속을 이렇게 지킨 셈입니다!

브루그만과의 만남을 뒤로 한 후로, 구약신학 및 해석학과 관련하여 구약성경은 일원화된 신학적 주제만을 구가하기보다는 본문의 맥락에 따라 다양한 주제와 목소리(Polyvalent voices)를 발하되—변증법적인 차원을 뛰어넘어—그 긴장과 충돌 및 심지어 모순적인 관계 속에서 특유의 메시지를 형성하는 특성을 갖고 있다는 그의 인식과 주장은 저에게 획기적인 해석학적 지평을 선사해 주었습니다.

독자들이 이 책을 읽을 때 미리 숙지하면 도움이 될 만한 세 가지 정도 중요한 사항이 있습니다. 먼저, 저는 브루그만이 집필한 본서 영문본의 의미를 충실하게 반영하고자 노력하되, 문자적인 의미에 갇히기보다는 그것을 의역하여 가독성을 높이는데 초점을 뒀습니다. 이미 잘 알려진 바와 같이, 브루그만은 워낙 철학적이고 해석학적인 내용들을 자주 언급하기도 하고, 그러한 내용들을 비유와 은유를 사용하여 상징적 언어로 설명할 때도 무척 많습니다. 그런 문장들이나 단락들을 번역하느라 골머리를 적잖이 앓기도 했습니다만, 독자들이 저자가 말하고자 하는 바를 좀 더 쉽게 이해하게끔 일상의 언어나 구어체로 옮겨 놓았습니다.

다음으로, 책 제목과 내용 중에 빈번하게 사용되는 '진실'이라는 단어에 관한 설명이 좀 필요합니다. 이 단어는 본서에서 브루그만이 펴는 주장과 성경 해석을 이해하는 데에 가장 중요한 역할을 합니다. '진실'을 뜻하는 영단어는 Truth입니다. 아마도 대부분의 독자들은 Truth 하면 '진리'라는 단어를 대번에 떠올릴 것입니다. 하지만 '진리'의 성경적인 의미는 본래 하나님의 성품을 하나님께서 직접 선언하신 '하나님은 진실하시다'라는 말씀에서 비롯된 것입니다(출 34:6). 이러한 성경신학적 이해를 바탕으로 번역상의 어감을 함께 고려하되, 개역개정의 성경구절을 인용하거나 교리적 담론을 언급할 때는 '진리'로, 그외 내러티브 사건을 설명할 때는 상황에 맞춰 '진실'로 번역했습니다.

세 번째 사항은 하나님의 고유한 이름을 뜻하는 네 개의 문자 즉 '신성사자'(神聖四字, Tetragrammaton)에 관한 것입니다. 한글개역이나 개역개정 성경은 하나님의 이름을 '여호와'로 번역했지만, 히브리 발음상으로는 '야웨'에 더 가깝습니다. 그래서 브루그만 역시 하나님을 '야웨'(Yahweh)라는 이름으로 빈번하게 부릅니다. 따라서 본서에서는 개역개정을 직접 인용할 때는 '여호와'라는 호칭을 그대로 사용하고, 그 외의 경우에는 브루그만의 의도를 십분 인정하여 '야웨'로 옮겼음을 미리 말씀드립니다.

자 이제 마지막으로, 본서가 번역 출판되기까지 물심양면으로 도움의 손길을 아끼지 않은 분들에게 고마운 인사를 드리고자 합니다. 2020년도 초반, 한국을 포함한 전 세계가 Covid-19 전염병 확산이라는 그 끝을 가늠할 수 없는 길고도 끔찍한 암흑의 터널에 진입하는 상황이었음에도 불구하고, 흔쾌히 이 책의 판권 구입은 물론 번역과 출판에 관한 모든 문제들과 과정들을 세심하게 살펴 준 대서 출판사 장대윤 대표님께 감사의 마음을 전합니다. 그리고 대서 출판사와 협업하여 교정과 편집 작업을 맡아 수고를 아끼지 않은 세움북스 편집부 여러분들께 고마움을 표합니다. 초벌 원고를 예리한 눈으로 일일이 검토하고 나름의 평가와 의견을 제공해 준 이길복 목사님에게는 너무나 큰 사랑의 빚을 졌습니다. 이 모든 분들의 도움과 헌신에도 불구하고, 번역과 관련한 어떤 문제나 오류가 발견된다면 그것은 오롯이 저의 몫이며 책임입니다.

아무쪼록 브루그만이 천착한 사무엘서와 역대기 및 여타의 구약 본문들에 실린 다윗 이야기에 관한 깊은 사고와 이해를 바탕으로, 학계에서는 성경에 대한 보다 심도 있는 연구가 진행되고, 교회 강단에서는 실존적이면서도 실제적인 하나님의 말씀이 더욱 풍성하게 선포되기를 간절히 바라는 마음으로, 목회자들과 신학생들에게 이 책을 되풀이해서 정독하기를 강력히 추천하며 옮긴이 서문을 마무리하고자 합니다.

개정판 저자 서문

월터 브루그만
(콜럼비아 신학대학원에서 2002년 1월 29일)

포트리스 출판사(Fortress Press)가 이 책 『이스라엘의 상상력과 기억 속에 새겨진 다윗의 진실』의 개정판을 출판한 것에 대해 기쁨을 감출 수 없다. 특별히 열의를 가지고 개정 작업에 임해준 K. C. 한슨(K. C. Hanson)에게 감사한 마음을 전한다. 그는 더 세밀하게 정제되고 다음어진 형태로 이 개정판의 완성도를 높임으로써 내가 말하고 싶은 내용을 훨씬 더 예리하게 부각시키는 데 큰 도움을 주었다.

1985년도에 출판된 『이스라엘의 상상력과 기억 속에 새겨진 다윗의 진실』 초판은, 역사비평(historical criticism)이라고 하는 하나의 방법론에 몰두한 지난날 나의 학문적 틀에서 벗어나, 수사적이고 사회적인 차원(rhetorical and sociological dimensions of interpretation)으로 해석의 지평을 전환시켜 나가는 새로운 움직임에 관심을 기울이기 시작하던 시절에, 내가 세상에 내놓은 책이다. 당시에는, 소싯적에 몰두하던 방법론과 이론을 뒤로하고 새로운 해석의 지평으로 전환했다는 사실이 그렇게 중요한 것은 아니었다. 하지만 구약학계 안에서 내가 시도한 연구가 주요 사례로 많은 학자들의 주목을 받았다는 점은 분명 특이할 만한 일이었다. 적어도 내 저작이 이미 폭넓게 진행중이었던 성경신학의 경향을 대변한 셈이기 때문이리라.

그때만해도, 본서에서 시도한 나의 성경 해석과 그에 따른 주장은, 이미 널리 고착되어 대안을 모색하기 힘든 성경 해석과 근거 없는 확신을 넘어서는 대담한 모험과도 같은 것이었다. 핵심 요점은 구약성경에 나오는 다윗 내러티브들이 단순한 역사적 기록물도 아니며, 어떤 사건들을 아무런 의도없이 순차적으로 기술해 놓은 것도 아니라는 사실을 직시하는 데에 있었다. 오히려 그 내러티브들은 높은 예술성에 상상력까지 가미해서 새롭게 재구성한 문학 작품과 같은 문헌들이다; 결과적으로, 내가 이 책에서 언급하는 "진실"(truth)이라는 단어의 개념은 전반적으로, 아이러니라고 치부해 버리지 않는 한, 언어유희 성격이 매우 강하다. 지금에 와서 하는 말이지만, 최근 학자들은 대체적으로 내가 시도한 것과 유사한 방법으로 성경 본문을 해석한다. 물론 내가 이 책의 초판을 내놓을 때만해도 이러한 조짐은 보이지 않았을 뿐만 아니라, 그렇게 시도하는 것조차 쉽지 않았다.

사무엘서에 포함된 다윗 내러티브들은 고대 이스라엘에 대해 기술한 내러티브들 중에서도 가장 역동적이고 예술적인 작품들이다. "솔로몬식의 계몽주의"(Solomonic Enlightenment, 폰 라드[Gerhard von Rad]가 사용한 용어이며, 본서에서도 자주 언급할 것임)는 이제 학자들 사이에서 설 자리를 서서히 잃어가고 있지만, 그 역사적인 유래는 차치하더라도 해당 문헌 안에 이전까지 알지 못했던 상당히 새로우면서도 상이한 다른 메시지들이 풍성히 들어있다는 점을 인식하는 한 가지 방법을 제공해 준다. 다윗에 관한 내러티브들은 부단히 우리의 관심을 끌어왔다. 아주 경이롭고 섬세하게 인물을 묘사하지만, 중요한 사건들에 대한 정보를 단번에 꺼내 놓지 않고 우리로 하여금 조바심을 갖고 계속 궁금증을 자아내게 만들기 때문이다. 환언하자면, 이 내러티브들은 충격적인 방식으로 내용을 전개하되 많은 것들을 감춤으로써 독자들의 상상력을 끊임없이 자극하는 심층적인 기반을 제공한다.

다윗에 관해 저술한 이 책 안에는, 과거에 내가 몇몇 저널에 실은 소논문들과, 『이스라엘의 상상력과 기억 속에 새겨진 다윗의 진실』 초판을 기반으로 해서 쓴 사무엘서 주석(1990)의 핵심 내용들이 포함되어 있다. 내가 다윗에게 큰 관심을 보이는 이유는, 고대 이스라엘이 상상한 세계와 고대 이스라엘 공동체가 수립한 "신앙과 역사" 한 가운데에 다윗이 자리하고 있다는 인식 때문이다. 고대 이스라엘의 역사에서, 다윗은 준엄한 신앙을 구가한 모세의 시대와 예루살렘이 멸망한 시기 사이에 살았던 역사적 인물이다. 결과적으로, 이스라엘에게 주어진 예술 작품 같은 구약성경은 다윗을—야웨께서 통치하시는 이 세계 안에서 양면적으로 혹은 모순적으로 병존하는 야웨의 견고한 약속과 세상의 지극히 위태로운 위험을 동시에 전달하는—매개체로 묘사한다.

일전에 나는 사무엘서에 실린 내러티브들 중에서도 예술성이 가장 큰 다윗 내러티브들 안에 이 "진실"이라는 단어 내지는 개념이 언어유희와 아이러니의 형태로 "메시지"를 창출해 내는 온갖 종류의 문예적 장치들이 가득하다는 결론에 도달한 바 있다. 그런데 이뿐만 아니라, 다윗에 대해 서술한 가장 근원적인 이 내러티브들 말고도, 같은 사무엘서에 포함된 공적으로 검증된 연대기와 신탁들, 그리고 시편과 역대기에 나오는 다윗에 관한 여타의 문헌들 역시, 다윗의 "진실"을 반영한 다양한 성경 본문들이라는 사실을 분명히 깨닫게 되었다. 피할 수 없는 결론은, 구약성경에 실린 여러 문헌들에서 다양한 차원의 "진실"을 창출해 내는 "다윗" 덕분에, 때로는 서로 경쟁하기도 하고 혹은 충돌을 일으키는 전승들—즉, 다채로운 음조와 선율이 한 데 어우러진 진실(multi-voiced truth)—이 창출된다는 점이다. 이 진실은 앞서 열거한 서로 다른 성경 문헌들 안에서도 쉽게 조율되지 않으며 기존 질서에 터를 잡고 안주하지도 않는다.

역사비평적 연구 방법들로부터 전환을 꾀하는 와중에, 나는 성경 본문을 수사적 관점으로 해석하는 접근법을 제임스 뮬렌버그(James Muilenburg)통해서, 그리고 노만 갓월드(Norman Gottwald)를 통해서는 사회적 의식과 함께 이데올로기를 강조하는 해석법을 배웠다. 당시에 나는 방법론적으로 그리 섬세하지도 않았고 거기에 완전히 얽매이지도 않았다. 왜냐하면 내 나름의 방법론을 찾아가는 과정 중에 있었기 때문이다. 그럼에도 불구하고, 그 시절에도 연구 방법론과 관련하여 곧 도래하게 될 급변의 시대에 발 맞추어 올바른 방향으로 나아가고 있음을 직관적으로 인식하고 있었다. 성경 본문을 해석하는 방법론을 더 명확하게 구축하지 않은 것은 후회스럽기도 하다. 하지만 안타깝게도 내가 방법론을 구축하던 때는 새롭게 출현하는 방법론들에 대한 명확한 이해를 얻기 힘든 시절이었으니 어쩌겠는가?!

그 이후로 새롭게 출현한 방법론들에 입각해서 다윗을 연구한 결과물들이 홍수처럼 쏟아져 나왔다. 그 중에서도 가장 중요한 최근 연구결과들 몇 가지만 선별하여 간략히 소개하려고 한다.

먼저, 로버트 알터(Robert Alter)의 저작인 *The David Story*이다. 본서는 주로 해석에 대한 주(notes)를 달아가며 본문을 새롭게 번역해 놓은 것이다. 그러나 이 책은 알터가 일찍이 세상에 내놓은 매우 중요한 작품인 *The Art of Biblical Narrative* (1981; 『성서의 이야기 기법』 아모르문디, 2015)를 토대로 한 사례 연구로 이해하는 것이 좋을 듯하다. 알터는 성경 본문을 문예적인 시선으로 해석하는 데에 주안점을 둔 학자이기 때문에, 본문에 관한 역사적이거나 이데올로기적인 사안들에 대해서는 별로 관심을 기울이지 않는다. 그럼에도 불구하고 독자들에게 신선한 해석과 독법을 제공해 준다는 점은 확실하다.

다음으로, 로버트 폴진(Robert Polzin)이 써낸 *David and the Deuteronomist*라는 저서다. (바흐친[Bakhtin]과 볼로시노프[Voloshinov]를) 위시로 한 러시아의 문학 이론에 입각해, 폴진은 이스라엘 전승에 관해서 앞에 언급한 책을 포함하여 세 권의 책을 출판했는데, *Moses and the Deuteronomist* (1980)과 *Samuel and the Deuteronomist* (1989)가 나머지 두 권의 책에 해당한다. 폴진의 주된 관심사는 성경 안에 공명하는 풍성하고 다양한 메시지들을 포착하는 것이다. 두 말할 필요 없이 폴진은 상당히 중요한 연구 결과들을 이끌어냈다. 하지만, 내가 판단하기에, 폴진은 성경 본문에 등장하는 핵심 인물들의 행보와 삶보다는 본문의 편집 과정을 밝히는 일에 지나치게 몰두한다. 그러나 폴진의 이론과 해석은 성경 내러티브가 지닌 복잡미묘함을 드러내는 성과를 거뒀음을 부인할 수 없다.

이어서, 제임스 플래너건(James W. Flanagan)의 저작물인 *David's Social Drama*라는 작품이다. 플래너건은 "입체화상"(hologram), 즉 성경 본문들 저마다의 독특한 특성들은 모든 부분들을 모아 놓은 총합 안에 존재한다는 꽤 설득력 있는 주장을 제기한다. 이러한 주장의 연장선상에서, 플래너건은 다윗 내러티브의 특징들을 통해 초기 철기시대의 모든 면모들을 하나하나 추적해 밝혀낼 수 있다고 제안한다. 플래너건의 연구 프로젝트는 실로 어마어마한 것으로, 방법론에 관한 관심이 폭발적으로 증가하던 시기에 제기되었다. 플래너건이 펴낸 책은 분명 새로운 관점들을 맛볼 수 있는 접점을 제공해 주지만, 관련 사안들을 모두 해결해 나가기엔 너무 이른 시기에 발표된 감이 없지 않다.

스티븐 맥켄지(Steven L. McKenzie)가 쓴 *King David: A Biography*라는 책은 우리가 진행할 논의를 연상시킨다. 특히나 간결하고 명확할 뿐 아니라, 다윗에 관한 문헌들을 해석하는 작업과 방법론이 얼마나 복잡하게 발달해 왔는지를 잘 반영하고 있어서 유용하다.

바룩 할펀(Baruch Halpern)은 *David's Secret Demons*라는 책을 써냈다. 이 중요한 저작에는 두 가지 의도가 반영된 것으로 보인다. 해당 책의 제목과, 다윗이라는 인물을 묘사한 특정 본문에 대한 해석은, 이 핵심 인물이 매우 입체적이며 문제가 될 만한 여지가 있음을 잘 보여준다. 할펀의 의식 기저에 깔려 있는 관심사는, 다윗과 같은 인물이 역사적으로 존재했음을 부정하는 "최소주의자들"(minimalists)에 대항하여, 다윗의 생애는 물론 그가 다스린 이스라엘 왕국의 역사성을 구축하려는 데에 있다. 할펀이 조심스럽게 제기한 이러한 주장이 어떤 영향을 가져올지 판단하기는 아직 이르다. 하지만 그 결과가 어떤 식으로 드러나든, 역사성과 문예적인 특성을 동시에 다루는 것은 매우 어려운 작업임은 부정할 수 없는 사실이다. 게다가 해당 저서는 최근 학계에서 진행되고 있는 다윗을 묘사한 문헌들에 관한 핵심적인 논쟁을 독자들에게 정확하게 설명해 준다.

유진 피터슨(Eugene H. Peterson)이 사무엘서에 관한 주석처럼 여러 본문들을 주해한 *Leap Over a Wall*(『다윗, 현실에 뿌리박은 영성』, IVP, 2011)도 참고할 만하다. 이 책은 "일상의 삶 가운데 살아내는 영성"(earthy spirituality)을 주로 다루되, 성경 본문의 맥락을 신학적으로나 문예적으로 아름답고 유려하게 풀어내 독자들로 하여금 잘 이해하게 하는, 아무나 흉내 낼 수 없는 피터슨만의 능력을 선보인다. 결과적으로 해당 작품은 대중적인 책이면서도, 우리가 진행하려는 논의와 관련하여 좋은 접점을 선사해 준다.

마르티 스튀시(Marti J. Steussy)가 펴낸 *David: Biblical Portraits of Power*도 반드시 참고해야 하는 훌륭한 저서다. 이 책은 단도직입적으로 다윗을 조명한다. 특히 책 제목에 언급된 초상들(Portraits)이라는 용어가 복수형태로 사용되었다는 점이 중요하다. 스튀시는 구약 전승이 다윗이라는 인물을 여러 가지 모습으로 서로 다르게 묘사하는데, 때로는 서로 다르다는 차원을 넘어서서 충돌과 모순을 일으킨다는 사실을 지적한다. 정확히 말해서, 이 연구야말로 내 의견과 가장 일치하는 지점이 많다.

지금까지 거론한 저서들 외에, 이 개정판 뒷부분에 한숨이 빼곡히 열거해 놓은 참고문헌 목록(*Selected Bibliographies*)은, 다윗에 관한 기사들을 새로운 안목으로 연구하는 일에 학자들이 얼마나 뜨거운 열정과 많은 에너지를 쏟아 붓고 있는지를 한 눈에 보여준다. 당연한 말이지만, 독자들은 성경의 특정 본문이나 문제점을 깊이 파고든

논문이나 책의 형식으로 진행된 새로운 연구들을 통해 수확한 풍성한 결실들을 간과하지 말아야 한다. 그런데 그 중에서도 래리 라이크(Larry L. Lyke)의 *King David with the Wise Women of Tekoa* (1997)가 특히 중요하다. 여타의 연구들에 비해 상대적으로 최근에 발표된 이 연구 저작물은 다윗에 관한 문헌들을 새롭게 해석해 낸 것으로서, 역사비평이 학계에서 점차 주도권을 상실해 가는 현상황에 즈음하여 대안적인 방법론을 제시하는 과업에 몰두한다.

『이스라엘의 상상력과 기억 속에 새겨진 다윗의 진실』 초판이 소개된 이래로 17년이 흐른 지금(영문 개정판이 처음 출판된 2002년), 우리는 비평학 방법론들에 대해 더 선명하고 깊은 지식을 가지고 있다. 수사 비평은 성경 본문을 거기에 등장하는 인물들이 살아 숨쉬는 무대요 그 세계를 상상력을 동원하여 구현해 내는 데 심혈을 기울인다. 수사적 방법을 사용하여 성경을 해석하는 일은, 필리스 트리블(Phyllis Trible)이 예리하게 통찰한 것처럼, 상상하는 행위에 주로 관심을 기울인다. 사회 비평은, 그리고 보다 넓은 차원의 사회-과학적 방법론들은, 문학적으로 구성된 성경 본문이 어떻게 정치-사회적 가치관이나 이념을 지지하고 확고히 하는지를 면밀히 살핀다. 그러므로 이 방법론들은 성경 본문에 반영된 이데올로기의 실존과 역할에 주의를 기울인다. 상상력을 동반하는 수사 비평과, 이데올로기를 추적하는 사회-과학적 연구 방법론을 동원해서 성경 본문에 접근해 보면, 그 성경 본문을 철저히 역사에 입각한 보고나 어떤 사건을 단순히 기술해 놓은 것으로 대하는 자세와는 확연히 다른 태도를 취하고 있음을 분명히 깨닫게 된다. 이 방법론들은 성경 본문을 새로운 세계를 창조해 내는 매개체로 인식한다. 비록 이 사안과는 별로 연관성이 없지만, 이 책 안에서 "진실"은 어떤 목적을 성취하기 위해 진술되기 마련이라는 점이 확연히 드러날 것이다. 진실은 결코 그 어떤 목적이나 의도도 반영하지 않은 채로 진공과 같은 세계에 존재하지 않는다. 심지어 동일 인물에 관한 진실조차도, 항상 다른 차원의 진실들과 경쟁하며 그 생명력을 유지해 나간다. 우리가 다윗에 대해 경탄해 마지 않는 이유는, 성경 안에 기억되고 이스라엘의 전승 안에 소중히 간직된, 그 모든 진실을 후대의 해석 공동체에게 고스란히 전달해 줄 정도로 위대하고 심오한 인물이기 때문이다.

상상력과 이데올로기 이 두 가지 요소들은 구약성경의 해석을 엄청나게 복잡한 문제로 탈바꿈해 놓는다. 돌이켜 생각해 보면, 내가 나중에 *Theology of the Old Testament*(1997; 『구약신학』, 기독교문서선교회, 2003)에서 더 상세하게 다룬 내용을 『이스라엘의 상상력과 기억 속에 새겨진 다윗의 진실』 초판에서 처음 시작하려 한 것이었다고 말하는 것이 맞다는 생각이 든다. 요컨대, 성경 본문에 반영된 이스라엘의 증언은 "핵심 증언"(core testimony)과 그 핵심 증언에 반하여 비판의 목소리를 높이는 "반-증언"(counter-testimony) 사이의 끊임없는 상호작용을 통해 형성된다. 핵심 증언과 반-증언이 간단명료하게 함께 소개된 사례는 르호보암의 아들 아비얌의 치세를 회고하는 방식으로 평가해 놓은 짧은 단락 안에서 찾아볼 수 있다:

그의 하나님 여호와께서 다윗을 위하여 예루살렘에서 그에게 등불을 주시되 그의 아들을 세워 뒤를 잇게 하사 예루살렘을 견고하게 하셨으니; 이는 다윗이 헷 사람 우리아의 일 외에는 평생에 여호와 보시기에 정직하게 행하고자 자기에게 명령하신 모든 일을 어기지 아니하였음이라 (왕상 15:4-5).

이스라엘의 핵심 증언은 다윗이 전적으로 야웨의 뜻과 목적에 신실했다고 주장한다. 반대로, 이스라엘 전승 안에 의심의 여지없이 분명하게 적시된 바와 같이, 다윗에 대한 반-증언은, 다윗이 탐욕에 취해 우리아의 아내 밧세바를 범했을 뿐만 아니라, 거기서 그치지 않고, 무고한 우리아까지 살해함으로써 두 번이나 거듭 죄를 저질렀다고 고발한다(삼하 12:9). 앞에 언급한 아비얌의 통치기에 관한 회고문은 다윗에 대한 반-증언이 고발하는 그의 두 가지 죄 모두를 결코 묵인하지 않는다. 확언하자면, 반-증언은 다윗이 우리아에게 이중적으로 저지른 "이례적인 죄악"을 고발함으로써 그에 대한 핵심 증언을 크게 손상시킨다. 내가 쓴 *Theology of the Old Testament*을 혹독히 비판한 몇몇 학자들은 내가 사용한 "핵심 증언과 반-증언"이라는 이중 렌즈를 인정하려 들지 않는다. 그러한 명명은 실제로 나누어지지 않는 것을 분리하려는 시도에 불과하다는 것이다. 그러나 나는 두 가지 관점을 따로 떼어내려고 하지도 않았음은 물론이거니와 구약성경이 말하는 바를 그대로 말하고자 했을 뿐이다. 오히려 구약성경은, 방금 전에 언급한 비평 학자들이 내세우는 신학적 실증주의(theological positivism)와 합리주의(rationalism)를 초월하여 팽팽한 긴장감과 복잡미묘함을 고스란히 담아낸다. 달리 말해서, 성경 본문 안에는 이러한 긴장감과 복잡미묘함이 배제된 채로 진술되는 진실은 존재하지 않는다.

본서는 애초에 오스틴 장로 신학대학원(Austin Presbyterian Seminary)에서 목회자들을 대상으로 강의했던 커리 특강(Currie Lectures) 시리즈였다. 앞에서도 말한 적이 있지만, 그때 나는 방법론적으로 충분한 깊이와 전문성을 갖추지 못했을 뿐만 아니라, 숙련된 거장도 아니었지만, 기독교 회중에게 전승된 다윗에 관한 성경 본문들과 기사들을 주해하고 연구하는 일에 임하기에 조금도 주저하지 않았다. 나는 구약성경이 유대교 회중들에게만 특별한 의미를 부여한다고 생각하지 않는다.

다윗에 관한 성경 본문들에 묘사되어 있는 것처럼, 어떤 진실이 다른 차원의 진실과 갈등과 충돌을 일으킨다는 점은 목회 사역에서 흔히 발견되는 매우 일상적인 현실이다. 다양성과 독창성을 밋밋하게 만들어 지극히 평범한 것으로 전락시켜 버리는 경향이 강한 미국 문화 특히 미국 교회 문화 내에서, 성경의 메시지들이 서로 다른 음조와 선율로 긴장을 자아내고, 그 진실이 함께 충돌하며 때로는 아이러니와 역설로 가득한 복잡미묘한 의미를 창출해 낸다는 사실을 인식하는 것은 실로 엄청난 일이다. 우리가 완수해야 할 너무나 중요한 목회적 책임과 의무는, 우리가 이 책에서 "진실"이라고 부르는 용어의 관점에 따라 우리네 인생의 진실이 성도들의 삶의 정황 한복판에서 강요된 균형과 안정의 탈을 쓴 복잡다단한 현실에 대해서도 실제적인 영향을 끼친다는 점을 바로 그 성도들에게 일깨워 주는 데에 있다. 나는 성경 본문이 그 자체의 다양한 메시지를 발판 삼아 복잡미묘함과 긴장감을 창출해 내는 고유한 특성이, 신앙 공동체 안에서 복잡미묘함을 유발하여 그에 상응하는 긴장감을 조성하는 개개인들의 삶의 방식과 첨예하게 대조를 이룬다고 믿는다. 우리 사회 안에서 그리고 우리 사회 안에 포함된 교회의 문화에 입각해서, 우리는 오랫동안 경건하고, 지적이거나 교조주의적인 자세로 위에서 언급한 쌍둥이 복잡성—성경적인 진실의 복잡미묘함과 우리가 삶 가운데 살아내는 진실의 복잡미묘함—을 거부해 왔다. 이 거부는 응당 사망에 이르는 첩경일 따름이다.

열왕기상 15장 4-5절과 그 앞에 위치한 사무엘하 11-12장으로 가보라. 거기서 다윗은 방금 전에 언급한 두 가지의 복잡성을 거절하고 거부한 결과가 죽음을 앞당기는 칼을 불러온다(삼하 12:10)는 것을 뼈아프게 깨닫는다. 그리고 나서 해당 본문들은 다윗이 자신의 죄를 시인하고 자복하는 상황으로 귀결된다. 결론적으로, 이러한 독법을 통해서, 나는 우리의 최상의 진실인 성경이 빚어내는 복잡미묘함과 그로 인한 긴장에 동참하는 것이야말로 샬롬과 정의에 이르는 길이라고 주장할 것이다. 이 복잡미묘함을 못 본 척하거나 거부하는 것은 숨막힐 듯한 무감각과 잔혹한 죽음에 이르는 순환통로와 다를 바 없다. 성경의 진실이 창출해 내는 복잡미묘함과 우리가 삶으로 살아내는 진실의 복잡미묘함은 서로 하나가 되어, 성경 본문을 충실하게 해석하는 신앙 공동체 구성원들인 우리에게 다시 이렇게 외친다. 다윗 이야기와 같은 성경 내러티브들을 단순히 읽는 것에서 멈추지 말고, 그것을 이해하고 해석하며, 한 걸음 더 나아가 그 성경 내러티브들이 투사하는 진실에 부합하는 삶의 길을 사려 깊이 모색하고 바로 그 길을 걸어가야 한다고 말이다. 다윗이 우리아의 아내를 범하고 그마저 살인하는 죄를 저질렀 듯이, 너무나 확연히 드러나는 "이례적인 사건들"을 끝내 덮거나 부인하는 것이 아니라 그것을 기꺼이 인정하고 신실하게 삶의 길을 걸어가는 것이야말로 예수님께서 "진리가 너를 자유하게 하리라"라고 말씀하신 그 진실이리라. 지금 우리 앞에는 그 진실을 폭로하고 선포하는 성경 본문이 활짝 펼쳐져 있다!

초판 저자 서문

월터 브루그만
(에덴 신학대학원에서 1985년 어느 날)

오랜 기간에 걸쳐 비평 학계에 자리잡은 역사비평적 방법론들(historical-critical methods)과 더불어, 최근에 구약성경을 연구하는 두 개의 새로운 접근법들이 세간의 큰 관심을 끌고 있다. 첫째는 조지 멘덴홀(George Mendenhall), 노만 갓월드(Norman K. Gottwald), 로버트 윌슨(Robert R. Wilson), 그리고 폴 한슨(Paul D. Hanson) 등의 학자들과 관련 있는 사회적 분석(sociological analysis)이다. 이 연구 방법은 사회적 기능, 성경이 기록 및 전승된 사회적 동인, 그리고 반대로 사회적 역학이라는 관점에서 구약성경을 이해하는 방식이다.

두 번째 접근 방식은 성경 본문 자체가 대안적 상상의 세계를 제공하는 것으로 이해하는 문학 비평(literary criticism)이다. 이 연구 방법을 주창한 학자들로는 필리스 트리블(Phyllis Trible), 데이빗 건(David M. Gunn), 그리고 데이빗 클라인즈(David J. A. Clines) 등이 있다. 이 방법론은, 성경 본문을 둘러싼 사회적 맥락이나 그 배후 세계를 주목하기 보다는, 성경 본문 자체에 집중한다.

위에서 언급한 두 가지 방법론들은 모두 앞으로 시행될 성경 연구의 전망을 환히 밝혀준다. 그런데 흥미롭게도 이 방법론들은 서로 정반대의 방향을 가리킨다. 사회적 분석은 성경 본문과 긴밀한 연관성이 있는 사회적 맥락(context)을 집요하게 파고든다. 반대로, 문학 비평은 성경 본문을 그 맥락이나 정황의 차꼬에서 풀어줌으로써 본문의 자유를 최대한 보장하는 것을 원칙으로 한다. 그러나 안타깝게도, 이 두 가지 연구 방법론들은 대체로 서로에 대한 신중하고 깊은 고려없이 각각 따로 사용되고 있는 실정이다. 한편으로, 사회 비평을 사용하는 학자들은 성경 본문의 예술적 가치와 미묘한 특성들 그리고 현실을 새로운 방식으로 재구성해 내는 성경 본문의 역동성과 파급 효과를 지나치다 싶을 정도로 가볍게 생각하는 경향이 있다. 역으로, 문학 비평 학자들은 성경 본문이 사회적 맥락에 기초하여 형성된 것이라는 점을 충분히 인식하지 않는다. 결과적으로, 문학 비평 학자들이 성경 본문을 해석하는 것을 보면, 본래 그 성경 본문이 기록 및 전승된 세계에 대한 깊은 고려 없이, 그저 자기들만의 게임을 즐기는 것 같을 때가 종종 있다.

거두절미하고, 이 두 가지 방법론은 서로 더 진지하게 상호작용

해야 한다. 나는 이 점을 이미 1977년도에 피력한 바 있다:

> 신뢰를 바탕으로 담화를 이끌어 가도록 자유를 보장할 때에만 대담한 이미지를 그려내는 사회 비평(social criticism)이 지속 가능하다. 그런 자유가 보장되지 않는다면, 불가불 신앙은 꽉 막히고 사회적 비전은 숨이 막히게 될 것이 뻔하다. 따라서 [시내산-모압] 언약을 근거로 급진적인 사회 비평을 시도하는 학문적 풍토(Mendenhall; Gottwald)는, 성경 본문이 스스로 엄청난 다양성을 구가함은 물론, 그 핵심적인 패러다임까지 각양각색의 방향으로 전환을 꾀한다는 점에 좀 더 세심한 주의를 기울여야 한다. 거꾸로, 언어와 은유가 창출해 내는 새로운 세계와 그 함의에 촉각을 곤두세우는 문학 비평 학자들([Amos] Wilder; [Sallie McFague] TeSelle)은 각각의 언어와 은유가 핵심 패러다임을 위해 변혁을 일궈낸다는 신념에 좀 더 귀를 기울여야 할 필요가 있다. ("Israel's Social Criticism and Yahweh's Sexuality," *JSSR Supplements* 45 [1977]: 765)

하지만 아직까지 양자 간의 상호작용은 충분치 않다. 이 책은 위에서 언급한 두 가지 방법론—사회적 분석법과 문학 비평—중에 어느 하나만을 고집하거나 혹은 어느 하나에 예속되지 않고, 그 두 가지 방법론을 모두 사용한 시도라고 할 수 있다. 나는 사회적 분석법을 중요하게 사용했다. 이 방법론과 관련해서 기본적으로 노만 갓월드에게 많은 영향을 받았지만, 특별히 제임스 플래너건(James W. Flanagan)의 다음 두 개의 논문을 통해서 큰 도움을 받았다: "Models for the Origin of Iron Age Monarchy: A Modern Case of Study, *Seminar Pagers* (Chico, Calif.: Scholar Press, 1982), 135–56, 그리고 "Social Transformation and Ritual in 2 Samuel 6," in *The Word of the Lord Shall Go Forth*, ed. Carol Meyers and M. O'Conner (Winona Lake, Ind.: Eisenbrauns, 1983), 361–72. 물론 문학적 분석도 시행했는데, 특히 건(Gunn)의 저작들을 많이 활용했다: *The Story of King David*, JSOTSup 6 (Sheffield: JSOT Press, 1978)과 *The Fate of King Saul*, JSOTSup 14 (Sheffield: JSOT Press, 1980). 알터(Robert Alter)와 포켈만(J. P. Fokkelman)의 작품들도 유용했다.

그러나 나의 주된 관심사는 구약성경 본문을 사회적으로 혹은 문학적으로 연구하는 것 그 자체에 있지 않다. 또 이 두 가지 연구 방법론을 경쟁적인 구도 안에서 어느 한 가지 방법론을 선별적으로 사용하여 새로운 공헌을 일궈내려는 의도는 더더욱 없다. 오히려 해당 방법론들을 사용함으로써 내가 해답을 찾으려는 것은 그보다 훨씬 더 중요하고 흥미를 유발하는 질문들—즉 인식론과 해석에 관한 사안들이다. 우선적으로, 나는 성경 자체의 의미와 형태를 진지하게 들여다보면서 성경 본문이 신학적인 의도와 무게를 가지고 있음을 밝혀내려 했다. 역대기가 시사하는 "다윗의 진실"은 사무엘서가 제시하는 "다윗의 진실"만큼 중요하다. 이러한 주장은 두 책의 역사적인 성격이나 문학적인 특성에 관한 연구들을 굳이 언급하지 않더라도 얼마든지 제기할 수 있는 주장이다. 게다가, 나는 성경 본문의 신학적인 목적과 의도—달리 말해, 모든 내러티브 기사들과 문학적 단락들 안에는, 조심스럽게 다가가 면밀히 관찰해야 할 진실로 가득하다는 사실을 입증하려고 노력했다.

이와 동시에, 나는 성경 본문에 반영된 진실이 흔히들 생각하는 것처럼 밋밋하거나 단조롭지도 않기 때문에 성경 본문을 축소하거나 대수롭지 않게 여기는 태도는 근절해야 한다고 당부했다. 성경 본문이 스스로 목소리를 내어 선포하는 "진실"은 교조주의적인 신학적 축소주의나 무관심으로 일관하는 그 어떠한 시도도 결코 지지하거나 용납하지 않는다. 성경 본문이 선포하는 진실은 그렇게 쉽사리 간파할 수 있는 것이 아니다! 또 나는 성경 본문이 진실을 말할 때까지 기다려야 한다는 것도 제언했다. 왜냐하면 성경 본문은 우리의 속도, 우리의 방식, 그리고 우리의 언어가 아니라, 그 나름의 빠르기에 맞춰, 고유의 방식으로, 그리고 특유의 언어를 사용하여, 진실을 드러내기 때문이다.

이런 종류의 책은 제작에서 출판에 이르기까지 모든 과정이 고통의 연속이기 마련이다. 그러기에 나는 여러 분야에서 일하는 많은 사람들에게 큰 빚을 졌고 또 깊은 감사를 표하고자 한다. 여기에 실린 각 장의 내용들은 강의와 특강에서 여러 가지 형태로 사용된 것들이다. 오스틴 장로 신학대학원에서는 토마스 화이트 커리 특강(Thomas White Currie Lectures)으로, 뱅고르 신학대학원(Bangor Theological Seminary)에서는 프란치스 데니오 특강(Francis B. Denio Lectures)으로, 블랙스버그 장로교회(Blacksburg Presbyterian Church)에서는 엘리슨 스미스 특강(Ellison A. Smyth Lectures)으로 강의한 바 있다. 이 학교들과 교회에서 강의할 때 잭 맥스웰 총장님(President Jack Maxwell), 웨인 글릭 총장님(President Wayne G. Glick), 그리고 조지 텔포드 박사(Dr. George Telford)는 감사하게도 환대와 친절을 아끼지 않았다. 특강을 위해 내가 방문한 모든 곳에서 따뜻하고 고무적인 사랑을 받았다. 마지막 두 곳에서 강의할 때는 엄청난 눈보라가 불어 닥쳤던 것이 기억난다.

특별히 돈나 라그라소(Donna LaGrasso)에게 심심한 감사의 마음을 전한다. 그녀는 임신으로 인한 통증을 느끼는 와중에도 이 책의 원고를 일일이 타이핑해 주었다. 또 늘 인내심과 유머감각을 잃지 않은 나의 개인 비서 마리안 레이츠(Marian Reitz)에게도 고마움을 표한다. 나의 동료 게일 오데이(Gail R. O'Day)가 꾸준하게 의견을 준 덕분에 이 책의 원고가 분량과 문체적으로 눈에 띄게 개선될 수 있었다. 포트리스 출판사에서 일하는 존 홀러(John A. Hollar)도 고마운 사람이다. 그는 열의를 가지고 빼어나게 원고를 제작해 주었다.

나의 형제 에드워드 브루그만(Edward D. Brueggemann)의 부단한 신앙, 위험할 정도로 순박한 마음, 그리고 남을 배려하는 열정을 기념하는 일환으로, 이 책을 에드에게 헌정하려 한다. 이 책은 에드를 비롯해 우리에게 새로움을 촉구하는 모든 이들을 위한 것이다. 작금의 우리 사회는 이미 너무나 단단하게 굳어버린 전통적인 진실에만 집착하려 든다. 그러나 다윗은 새로운 진실이 우리를 만나는 바로 그 지점에서 옛적 진실에 저항하는 기묘한 방법을 몸소 선보이도록 소환된 인물이다. 나의 형제 에드는 그런 모험을 함께 했다.

약어표

AB	Anchor Bible
ABD	*Anchor Bible Dictionary*
AnBib	Analecta biblica
ATANT	Abhandlungen zur Theologie des Alten und Neuen Testaments
BBET	Beiträge zur biblischen Exegese und Theologie
BEATAJ	Beiträge zur Erforschung des Alten Testaments und des Antiken Judentums
BibEncSer	Biblical Encounters Series
BibIntSer	Biblical Interpretation Series
BibSem	Biblical Seminar
BSNA	Biblical Scholarship in North America
BTB	*Biblical Theology Bulletin*
BZAW	Beihefte zur ZAW
CBQ	*Catholic Biblical Quarterly*
CBQMS	CBQ Monograph Series
CC	Continental Commentaries
ExTh	Explorations in Theology
FOTL	Forms of the Old Testament Literature
GBS	Guides to Biblical Scholarship
GTA	Göttinger theologische Arbeiten
HBT	*Horizons in Biblical Theology*
HSM	Harvard Semitic Monographs

HTIBS	Historic Texts and Interpreters in Biblical Scholarship
IBC	Interpretation: A Bible Commentary for Teaching and Preaching
Int	*Interpretation*
ISBL	Indiana Studies in Biblical Literature
JAAR	*Journal of the American Academy of Religion*
JBL	*Journal of Biblical Literature*
JSJSup	Journal for the Study of Judaism Supplements
JSOT	Journal for the Study of the Old Testament
JSOTSup	JSOT Supplement Series
LAI	Library of Ancient Israel
OBO	Orbis biblicus et orientalis
OBT	Overtures to Biblical Theology
OTL	Old Testament Library
OxBibSer	Oxford Bible Series
PTMS	Pittsburgh Theological Monograph Series
SABH	Studies in American Biblical Hermeneutics
SBL	Society of Biblical Literature
SBLDS	SBL Dissertation Series
SBLMS	SBL Monograph Series
SBLSP	*SBL Seminar Papers*
SBTS	Sources for Biblical and Theological Study
SSN	Studia semitica neerlandica
SWBA	Social World of Biblical Antiquity
TDOT	*Theological Dictionary of the Old Testament*
TynBul	*Tyndale Bulletin*
VT	*Vetus Testamentum*
VTSup	VT Supplements
ZAW	*Zeitschrift für die alttestamentliche Wissenschaft*

목차

	추천사	5
	옮긴이 서문	16
	개정판 저자 서문	23
	초판 저자 서문	37
	약어표	43

서론	진실, 그 낯설음에 대하여	47
1장	지파의 염원이 가득 담긴 진실	63
2장	다윗의 고통스러운 진실	117
3장	왕국의 확실한 진실	183
4장	회중의 소망어린 진실	235
결론	진실, 그 자유와 위험천만함에 대하여	289

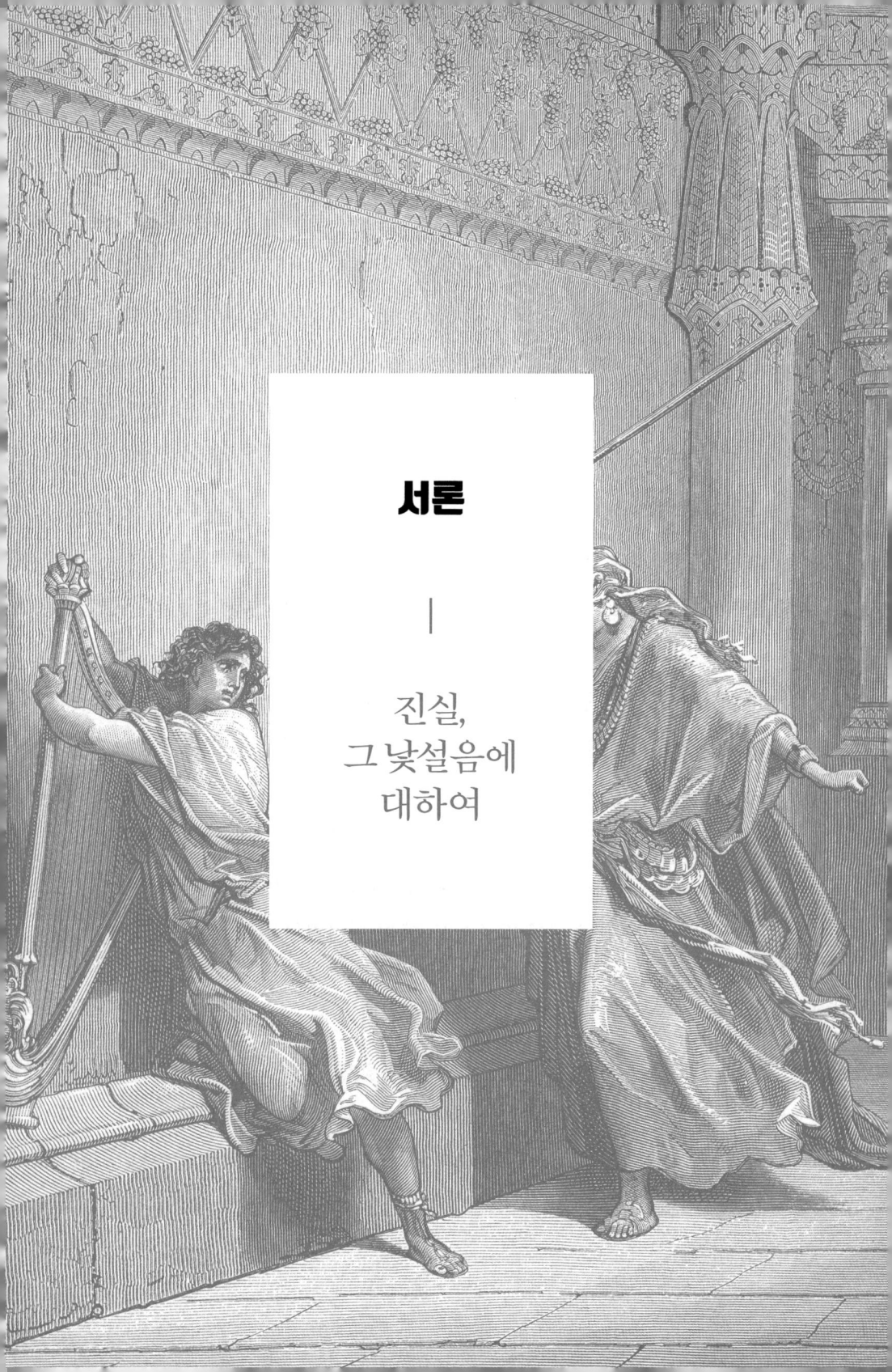

서론

—

진실,
그 낯설음에
대하여

다윗은 구약성경 내러티브에 등장하는 인물들 중에 가장 돋보이는 사람이다. 모세도 다윗에 버금가는 관심을 받긴 하지만, 그에 관한 내러티브는 전혀 다른 방향으로 전개된다. 고대 이스라엘은 그 누구보다도 다윗에게 매료되었다. 때로는 다윗 때문에 크게 당황하거나 어처구니없어 하기도 했지만, 결코 그를 저버리진 않았다. 또 다윗은 다가올 미래를 기대 어린 시선으로 바라보게 해 주는 역사적 인물들 중에 한 사람이다. 그에 관한 기억(memory)과 그의 존재(presence)는 계속해서 더 많은 이야기들(stories)을 낳는다. 따라서 우리는 다윗과 관련된 다른 요소들도 여러 이야기들을 통해 표출 및 창출될 수 있음을 인식해야 한다. 그럼에도 불구하고, 다윗의 남다르고 신비로운 됨됨이야말로 그에 관한 이야기들을 이끌어가는 주된 요인이라는 사실에는 의심의 여지가 없다. 아마도 고대 이스라엘은 이처럼 중대한 사실을 제대로 감지하지 못했던 것 같다. 정작 다윗을 빼놓고서는 그가 등장하는 어떤 이야기도 그를 제대로 담아

낼 수 없다. 이런 차원에서 다윗은 데이빗 트레이시(David Tracy)가 제시한 "고전"(classic)[1]이라는 개념에 딱 들어맞는 인물이다. 즉, 신앙뿐만 아니라 삶의 전 영역에 더욱 큰 권위가 부여되어야 함이 확실하기에, 그에 관한 이야기를 새롭게 다시 시작하려는 신앙 공동체에게 매우 중요한 의미를 갖는 그런 사람이라는 뜻이다.

예비적 사안들

첫째, 다윗에 관한 역사적인 차원을 따로 떼어내어 연구하고 확인해 보는 작업도 얼마든지 가능하지만, 이 책에서 우리가 관심을 갖고 주로 살펴보려는 것은 "역사적인 다윗"(historical David)이 아니라는 점을 꼭 염두에 두길 바란다. 그러한 작업을 할 만한 시간적인 여유도 없거니와, 설령 시간과 지면이 충분이 허락된다고 하더라도 [신앙 공동체에 속한] 우리에게 주어진 구약 전승(tradition) 안에 새롭게 "구성된"(constructed) 다윗을 살펴보는 것만큼 우리를 압도하거나 흥미진진하게 하진 않을 것이다.[2] 다윗은 이스라엘의 상상력(Israel's

---

[1] David Tracy, *The Analogical Imagination: Christian Theology and the Cultural of Pluralism* (New York: Crossroad, 1981), 99-229를 보라. Tracy는 신앙 공동체가 권위를 두며, 삶과 신앙에 관한 기준이나 교훈을 찾기 위해 계속 참고하는 문헌을 종교적인 "고전"이라고 표현한다. 비록 Tracy는 인물 보다는 문학 작품과 같은 문헌을 들어 고전이라고 부르지만, 같은 맥락에서 다윗에 관한 이야기는 성경을 구심점으로 하는 공동체에게 일종의 고전이라고 말할 수 있다.

[2] 구약성경에 포함된 전승 안에 나오는 다윗에 대한 인물 묘사는 새롭게 구성된 것이다. 이 사실은 해석학적 사안들 중에서도 매우 중요한 위치를 차지한다. 그러나 이 사안이 Edmund Leach 처럼, 꼭 고등비평적인 차원에서 다윗의 역사성에 대한 혹평으로 귀결되어야 할 필요는 없다: "Anthropological Approaches to the Study of the Bible During the Twentieth Century," in *Humanizing America's Iconic Book*, ed. G. M. Tucker and D. A. Knight, BSNA 6 (Chico, Calif.: Scholars, 1982), 74-77. 그러한 결론을 도출하는 학자들은 역사성과 관련된 사안들을 계몽주의

imagination)과 이스라엘의 공적 역사(Israel's public history)에 막대한 동력을 공급하는 주된 엔진과 같은 역할을 담당한다는 사실을 인식하는 것이 중요하다. 그런데 이 다윗은 많은 사람들의 손을 거쳐 문학적으로 다듬어지고 창의적으로 묘사된 인물이다. 그렇다면 우리는 구약성경이 제시하는 다윗의 묘사에 천착해야 한다. 우리는 구약성경 내에 문학적으로 그려진 다윗 배후의 세계(즉 세세한 역사적 정황을 뜻함―옮긴이)로 넘어갈 수 없으며, 심지어 우리 자신을 구성하는 존재 배후의 세계로도 나아갈 수 없다. 왜냐하면 우리조차도 상상력에 따라 창의적으로 구성된 존재들이기 때문이다.[3]

다윗이라는 인물을 창의적으로 그려낸 배경에는 부분적으로나마 정치적 의제를 선전하려는 의도가 깔려있다. 여기에는 의심의 여지가 없을 뿐만 아니라, 더러는 정치적 요소가 다른 요소들보다 훨씬 더 선명하게 부각되기도 한다. 그러나 또 다른 한편으로 이 창의적 구성은 의도하지 않아도 될 만큼 필연적이고 그 자체로 영향력을 발휘하며 또 권위를 갖는다. 우리가 성경에서 찾아볼 수 있는 다윗에 관한 여러 가지 초상들은 가만히 있어도 인력이 작용하는

사관에 지나치게 의존하기 때문에, 우리의 논의에 적절하지 않다. 이 책에서 면밀히 관찰하려는 다윗은 단순히 역사적인 서술(description)이 아니라 그에 관해 구약성경에 묘사된 초상(portrait)에 가깝다는 점이 너무나 중요하다. 구약성경 안에 등장하는 인물 초상이 갖는 중요성에 관해서는, Walter Brueggemann, "The Book of Jeremiah: Portrait of the Prophet," *Int* 37 (1983): 130-45를 참고하기 바란다. 또 여기에 제시된 초상이라는 단어에 대해서는, Elie Wiesel, *Five Biblical Portraits* (Notre Dame, Ind.: Univ. of Notre Dame Press, 1981)의 제목을 주목해 보라. 초상화법은 Louis H. Feldman의 작품 *Studies in Josephus' Rewritten Bible*, JSJSup 58 (Leiden: Brill, 1998)에서도 결정적인 역할을 한다.
3 인물의 창의적 구성이 갖는 역동적인 힘에 대해서는 Roy Schafer, *Language and Insight* (New Haven: Yale University Press, 1978)을 보라.

자석처럼 사람을 강력하게 끌어당기는 기억(magnetic memory)에 입각해서 그려진 것인데, 이것이야말로 이스라엘의 상상력이 갖는 가장 지속적이며 두드러진 핵심 특징이다. 그 기억은 그렇게 계속해서 상상력을 동반한 창의적이고 문학적인 형태로 구약성경 안에 자리해 왔다. 다윗의 영향력은 여전히 유효하다. 즉 구약성경 내러티브 안에 등장하는 다윗은 저자에 의해 만들어진 무기력하거나 수동적인 결과물이 아니라는 말이다. 오히려, 다윗은 드라마에 등장하되 그 드라마 각본을 쓴 저자마저 놀라움에서 헤어나오지 못하게 할 만큼 자신의 삶을 주도적으로 이끌어가는 등장인물과 같은 인물이다.[4] 그러므로 한편으로는 여전히 진행 중이기도 하며, 또 다른 한편으로는 이미 묘사된 다윗을 중심으로 한 상상의 세계 안으로 뛰어 들어가서 그 세계를 어떻게 탐험해야 할지를 이 책의 장마다 각각 논의해 나갈 것이다.

둘째, "다윗의 진실"이라는 제목은 내가 모색하려는 바를 담고 있는 커다란 주제다. 그런데 나는 이 어구를 꽤나 애매모호한 의미로 사용하고자 한다. 왜냐하면 그것이 찬양이든 폭로든, 다윗에 관한 (저자의 강조) 진실인지, 혹은 다윗에 의한 (저자의 강조) 진실인지 우리가 직접 결정할 수 없기 때문이다. 따라서 나는 다윗이 그 진실을 서술해 나가는 장본인이라고 주장할 것이다. 방금 전에 내가 언급한 주장이 여러 차원과 다양한 각도에서 논리적으로 매끄럽게 잘

---

[4] 이처럼 드라마에 입각한 해석이 갖는 존재론적 차원에 대해서는, Dale Patrick, *The Rendering of God in the Old Testament*, OBT (Philadelphia: Fortress Press, 1981)을 보라. 또 하나님을 성경에 등장하는 주인공(main character)으로 이해하고 해석하는 의견에 관해서는, Jack Miles, *God: A Biography* (New York: Knopf, 1995)를 참고하라.

정돈된 것처럼 보이지 않기 때문에 그 주장이 때로는 모순처럼 들릴 수도 있을 것이다.

나의 관심사는 우리가 진실을 알아가기 위해 과연 어떤 질문을 던져야 하는지 그 물음에 있다. 이 말은, 성경에 등장하는 어떤 인물에게 일어난 역사적 사건들을 일일이 추적하려는 것이 아니라 성경이 그 인물이나 해당 인물과 관련된 사건을 어떻게 묘사하는지, 그리고 그 인물이나 사건과 관련하여 성경이 어떤 주장을 펴는지를 주의 깊게 관찰하겠다는 뜻이다. 곧 확인하게 되겠지만, 그 주장은 때때로 표면적으로 확연히 드러나기도 하지만, 종종 격렬한 비판의 목소리나 논쟁 투로 제시되기도 하는데, 실재를 이렇게 읽는 것은 다른 해석과 이견을 낳기도 한다. 흔히 뛰어난 문학 작품처럼, 구약성경에 나오는 다윗에 관한 이야기들도 언제나 우리에게 깊은 통찰을 선사한다. 또 진리에 대한 고뇌를 공유하기도 하며, 진리에 대한 깊은 이해를 갖게 하기도 한다. 그뿐 아니라 '다윗 이야기가 오늘 우리에게 전승된 이유는 무엇인가?'와 같은 물음을 비롯해, 그 이야기를 정확하게 살펴보아야만 비로소 알 수 있는 추가적인 물음들에 대한 깨달음을 제공해 주기도 한다. 이와 같이 스토리텔링(storytelling, 무엇인가 알리고자 하는 바를 단어나 이미지 그리고 소리를 통해 사건이나 이야기로 전달하는 문학 기법—옮긴이)은 독자들인 우리를 언제나 본디오 빌라도가 예수님께 물었던 물음과 동일한 질문을 갖게 한다: "진리가 무엇이냐?"(요 18:38).[5] 빌라도는 (우리도 그와 마찬가지로)

---

5 이 구절이 발휘하는 극적이고 신학적인 영향력에 관해서는, Paul Lehmann, *The Transfiguration of Politics* (New York: Harper & Row, 1975), 48-70을 보라.

무엇을 믿어야 하는지 묻는다. 우리가 의지하고 신뢰할 수 있는 확실한 진리는 무엇인가? 다윗 이야기가 나오는 구약성경 내러티브는 그에 관한 진실이 무엇인지 전부 알고 있다는 식으로 성급하게 말하지 않는다. 오히려 그보다는, 말하기도 하고 듣기도 하며, 무엇인가를 새롭게 형성하기도 하고 기존의 것을 고수하기도 하며, 또 어떤 인물이나 사물 혹은 사건의 가치를 높이 평가하거나 그것을 즐거운 마음으로 음미하면서, 이 모든 것들이 한 데 어우러지는 일련의 과정을 거치면서 어떠한 사실이나 내용을 점차로 전개해 나간다.[6] 요컨대 그렇게 다윗 이야기가 우리의 입을 통해 읽히고 또 우리의 귀에 들려질 때마다 그에 관한 진실이 생동감 있게 살아나 그 실체를 드러내기 시작한다는 것이다.

이 책의 저작 목적은 일반적인 차원의 진리를 추구하려는 것이 아니라, 특별히 다윗이라는 인물에 관한 진실을 모색하는 데에 있다. (위에서 언급한 과정을 통해) 스토리텔링을 시도하는 공동체에게 다윗이라는 존재는 "하나의 고전"(a classic)이라고 간주할 수 있다. 왜냐하면 그의 인격과 성품을 기초로 중대하고 신뢰할 만한 진실을 말하기 때문이다. (이 스토리텔링 공동체가 솔로몬을 다윗과 똑같이 평가하지 않았음을 주의하기 바란다. 솔로몬은 진리를 창출해 내는 근원적 인물로 결코 평가된 적이 없다.) 다윗과 진리의 관련성은 명확하게 드러나지 않기도 하

---

[6] 어떤 사실이나 사건이 전개되거나 폭로되는 복잡다단한 일련의 과정을 거치는 창의적인 측면에 관해서는 H. Richard Niebuhr, *The Meaning of Revelation* (New York: Macmillan, 1941)을 보라. Niebuhr는 이 과정이 진행되는 공동체 내에서 생성되는 파급력을 과소평가한다. 하지만 그 공동체는 어떤 사실이나 사건에 대해 진술된 내용을 단순히 받아들이기만 하는 수용자 이상의 함의를 갖는다. 즉 그 공동체도 목소리를 내어 그 사실과 사건에 대한 진실을 말한다는 것이다. 그렇게 발화되고 표현되는 바로 그 곳에서 진실은 비로소 그 모습을 드러내고 폭로된다.

지만 또 그렇다고 애매모호하기만 한 것은 아니다. 다윗은 대개 진리와 연결되어 있지만 때때로 진리는 다윗에게 등을 돌린 채 움직이기도 한다. 그래서 그와 관련된 진실은 힘과 상처를 동반한다. 이와 달리 역사적 내러티브(historical narrative)에서 진실은 늘 애매모호한 특수성(ambiguous specificity)을 띤다. 이 경우 진실(역사적 사건과 관련된 사실을 의미함)의 구체성을 가늠하는 일은, 진리와 함께 주어지는 아픔과 상처도 없이 그저 일정한 거리를 유지한 채, 그 진리의 힘을 소유할 수 있다고 상상하는 이들의 몫이 되곤 한다. 우리가 다윗과 관련하여—역사적 인물로서의 다윗이든 혹은 문학적으로 새롭게 구성된 다윗이든—무엇을 동의하고 또 무엇을 동의하지 않든, 스토리텔링 공동체는 그에 관한 참된 진실이 구체적이고 세세한 표현으로 전개된다는 사실에 의견을 같이 했다. 다윗의 인격이 갖는 힘과 그의 현존 없이 그와 관련된 어떠한 것도 표현될 수 없는 것처럼 말이다.

마지막으로, 이 책이 제시하게 될 진실은 석연치 않은 점이 전혀 없는 그런 자명한 것이 아니라는 점이다. 본론에서 본격적으로 드러나게 될 인물인 다윗은 애매모호한 부분이 하나도 없는 그런 평면적인 사람이 아니다. 지금 나는 진실이란 모름지기 다양한 면모(polyvalent)를 갖기 마련임을 주장하려는 것이다. 또 진실은 여러 방향으로 움직이기 일쑤다. 따라서 진실은 오직 하나의 단일한 공식이나 정형화된 어구로 축소하거나 환원해서는 안 된다. 진실 안에는 풍성한 의미와 각양각색의 통찰들로 가득하다. 이는 너무나 분명한 사실이다. 각기 다른 목적을 가진 여러 사람들의 손을 거쳐 복잡다단한 정황 가운데 쓰여진 문학 작품들을 생각해 보면 더욱 그렇다. 그 다양한 함의들과 통찰들은 모두 이 "영웅적인" 인물의 관점을 투영한다. 비록 이 사람이 진리 자체보다 더 크거나 소중하다는 뜻은 아니지만 말이다. 진리가 형형색색의 모습으로 비춰지거나 여러 가지 기능을 수행하는 것과 동일한 경향이 다윗에 관한 내러티브에서도 선명하게 나타난다. 왜냐하면 다윗이라는 사람 자체가 복잡미묘하기 때문이다. 따라서 그가 등장하는 내러티브는 늘 풀기 어려운 수수께끼투성이다. 그러나 이 점이 바로 독자들이 다윗 이야기를 그토록 좋아하고 사랑하는 이유다.

그렇다면 다윗에 관한 본문들을 대할 때마다 우리는 그 본문들이 어떤 다윗에 관한 것인지, 또 누구의 눈에 비친 다윗인지를 물어야 하지 않을까? 가령, 존 맥켄지(John L. McKenzie)는 다윗을 "피에 굶주리고 성욕으로 숨을 헐떡이는 도적"[7]으로 일컫는다. 그러나 사무엘 테리엔(Samuel Terrien)은 똑같은 다윗에 대해서, "다윗의 순전한 믿음은 오늘날 우리 눈에 잘 띄지 않지만 내러티브 기저에 품위 있게 깔려 있다"[8]고 말한다. 혹자는 맥켄지와 테리엔이 같은 인물이 등장하는 동일한 책을 읽고 한 말인지 의아해할 지도 모르겠다. 그럼에도 불구하고 이 두 사람이 쓴 책 제목을 살펴보면 꽤나 유용한 통찰을 얻을 수 있다. 맥켄지의 관심사는 "착시를 제거하고"(Without Illusion) 구약성경에 천착하는 것이다. 이와 달리, 테리엔의 책 제목에는 "손

---

[7] John L. McKenzie, *The Old Testament Without Illusion* (Chicago: Thomas More, 1979), 236.
[8] Samuel Terrien, *The Elusive Presence: Toward a New Biblical Theology*, Religious Perspectives 26 (New York: Harper & Row, 1979), 282.

에 잡힐 듯 말 듯한 임재"(Elusive Presence)라는 문구가 포함되어 있다. 두 사람의 책 제목에 각각 포함된 "착시"와 "손에 잡힐 듯 말 듯한"이라는 두 어구의 의미는 상당히 자극적이다. 먼저 맥켄지는 꽤나 인기를 얻고 있는 성경 연구 방법의 낭만적인 허상을 벗기기 위해서 성경 본문 자체에 대한 지극히 사실적이고 역사적인 질문을 던진다. 그러나 테리엔은 훨씬 더 특이한 방법론을 사용하여 성경 본문에 존재하는 아주 미묘하고 이해할 수 없는 그림자와 같은 부분의 존재를 포착해 낸다. 이 문제에 대해서 무슨 질문을 제기하고 또 그 질문에 어떻게 대답하느냐에 따라서 그 이후에 진행될 성경 본문에 대한 이야기의 양상은 크게 달라진다. 하지만 맥켄지와 테리엔 두 사람 중 그 누구의 입장도 빌라도가 예수님께 물었던 질문, 즉 "무엇이 진리인가?"라는 질문에 충분한 답을 주지 못한다. 왜냐하면 우리가 기대하고 바라는 것과 달리, 성경은 오직 내러티브라는 문학적 장르를 수단으로 그 진실을 진술하기 때문이다.[9] 그런데 그 진실은 고약스럽게도 모호성과 불가해성 그리고 다양성까지 한데 어우러진 채로 우리에게 다가온다. 진실은 그 실체를 드러내다가도 금방 그 자취를 감추어 버린다. 이처럼 진실의 변덕스러운 특성과 성격 때문에 우리는 놀라다 못해 분통을 터뜨리기도 한다. 만일 앞에서 소개한 맥켄지와 테리엔의 학문적 연구와 성과를 심층적으로 되짚어 본다면, 두 학자가 각각 자신들의 연구 방법을 통해 진실을 찾기 위해서 무슨 질문들을 제기하는지, 그리고 진실을 묻는

---

[9] Tracy는 *Analogical Imagination* 6장에서 해당 사안에 대한 참고목록들을 상세히 소개한다.

물음들의 답을 어떻게 찾아가는지 관찰할 수 있을 것이다.

우리의 최종 목적은 진실의 모든 것을 알려고 노력하되, 그 진실의 은닉성까지 완전히 제거해 버리려는 것이 결코 아니다. 진실에 대해 상상력을 펼 수 있는 여지를 전혀 남겨두지 않는 연구 자세는 외설영화를 제작하는 기법과 다를 바가 전혀 없다.[10] 오히려 우리가 견지하고자 하는 태도는 진실이 비밀스럽게 은닉된 그 자태를 스스로 드러내는 시기가 올 때까지 인내심을 가지고 끈기 있게 기다리는 것이다. 그렇게 기다리다 보면, 우선 순수한 믿음과 신앙을 겸비한 다윗을 만나게 될 것이다. 하지만 동시에 그의 강도 같은 면모를 발견하고 크게 놀랄 수도 있을 것이다. 또 "진실"을 찾으려는 다윗의 참된 면모를 점차 알아가기도 하고, 반대로 구약성경에 나타난 다윗의 모습을 찬찬히 들여다보다가 진실과 우연히 조우하고서 소스라치게 깜짝 놀랄 수도 있을 것이다. 이와 같은 상황이 벌어지는 이유는 간단하다. 독자들에게 다윗에 관한 이야기를 들려주는 화자

---

[10] 우리가 앞으로 진행하려는 연구와 관련하여, 상상력이 어떤 기능과 역할을 수행하는지에 대해서는 아직 본격적으로 논의를 펴지 않았다. 그럼에도 오직 하나의 단일하고 일관된 의미만을 추구하는 해석은 그 해석의 대상인 텍스트가 갖는 자유(freedom)를 거부한다는 측면에서 외설영화를 제작하는 기법과 유사해 보일 정도다. 이점에 대해서는, Matthew L. Lamb, "The Challenge of Critical Theory," in *Sociology and Human Destiny*, ed. G. Baum (New York: Seabury, 1980), 185-98을 보라. 그리고 종교적인 영향력을 발휘하는 상상력에 대해서는, Walter Brueggemann, *Prophetic Imagination*, 2nd ed. (Minneapolis: Fortress Press, 2001); idem, *Hopeful Imagination: Prophetic Voices in Exile* (Philadelphia: Fortress Press, 1986); David J. Bryant, *Faith and the Play of Imagination: On the Role of Imagination in Religion*, SABH 5 (Macon, Ga.: Mercer Univ. Press, 1989); Stephen H. Webb, *Blessed Excess: Religion and the Hyperbolic Imagination*, SUNY Series in Rhetoric and Theology (Albany: State Univ. of New York Press, 1993); Paul Ricoeur, *Figuring the Sacred: Religion, Narrative, and Imagination*, trans. D. Pellauer (Minneapolis: Fortress Press, 1995); and Paul Avis, *God and the Creative Imagination: Metaphor, Symbol, and Myth in Religion and Theology* (London: Routledge, 1999)를 참고하라.

(storyteller)가 진실을 단번에 그리고 모조리 확실히 알아차릴 수 있도록 그렇게 의도하지도 않았으며, 나아가 그 화자조차도 앞으로 무슨 일이 벌어질지 몰랐기 때문이다.

다윗에 관한 여러 가지 진실들

우리가 앞으로 함께 풀어갈 문제들은 전적으로 다윗에 관한 것들이다. 여러 가지 차원에서 다윗에 관한 진실에 천착하는 것, 그것이 이 책의 주된 저작목적이다. 그런데 본론에 들어가기 전에 미리 언급해야 할 사안이 있다. 나는 이 책에서 다윗을, 고대 이스라엘이 이해한 것처럼, 일종의 전형적인 인물로 설명할 것이라는 점이다.[11] 말인즉슨, 다윗에 관한 진실을 논의해 가면서 우리는 그 이상의 진실을 맞닥뜨릴 수도 있다는 것이다. 즉 우리 자신에 관한 진실을 두고 하는 말이다. 따라서 방금 전에 예비적으로 언급한 세 가지 사안들은 아래와 같이 개괄적으로 설명될 것이다.

우선, 역사적으로 존재한 인물들이 항상 "역사적인"(historical) 것은 아님을 상기하자. 왜냐하면 역사적 인물 조차도, [그 이유와 목적을 불문하고] 우리를 위해서 그리고 우리를 향하여, 그리고 우리 자신에 의해서, 새롭게 구성되거나 그렇게 묘사되기 마련이기 때문이다. 같은 방식으로, 우리도 우리의 모습과 자기이해를 위해서 우

---

11 다윗이 성취한 이스라엘의 전형적인 역할에 관해서는, Walter Brueggemann, "David and His Theologian," *CBQ* 30 (1968): 156-81; 그리고 James W. Flanagan, *David's Social Drama: A Hologram of Israel's Early Iron Age*, SWBA 7 (Sheffield: Almond, 1988), 193-272를 참고하라.

리 스스로 우리 자신을 쉬지 않고 새롭게 재구성한다. 그런데 이 재구성은 신뢰와 기만이 함께 어우러지는 다소 이상한 조합(strange combinations)을 통해 이루어지는 것을 그 특징으로 한다.

둘째, 삶의 진실에 관한 질문이 반드시 과학적 확신으로 이어지는 것은 아니라는 점도 잊지 말자. 이와 관련하여, 우리가 시도하는 주해적 방법론들이 종종 어려움을 주기도 한다. 현대를 살아가는 우리는 진실을 대개 사실과 연관된 그 무엇이라고 생각하곤 한다. 신앙 공동체 마저도 사실에 입각한 확실성을 안겨주는 것들에 매달리는 경향이 있다. 그러나 이 책이 다룰 다윗에 관한 진실은 참된 실재를 향해 빛을 희미하게 비춰줄 뿐 그런 사실성도 그리고 그에 따른 확실성도 안겨주진 않을 것이다. 물론 확신을 갖기 어려울 정도로 복잡하기 그지없는 전승을 붙들고 늘어지기 보다는, 단순 명료한 사안들과 주로 씨름할 계획이긴 하지만, 우리가 추구하는 방향은 원칙적으로 그렇다. 다윗에 관한 이야기들을 써 내려간 내레이터들은 진실이라고 하는 것이 특이하게도 늘 상처의 흔적과 함께 다가온다는 것을 잘 알고 있었다. 우리 역시 그 이해에 도달할 수 있기를 바란다.

마지막으로, 우리 자신과 삶에 대한 진실은 다양한 가치와 여러 가지 모습으로 켜켜이 쌓여 있다는 점도 인식해야 한다. 성경 본문이야말로 진실이 이런 특징을 갖는다는 사실을 가장 잘 포착하고 있다는 것이 참으로 특이하지 않은가! 성경을 들먹일지언정 정작 진실이 형형색색의 빛깔과 다양한 모습을 선보인다는 것을 인정하지 않으려는 사람들도 많다. 그러나 진실을 깨닫는 통찰의 찰나에 다다랐을 때, 진실의 다채로운 면모가 어디서 어떻게 산산이 부숴졌는지, 혹은 외면당하거나 축소되었는지를 우리는 명확하게 인식할 수 있다. 의식하든 의식하지 않든 우리는 저마다 특별한 의제를 지지하는 이데올로기를 갖고 있다. 앞에서 언급했던 본디오 빌라도의 이야기로 되돌아가 보자. 로마의 행정관이었던 빌라도는, 다윗에 대하여 예수님에 대하여 그리고 우리 자신에 대하여, 심오한 질문을 던지고 그 물음에 대한 답을 얻으려 했지만 결국 그 답을 듣지 못했다. 왜냐하면 그는 로마 정권의 서슬 퍼런 검열을 통과할 수 있는, 그리고 그 정권으로부터 막강한 지지를 끌어낼 수 있는 그런 종류의 진리를 얻고자 했기 때문이다. 오늘날도 동일한 목적으로 빌라도가 찾으려 했던 동일한 종류의 진리를 추구하는 이들이 적지 않다. 하지만 그런 종류의 진리는 내가 아는 한 성경 어디에서도 발견할 수 없다. 이처럼 가식적이고 위선적인 자세로 진리를 추구하는 태도는 지극히 보수적인 진영이 일삼는 관행으로 파괴적인 결과를 초래하기 일쑤다. 우리는 이 사실을 진지하게 고려해야 한다. 그러나 또 다른 한편으로, 진리의 흔적(scars of truth)을 보편적인 신화 내지는 평범하기 짝이 없는 일반 제도로 왜곡하고 폄하하는 자칭 "자유주의자들"(liberals)도 문제가 있기는 마찬가지다. 이에 맞서, 진정한 의미에서 자유를 말할 수 있는 것은 오직 성경 내러티브뿐이다. 우리가 (다윗에 관한) 이야기들에 대해서 지속적으로 토론하며 그 이야기들 안에 살아 움직이는 인물들을 예의주시해야 하는 이유도 바로 여기에 있다.

다음 장들에서 본격적으로 진행할 네 가지 종류의 연구를 통해서, 나는 다윗에 관한 네 가지 유형의 "진실"을 선보일 계획이다. 그 연구 하나 하나는 사회적 정황과 공동체적 희망을 반영하여 특정한 신학적 주장을 낳는 성경 본문에 뿌리를 둘 것이다. 이런 차원에서 내가 전개하려는 연구는 사회적 정황과 문학적 구성방식, 그리고 신학적인 주장 이 세 가지 측면에 주안점을 둔 것이라고 말할 수 있다. 이 세 가지 중에 나머지 두 가지를 제외한 어느 하나만으로는 아무런 의미도 갖지 못한다. 신학적 주장은 문학적인 표현 및 구성 방식과 긴밀하게 연결되어 있다. 하지만 신학적 주장과 문학적 구성 방식 둘 다 특정 사회를 반영하기 마련이다. 그렇다면 구약성경이 그려내는 다윗의 다채로운 모습은 진공과 같은 공간에 존재하는 인물에 대한 묘사가 아니라 특정한 각도에서 투사된 실체로 이해해야 한다. 다윗에 관한 형형색색의 다양한 묘사들은 쉽사리 하나로 조화되거나 통합되지 않는다. 그러나 구약성경이 서술하는 다윗에 관한 그 다채로운 이야기들을 통전적으로 함께 읽을 때, 비로소 그 이야기들은 서로를 교정해 주는 기능을 발휘하기 시작한다. 거두절미하고, 다윗이라는 인물의 성품과 그 면모를 제대로 파악하려면 성경에 실린 그에 관한 모든 묘사들을 하나도 빠짐없이 전부 면밀히 살펴보아야 한다. 구약성경이 회상하는 다윗에 관한 이야기들에 귀를 기울이는 우리들 중에 누구는 다윗에 관한 어떤 이야기를 다른 이야기보다 더 좋아하고 사랑할 수도 있다. 그러나 다윗에 관한 성경 자체의 풍성하고 낭랑한 목소리를 온전히 들으려면, 그에 관한 이야기를 하나도 빼놓지 말고 모조리 들어야 한다.

이 책에서 전개할 네 가지 연구는 다음과 같다.

1장 지파의 염원이 가득 담긴 진실

　　: 사무엘상 16장 1절 - 사무엘하 5장 5절

2장 다윗의 고통스러운 진실

　　: 사무엘하 8-20장 그리고 열왕기상 1-2장

3장 왕국의 확실한 진실

　　: 사무엘하 5장 6절 - 8장 18절

4장 회중의 소망어린 진실

　　: 시편 89편; 132편; 예레미야애가 3장 21-27절;

　　이사야 55장 3절; 역대기상 10-29장

　위에 요약적으로 제시한 것처럼, 앞으로 네 장에 걸쳐 진행할 연구를 통해서 구약성경이 말하는 진리가 명확하게 조명되기를 바란다. 이에 더하여, 다윗의 진실을 탐구하는 이 연구가 가끔은 입으로 발설하기 곤란하고 또 때로는 고약하기 짝이 없는 우리 자신에 관한 진실도 몸소 깨닫고 바르게 성찰하는 데 도움을 주었으면 좋으리라.

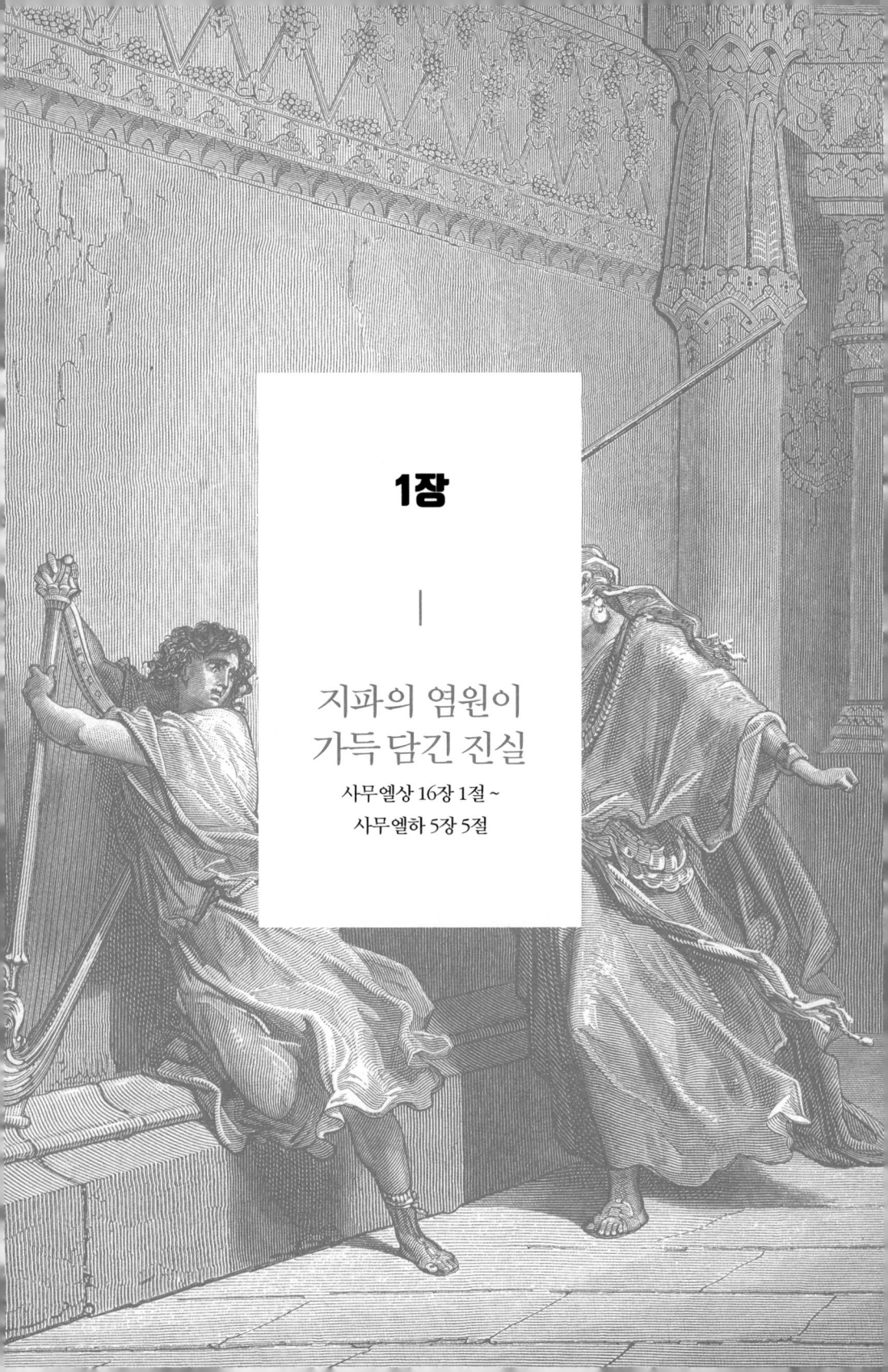

1장

지파의 염원이 가득 담긴 진실

사무엘상 16장 1절 ~
사무엘하 5장 5절

 진리를 향한 우리 여정의 첫 발을 떼는 지금 이 순간 가장 먼저 들여다보아야 할 이야기가 있다. 말 그대로 보잘 것 없는 사람이었던 다윗이 어떻게 이스라엘 내러티브 전면에 등장하게 되었는지를 설명해 주는 이야기가 바로 그것이다. 이 이야기가 끝날 즈음 다윗은 이스라엘 왕으로 등극한다. 그렇다면 해당 이야기는 그 보잘것없던 인물이 어떻게 이스라엘의 삶과 기억 속에 핵심 인물(key figure)로 자리매김하게 되었는지를 짚어볼 수 있는 최적의 증거라 할 수 있다. 이와 같은 이유로 거의 대부분의 학자들은 이 내러티브에 "다윗의 등극"이라는 제목을 붙인다. 실제로 이 내러티브 전개에 발맞추어 다윗은 급부상한다. 당연히 이스라엘 신앙 공동체는 이 내러티브에 묘사된 다윗의 모습을 소중히 간직하고 또 후대에 전승으로 물려주었다. 이 내러티브 안에서 자신들의 사회적 영향력을 강화하고 그 지경을 넓혀 나갈 수 있는 가능성을 발견했기 때문이다. 이처럼 다윗 이야기는, 언제 그리고 어느 곳에서 읽히든 상관없이, 새롭게 역사의 무대에 서기를 열망하는 모든 이들로 하여금 이 이야기를 자신들의 것으로 삼을 수 있다는 소망을 품게 해준다.

다윗의 급부상

다윗이 급부상하는 과정을 그리는 이 이야기는 사무엘상 16장 1절을 기점으로 시작한다. 그리고 곧 이어 이스라엘이 걸어온 발자취를 서술하는 내러티브에 다윗이 등장하는 첫 장면이 소개된다. 사무엘상 16장 1-13절은 이 시작 부분을 매우 예술적으로 그려낸다.[1] 이와 달리, 이 이야기가 어디서 끝나는 지는 상당히 모호하다. 많은 학자들은 다윗이 유다 지역을 포함하여 이스라엘 통일 왕국의 왕으로 등극하는 장면이 나오는 사무엘하 5장 5절을 그 끝 지점으로 보기도 하지만, 꼭 그렇게 단정하기는 쉽지 않다.[2]

흔히 비평학자들은 이 내러티브 안에 작고 오래된 개별 이야기 조각들이 배열되어 있다고 간주한다. 하지만 그 작은 이야기 조각들이 각각 따로 존재하기 보다는 애초에 저자의 의도에 따라 주도면밀하게 배열된 것으로 보아야 한다. 이를 통해 저자가 의도한 바는 "별 볼일 없는 인물"이었던 다윗이 이스라엘 왕실에 매우 중요

---

[1] 여러 학자들은 삼상 16:1-13이 본래 해당 내러티브의 일부분이 아니었으나 후대에 삽입된 것이라고 주장한다. P. Kyle McCarter Jr., "The Apology of David," *JBL* 99 (1980): 502 n. 25를 보라.

[2] 해당 이야기가 삼하 5장 어느 구절에서 마무리되는지는 확실하지 않다. McCarter, "Apology of David,"489-93을 보라. 또 David M. Gunn, *The Story of King David: Genre and Interpretation*, JSOTSup 6 (Sheffield: JSOT Press, 1978), 4장도 함께 참고하길 바란다. Gunn은 이 내러티브가 어디에서 끝나고 다른 내러티브가 어디에서 시작하는지 사뭇 독특한 견해를 제시한다. 따라서 Gunn의 견해는 이 문제와 관련하여 여타 학자들이 갖고 있던 전통적인 이해에서 벗어나는 시작점이라 할 수 있다.

한 인물로 급부상하는 과정을 설명하는 데에 있다. 우리가 중요하게 고려해야 할 사안은 이 오래된 내러티브 본문과 저자의 의도가 함께 긴밀하게 상호작용한다는 점이다. 실제로 해당 내러티브의 저작 목적은 여러 가지로 제시된다. 혹자는 다윗이라는 인물의 통치와 왕조의 정당성을 확립하려는 노력의 일환으로 이 내러티브가 저작되었다고 생각한다.[3] 또 어떤 학자는 이 내러티브를 다윗을 변호하고 변증하는 문헌으로 이해하는가 하면,[4] 또 다른 학자는 다윗을 찬양하고 이스라엘 왕정을 정치적으로 선전하려는 의도로 이 내러티브가 기록되었다고 주장하기도 한다.[5] 이처럼 학자들은 서로 다른 의견들을 피력하지만, 사실 그 의견들은 하나의 방향을 가리킨다. 즉, 지금 우리가 살펴보려는 내러티브는 정치적으로 매우 중요한 전환을 다루고 있다는 사실 말이다. 이러한 맥락에서 저자는 이 내러티브가 왜 기록되어야 했는지 그 문학적인 의의를 설명할 뿐 아니라, 한시도 다윗이라는 인물에게서 그 시선을 떼지 않는다. 앞에서 언급했듯이―다윗의 통치와 그 왕조의 정당성 확립, 다윗을 위한 변호와 변증 및 찬양, 그리고 그의 왕정과 통치에 대한 정치적 선전―등을 내세우는 것이 저자가 의도한 목적이라고 한다면, 다윗

---

3 Artur Weiser, "Die Legitimation des Königs Davids," *VT* 16 (1996): 325–54.
4 McCarter, "Apology of David," 489–504. 이에 더하여, McCarter가 펴낸 매우 중요한 주석인 *1 Samuel*, AB 8 (Garden City, N.Y.: Doubleday, 1980)에서 그가 보다 상세하게 설명한 내용을 함께 살펴보길 바란다.
5 Niels Peter Lemche, "David's Rise," *JSOT* 10 (1978): 2–25. Lemche는 이 논문의 참고문헌 섹션에 해당 사안과 관련 있는 자료들을 철저하게 조사하여 망라해 놓았는데, 거기에 인용된 J. H. Gronbaek의 연구에 대해서도 구체적인 설명이 필요하다: *Die Geschichte vom Aufstieg Davids (I. Sam. 15- 2. Sam. 5): Tradition und Komposition*, Acta Theologica Danica (Copenhagen: Munkegaard, 1971).

내러티브가 단순히 역사적으로 일어난 과거 사건들을 서술한 것이 아님은 물론이거니와, 역사성의 정확도를 따지는 데 필요한 근거나 자료와 같은 장부는 더욱 아니라는 사실이 확연히 드러난다.

우리 앞에 놓여 있는 다윗 내러티브는 (모두들 그렇게 생각하는 것처럼) 다윗을 열렬히 지지하는 순박하기 그지없는 내러티브이긴 하지만, 사울을 향해서는 가혹할 정도로 비판의 날을 세운다. 그러기에 이 내러티브는 객관적이지 않다. 주된 초점을 핵심 인물에 맞춰 이야기를 계속해서 이어 나가기 때문이다.

나는 앞 장인 서론 마지막 부분에서 사무엘상 16장 1절—사무엘하 5장 5절을 "지파의 신뢰가 가득 담긴 진실"이라는 제목을 붙여 일컬었다. 이 제목에 반영된 주제는 해당 내러티브를 과거 독자들과 청중들이 왜 읽고 또 어떻게 들었는지를 집약적으로 보여준다. 만일 우리가 그 독법을 존중하여 진지하게 수용한다면, 오늘날 우리도 이 내러티브를 어떤 식으로 읽고 또 어떻게 들어야 하는지에 대한 확실한 지침을 해당 주제에서도 얻을 수 있을 것이다. 거기에는 다음 세 가지 중요한 전제가 깔려 있다.

첫째, 다윗 이야기는 진리다. 이 말은 일반적인 용례처럼 다윗 이야기가 객관적인 사실이나 역사적 사건을 규명하고 입증하기 위한 목적으로 기록되었다는 의미가 아니다. 오히려 이 첫 번째 전제는 다윗 이야기가 신앙 공동체에 주어진 진리이며, 영광스럽게도 우리에게 분별과 이해를 요구하는 진리임을 시사한다. 스토리를 구연하는 모든 화자들은 자신들이 서술하고 설명하는 스토리에 대한 불신이나 의심의 눈초리를 중단하고 그 스토리가 진실하다고 믿어야 한다. 그래야 독자들이나 청중들의 공감과 설득을 이끌어낼 수 있기 때문이다. 여기서도 동일한 시각과 같은 자세가 필요하다. 다시 말하자면, 다윗 내러티브가 어떤 방식으로 저작 목적에 부합하도록 저자가 상상력을 동원하여 배열 및 구성했든 상관없이, 앞에서 이미 주지한 것처럼 우선적으로 이 내러티브를 풀어나가는 화자(tellers)를 포함하여, 그 이야기를 예의주시하여 읽는 독자들이나 그 이야기에 귀를 기울여 듣는 청자들(listeners) 모두, 이 내러티브를 있는 그대로 받아들여야 한다는 것이다.

둘째, 나는 서론 말미와 이번 장 서두 부분에서 사무엘상 16장 1절—사무엘하 5장 5절에 신뢰가 가득 담긴 진실이라는 제목을 붙였다. 물론 이 제목은 꽤 순진한 문구처럼 보일 수도 있다. 그런데 사무엘상 16장 1절—사무엘하 5장 5절은 다윗이 당한 배신과 수모 그리고 그로 인한 치욕과 아픔에 대해서는 별로 관심을 기울이지 않는다. 그러한 일들과 사건을 다루는 경우에는 오히려 그것들을 미화하고 경축한다. 다윗이라는 인물의 성품과 용맹함 그리고 그의 운명에 주된 초점을 맞추고 있기 때문이다. 거듭 말하지만, 이 내러티브는 다윗을 객관적으로 평가하거나 외부인(outsider)으로 간주하기 위해 그와 일정한 거리를 유지하는 태도는 일절 취하지 않는다. 다윗을 긍정적으로 평가하고 칭찬하는 어조만 선명하고 지배적일 따름이다. 그래서 이 내러티브를 가리켜 신뢰로 가득한 진실이라고 명명한 것이다. 물론, 다윗의 행적을 비판적인 시각으로 바라보거나 다윗에게 일어난 사건들을 부정적으로 설명하는 것도 가능하다. 하지만 그러한 시각과 태도를 얼마든지 반대할 수도 있다.

앞에서 "성품," "용기," "덕목"과 같은 단어들을 주로 언급했지만, 찬사라는 단어가 함의하는 바가 바로 이런 것임을 인식해야 할 필요가 있다. 물론 다윗이 항상 무죄하고, 존경받아 마땅하며, 금욕적인 삶을 구가했다는 뜻은 아니다. 그는 흠이 없는 인물이 아니다. 하지만 우리는 그의 사회적인 품격이나 법을 기준으로 한 타당한 행동을 다루려는 것이 아니다. 오히려 우리는 사무엘상 16장 1절—사무엘하 5장 5절 안에서 약삭빠르고, 냉소적이며, 자기 잇속을 챙기는 다윗의 면모도 발견하게 될 것이다. 또 다윗은 우리 모두의 시선을 끌만한 외모와 매력을 지닌 사람이기도 하다. 이외에도 다윗에 관한 많은 사안들이 상상력을 동원해서 생각해 보아야 할 만큼 성경 내러티브 안에 날 것 그대로 남아 있다. 그는 말 그대로 살인자이며, 다른 남자와 결혼한 유부녀들을 빼앗은 사람이다. 또 목숨을 연명하기 위해서 거룩한 떡에 손을 대는 것도 주저하지 않는다. 즉 이 내러티브 안에는 자신감으로 실컷 부풀어 올라 사람을 휘어잡는 다윗의 인간적인 모습도 가감없이 그대로 묘사되어 있다는 말이다. 그러나 다른 내러티브에서 그런 다윗의 면모를 선망의 눈빛으로 바라보는 듯한 뉘앙스를 접할 때 독자들은 꽤나 당황하게 된다.

셋째로, 우리는 왜 이러한 상황이 벌어지는지 그 이유에 대해 의문을 가질 수도 있다. 이 문제와 관련하여 사회비평(social criticism)이나 사회 역할에 관한 질문들도 얼마든지 제기할 수 있을 것이다. 과연 어떤 사람들이 이런 종류의 문헌에 가치를 두고 소중하게 생각하려 할까? 혹은 누가 이러한 방법론을 사용하여 사회적이고 역사적인 실재를 경험하고 또 그것이 신뢰할 만한 것임을 입증하려 할까? 내가 사무엘상 16장 1절—사무엘하 5장 5절에 "지파의 염원이 가득 담긴 진실"이라는 제목을 붙인 이유도 앞의 질문들과 무관하지 않다. 내가 사용한 "지파"라는 단어는, 노만 갓월드(Norman K. Gottwald)가 제시한 개념을 빌려온 것인데, 사회적으로 편성된 조직(regimentation) 내지는 하나의 주권적인 통치 단위에 해당하는 주(state, 州)와 구별되는 사회 구성 단위를 뜻한다.[6] 나는 지금 단순히 촌구석에 처박힌 소수 민족으로 이루어진 어설프기 짝이 없는 미조직 공동체에 대해서 말하려는 것이 아니라, 그 사회의 필요와 강요에 따라 주변적인 역할을 감당하기 위해서 각 지역에 분산 조직된 연합체를 설명하려는 것이다. 이 연합체의 구성원들은 해당 공동체의 경제적 부와 정치적 역량과는 상관없으며, 흔히 그 공동체 안에

---

[6] Norman K. Gottwald, *The Tribes of Yahweh: A Sociology of the Religion of Liberated Israel 1250–1050 B.C.E.* (Maryknoll, N.Y.: Orbis, 1979), 323–37. 이 책에서 저자는 다음과 같이 쓴다: 고대 히브리인들이 사용한 구체적인 용어라는 차원에서, 우리는 이스라엘의 부족 내지 지파중심주의를 새롭게 싹튼 이스라엘 세력을 뭉개 버리려고 한 가나안의 중앙집권화에 따른 영향력을 의식적으로 거부하고 의도적으로 가나안 사회에 대항하여 지방분권적인 시스템을 고수한 사람들에 의해 채택된 형태로 이해해야 한다. 이스라엘의 지파중심주의는 가나안 지역 내에 정치적인 중앙집권화에 저항하고 자신들의 고유 영토와 민족의 평등을 주장하며, 농업과 목축을 주 산업으로 삼았던 사람들이 추구한 일종의 자율과 자치를 표방하는 프로젝트였다 (324–25).

엄밀히 말하자면, Gottwald는 위 글을 여호수아가 처했던 (역사적) 상황에 관해 쓴 것이지 다윗에 당면했던 정황에 대해서 기록한 것은 아니다. 그리고 이 둘의 상황은 확연히 다르다. 그럼에도 불구하고, 다윗이 행한 모든 정치, 경제, 사회, 군사, 종교적 행적들은 왕정(kinship)에 관한 고대 이스라엘의 논의와 관련하여 위에 언급한 내용과 상당 부분에서 일치한다. James W. Flanagan, "Models for the Origin of Iron Age Monarchy: A Modern Case Study," *SBLSP* 1982 (Chico, Calif.: Scholars, 1982), 135–56. 이 글에서 Flanagan은 다윗의 역량이 한 나라의 왕으로서 그리고 그 나라에 속한 개별 지파의 수장으로서의 영향력이 한 데 섞인 다소 미묘한 형태로 묘사되어 있다고 주장한다. 다윗의 영향력이 급격히 부상하는 과정을 묘사한 이 내러티브(삼상 15:1–삼하 5:5)에서 다윗은 왕이라기보다는 한 지파의 우두머리로 그려진다.

서 공유되는 예의범절과도 무관한 자들이었다.[7] 이런 공동체는, 크게 의도하지 않아도, 대개 반-문화적인(counter-cultural) 성향을 띠기 마련이다. 이와 같은 이유에서, 존 맥켄지(John L. McKenzie)는 다윗을 도적떼의 일원(a bandit)으로 보았고, 닐스 렘키(Niels P. Lemche)는 그를 사회적 변두리 층인 하비루(Habiru)로 간주했다.[8] 당시 하비루가 처했던 사회적 정황에 대해서 언급하면서 조지 E. 멘덴홀(George E. Mendenhall)은 다음과 같이 말한다:

> [하비루가 처한 사회적 정황에 관한] 가장 명백한 사례는 다윗을 통해 확인할 수 있다. 다윗은 사울 왕에게 미움을 산 연유로 도망 길에 올라야 했다. 따라서 이전에 고대 이스라엘 공동체의 일원으로서 그가 가지고 있던 사회적 지위와 법적 신분까지 모조리 상실하고 말았다. 그런 다윗 주변으로 환난 당한 자들, 빚진 자들, 그리고 마음이 원통한 자들이 모여들었다. 그들 모두는 한결같이 법적 후견인과 보호를 받을 수 없는 자들이었고, 따라서 다윗의 리더십 아래 무리를 지어 살아가며 목숨을 부지해야만 했다. 그들은 그렇게 필요와 상황에 맞추어 이곳 저곳을 옮겨 다니며 영민하게 생존해 갈 수 있었다.[9]

---

[7] 한 사회에서 통념적으로 공유되는 예의범절이 그 사회를 제어하거나 통제하는 영향력에 대해서는, John Murray Cuddihy, *The Ordeal of Civility: Freud, Levi-Strauss, and the Jewish Struggle with Modernity* (New York: Basic Books, 1974)를 보라.
[8] Lemche, "David's Rise," 23 n. 31.
[9] George E. Mendenhall, *The Tenth Generation: The Origins of the Biblical Tradition* (Baltimore: Johns Hopkins Univ. Press, 1973), 135-36.

고대 이스라엘의 사회 질서와 보복의 문제를 다루면서,[10] 멘덴홀은 특별히 사무엘상 24장 8-15절과 26장 10-24절을 지목한다.[11] 멘덴홀은 다윗과 그를 따르는 무리들을 왕을 비롯하여 기존에 수립된 사회 질서에 대항하는 적들로 특징지어 지칭한다. 이런 의미에서, 다윗 이야기는 당시 환난 당한 자들, 빚진 자들, 그리고 마음이 원통한 자들이 자신들의 꿈과 상상의 세계를 의지한 채 살아남아 존속시킨 작품(survival literature)이다. 저들의 꿈꾸고 상상하는 바를 당대 권력자들이 승인해 주지 않았을 것이라는 사실은 불을 보듯 뻔하다. 이런 종류의 지파 혹은 지파 중심의 연합체의 생존 및 존속의 문제는 흔히 합리주의를 기초로 하여 아직 경험적으로 입증되지 않은 가설과 별로 상관이 없다. 또 멀리 떨어진 타 지파의 고유한 과거 기억을 함께 공유하지도 않는다. 오히려, 그런 지파 혹은 지파 중심의 연합체는 기존의 진리체계를 완전히 뒤엎는 정반대의 진리를 전개해야만 존속할 수 있다.[12] 새로운 진리(체계)는 확신과 신뢰로 가득 차 있어야 하며 자기회의(self-doubt)는 결코 없어야 한다. 내가 사무엘상 16장 1절—사무엘하 5장 5절을 "지파의 염원이 가득

---

[10] 앞의 책, 69-104.
[11] 앞의 책, 83.
[12] 정반대의 진리와 규범을 전개하는 것과 관련해서는, 내 저서 *The Creative Word: Canon as a Model for Biblical Education* (Philadelphia: Fortress Press, 1982), 3장에서 내가 논의한 바를 참고하라. 그리고 특별히 Susan Weber Wittig, "Tradition and Innovation," *Soundings* 61 (1978): 247–59와 Carol P. Christ, "Heretics and Outsiders," *Soundings* 61 (1978): 260–63을 주의 깊게 살펴보길 바란다. 다윗 이야기는 [언약] 공동체의 기반을 더욱 견고하게 하고 실재에 대한 대안적 인식(alternative perception)을 제공한다는 차원에서 기존의 진리 체계를 뒤집어 엎는 정반대의 진리가 투영된 내러티브다. 따라서 이 진리 체계는 가나안과 블레셋이 인식하는 역사적 실재뿐만 아니라 사울과 그의 나라의 실재마저도 전복시키는 새로운 대안을 제시한다.

담긴 진실"이라고 명명함으로써 의도한 바는, 이 내러티브가 역사적 실재에 대해 대안적인 그림과 안목을 제공해 준다고 주장하려는 것이다. 역사적 실재에 대한 대안적 안목은 당시 사회의 지배층 인사들 그리고 통치 원리들과 충돌을 일으키는 주변 공동체의 관심사들을 든든하게 지탱해 준다. 만일 그러한 "진실이 담긴 문학 작품"(다윗 내러티브를 의미함)이 정말 그 주변 공동체에게 활력과 용기 나아가 그 존재의 정당성까지 제공해 준다면, 그 진실은 뻔뻔하리만큼 노골적이고 담대해야 할 필요가 있다. 왜냐하면 그것은 우리가 살아가는 이 세상에 대안적 세계(alternative world)가 수립되는 것을 가능하게 해 주기 때문이다. 지파의 진실을 담고 있는 이 정치적이고 편향적인 내러티브는 다윗이라는 빼어나고 뛰어난 인물을 집중적으로 조명한다. 그리고 이 내러티브에서 다윗은 (지파의) 생존과 존속을 위해서 필수적으로 요구된다고 앞에서 언급한 요소들을 구체적으로 구현해 낸다. 이 내러티브는 그 생존 방식이 당대 사람들이 적절하고 온당하다고 생각하는 행동 규범이나 가치 기준을 거스르는 행태로 드러난다는 점을 은연중에 내비친다. 그 행동규범과 윤리/도덕적 의례 역시 기존 사회의 지배적인 가치관과 통념에 의해 형성되는 것이기 때문이다. 기독교 정경인 구약성경 안에 이와 같은 내러티브가 포함되어 있다는 사실은, 기존 사회의 (지배적 가치관과 통념의 산물인) 행동규범과 윤리/도덕적 의례에 따라 성장해 왔으며, 마치 그것이 신앙을 구성하는 본질인 것마냥 성화를 생각하면 떠오르는 행태들과 일치시켜 온 우리의 시각과 가치관을 진지하게 반성하게 한다.

사무엘상 16장 1절—사무엘하 5장 5절 안에는 한 가지 요인이 더 자리하고 있다. 두말할 나위 없이, 다윗은 사울 왕정에서 이탈한 변절자다. 그리고 그는 다른 이탈자들과 "사회적 약자들"(nonpersons)을 포섭한다. 이러한 다윗의 움직임이 정치적이며 반체제적이라는 것은 의심의 여지가 없다. 만약에 다윗이 원하기만 했다면, 더 세련되고 멋스러운 이야기를 만들어냈을 수도 있을 것이다. 그러나 그 주변인은 적법한 절차와 과정을 밟기를 원하며, 그렇게 "자신의 진실"이 "모두의 진실"이 되기를 염원한다.[13] 다윗은 그 어떤 권리나 소유를 주장할 수 없는 외부인이었지만, 당대 사회와 여론의 승인과 지지를 이끌어 내는 데 성공함은 물론 기민하고 끈질기게 왕좌를 향해 나아간다. 그리고 마침내 사회적 약자요 주변인에 불과한 그 하비루(Habiru)가 왕(melek)이 되어 왕위에 오른다. 그러므로 이 내러티브는 단순히 대안을 제시한다거나 그것을 지지하지 않는다. 오히려 해당 내러티브는 다윗 자신이 속한 지파가 처한 상황에 발맞추어 대안적인 진실을 재빨리 파악하고 그것에 입각하여 기민하게 움직인 끝에 왕으로 등극한 다윗의 발자취를 집중적으로 추적한다. 불한당과 같은 도적이 새로운 정권을 창출한 것이다. 그전까지 비류들을 이끌던 자가 온 나라의 지도자요 통치자가 되다니.

그런데 이 지파의 진실은 지파라는 차원에서 멈추지 않고 급속도

---

[13] 여타의 모든 공동체와 마찬가지로 이 공동체는 과연 역사적 실재가 무엇인지 그 뜻과 함의를 외부적으로 드러내고 또 그것을 객관화시킨다. 이러한 특성은, Peter L. Berger, *The Sacred Canopy: Elements of a Sociological Theory of Religion* (Garden City, N.Y.: Doubleday, 1969)과 Peter L. Berger and Thomas Luckmann, *The Social Construction of Reality: A Treatise in the Sociology of Knowledge* (Garden City, N.Y.: Doubleday, 1967)에 구체적으로 설명되어 있다.

로 확장한다. 지파에 관한 진실을 담고 있는 사무엘상 16장 1절—사무엘하 5장 5절은 다윗 이야기가 유다 지파를 포함한 이스라엘 나라 전체가 새로운 진실로 전환되는 중대한 지점인 사무엘하 5장에서 멈춘다. 사무엘하 5장은 지파의 진실을 전개하는 사무엘상 16장 1절—사무엘하 5장 5절이 끝나는 지점인데, 이 내러티브 문단이 여기서 일단락되는 이유가 있다. 지난 날 다윗은 사회적 약자요 주변인 내지는 외부인으로서 기존 통치 체계와 기득권을 거스르는 반체제적 인사였다. 그러나 사무엘하 5장에 이르러서는 바로 그 다윗이 이스라엘을 다스리는 왕으로 등극한다. 그러므로 이전과 전혀 다른 차원의 진실을 요하는 완전히 새로운 국면으로 또 다시 전환을 꾀해야 할 시점에 도달한 것이다. 즉 지파의 진실을 통해 해당 내러티브가 피력하고자 하는 사회–문학적 목적이 그 지점에서 모두 성취된다는 말이다.

흔히들 알고 있듯이, 사무엘상 16장 1절—사무엘하 5장 5절은 다윗이 이스라엘 통일 왕국을 다스리는 적통 통치자로 서기까지의 과정을 집중적으로 조명한다(아서 바이저[Arthur Weiser]와 카일 멕카터[P. Kyle McCarter Jr.]). 그렇다고 해서 다윗이라는 인물의 지위와 신분이 상승하는 내용들만 소개되는 것은 결코 아니다. 이 내러티브는 앞서 논의한 것처럼 지파의 진실을 토대로 형성되었으며 또 실제 권력에 매우 가까이 위치한 공동체에게 정당성을 부여한다. 따라서 해당 내러티브는—단순히 어떤 대안적인 사회 실재만을 제시하는 데에 그치지 않고, 기존 통치 체계와 충돌을 일으키는 반체제적 인사가 권력을 소유한 다음 새로운 사회의 원칙과 기준을 창출해 내는—변혁적인 움직임들을 차례로 소개한다.

여기저기를 떠도는 도적떼의 일원이었던 다윗을 의심의 눈초리로 바라보는 이들도 사무엘상 16장 1절—사무엘하 5장 5절이 투사하는 바에 공감해야 한다. 그러면 이 내러티브가 묘사하는 지난 날들에 관한 기억의 세계 안으로 깊숙이 빠져들어가게 될 것이다. 이 내러티브 문단은 단순히 다윗이라는 한 개인에 관한 기록이 아니라, 다윗을 하나님께서 일으키신 미래의 파도와 같은 존재라고 확신하는 공동체 전체에 관한 이야기다. 이처럼 "우리의 진실"은 앞서 만들어진 파도와 하나가 되어 한층 더 높은 파고와 강력한 물결을 일으킨다. 처음부터 다윗과 함께 했던 이들은 이 진실을 가슴을 열고 끌어안았으며 열정적으로 환영해 마지 않았을 것이다. 그들과 같이, 우리도 이 내러티브에서 소망을 발견한다. 왜냐하면 이 이야기는 가고 오는 모든 세대를 향하여 소외되고 외면당하기 쉬운 사회적 약자들도 정당하게 힘과 권력을 소유할 수 있다고 말하기 때문이다. 다윗 이야기는 사회적 변혁(social transformation)을 갈망하는 이들을 위한 패러다임(paradigm)으로 읽혀 왔다. 다윗은 나중 된 자가 먼저 되는 전형적인 모델이다. 따라서 우리는 전복적인(subversive) 주장을 수용할 용의가 있을 때에 비로소 다윗 이야기를 읽어야 한다.

앞으로 우리는 이 지파의 진실을 반영한 에피소드 세 개를 선별해서 좀 더 자세히 살펴볼 것이다. 당연히 본문의 의미를 구체적으로 밝혀내는 일이 너무나 중요하다. 따라서 우리는 사무엘상 16장 1절—사무엘하 5장 5절의 핵심적 사안이 무엇인지 집요하게 추적할 것이다. 그러나 거기에 더하여 이 내러티브 본문이 갖는 사회적 기능(social function)도 함께 고려할 것이다. 해당 본문은 그것을 읽거나 듣는 이들에게 어떤 역할을 하며, 또 어떤 의도를 갖고 있는가? 또 그러한 사회적 기능을 성취하기 위해서 어떤 종류의 문학적 기법이 적절할까?

다윗 소개하기

1 여호와께서 사무엘에게 이르시되 내가 이미 사울을 버려 이스라엘 왕이 되지 못하게 하였거늘 네가 그를 위하여 언제까지 슬퍼하겠느냐 너는 뿔에 기름을 채워 가지고 가라 내가 너를 베들레헴 사람 이새에게로 보내리니 이는 내가 그의 아들 중에서 한 왕을 보았느니라 하시는지라 2 사무엘이 이르되 내가 어찌 갈 수 있으리이까 사울이 들으면 나를 죽이리이다 하니 여호와께서 이르시되 너는 암송아지를 끌고 가서 말하기를 내가 여호와께 제사를 드리러 왔다 하고 3 이새를 제사에 청하라 내가 네게 행할 일을 가르치리니 내가 네게 알게 하는 자에게 나를 위하여 기름을 부을지니라 4 사무엘이 여호와의 말씀대로 행하여 베들레헴에 이르매 성읍 장로들이 떨며 그를 영접하여 이르되 평강을 위하여 오시나이까 5 이르되 평강을 위함이니라 내가 여호와께 제사하러 왔으니 스스로 성결하게 하고 와서 나와 함께 제사하자 하고 이새와 그의 아들들을 성결하게 하고 제사에 청하니라 6 그들이 오매 사무엘이 엘리압을 보고 마음에 이르기를 여호와의 기름 부으실 자가 과연 주님 앞에 있도다 하였더니 7 여호와께서 사무엘에게 이르시되 그의 용모와 키를 보지 말라 내가 이미 그를 버렸노라 내가 보는 것은 사람과 같지 아니하니 사람은 외모를 보거니와 나 여호와는 중심을 보느니라 하시더라 8 이새가 아비나답을 불러 사무엘 앞을 지나가게 하매 사무엘이 이르되 이도 여호와께서 택하지 아니하셨느니라 하니 9 이새가 삼마로 지나게 하매 사무엘이 이르되 이도 여호와께서 택하지 아니하셨느니라 하니라 10 이새가 그의 아들 일곱을 다 사무엘 앞으로 지나가게 하나 사무엘이 이새에게 이르되 여호와께서 이들을 택하지 아니하셨느니라 하고 11 또 사무엘이 이새

에게 이르되 네 아들들이 다 여기 있느냐 이새가 이르되 아직 막내가 남았는데 그는 양을 지키나이다 사무엘이 이새에게 이르되 사람을 보내어 그를 데려오라 그가 여기 오기까지는 우리가 식사 자리에 앉지 아니하겠노라 12 이에 사람을 보내어 그를 데려오매 그의 빛이 붉고 눈이 빼어나고 얼굴이 아름답더라 여호와께서 이르시되 이가 그니 일어나 기름을 부으라 하시는지라 13 사무엘이 기름 뿔병을 가져다가 그의 형제 중에서 그에게 부었더니 이 날 이후로 다윗이 여호와의 영에게 크게 감동되니라 사무엘이 떠나서 라마로 가니라(삼상 16:1-13).

사무엘상 16:1-13

우리가 면밀히 들여다보려는 내러티브 문단은 이렇게 시작한다. 여기에서 다윗이라는 이름이 처음 언급된다. 그리고 그에 관한 간략한 소개에 뒤이어서 다윗은 이야기 무대 위에 본격적으로 등장한다. 따라서 독자들은 이 본문이 아주 세심하게 저작된 것임을 어렵지 않게 상상할 수 있다. 전체 다윗 내러티브 안에 위 단락처럼 핵심 요점은 아니지만 극적인 효과를 부각시키는 작은 내러티브 조각을 배치한 것은 매우 유용한 방법이다. 지파의 진실은 드라마처럼 극적인 상황을 자주 연출하기 때문이다. 해당 내러티브 단락은 이전에 볼 수 없었던 새로운 인물들이 등장하면서 급격하게 도드라진다. 만약에 내러티브 장면에 누가 등장하고 그 장면이 전체 드라마에 무슨 기여를 하는지 알 수 있을 정도로 구조가 확연히 드러난다면, 그 다음으로는 거기에 등장하는 인물들이 실제적으로 주고받았을 대화들을 자유롭게 상상해 보는 것도 도움이 된다. 다윗이 통일왕국의 수장이 되어 이스라엘 왕위에 등극하는 과정을 다루는 전체 드라마에 일조하기 위해, 첫 부분으로 선택된 이 단락은 그 (정경적) 목적에 따라 기능한다.

첫 번째 장면 (Scene I, 삼상 16:1-3)

사무엘상 16장 1-3절은 다윗 내러티브가 본격적으로 시작되기 이전의 상황을 다룬다.[14] 하나님과 사무엘을 제외하고 이 내러티브에 등장하는 그 어떤 인물도 지금 무슨 일이 벌어지고 있는지 전혀 알지 못한다. 만일 알았다면, 여기저기 떠벌리고 다녔을 것이다. 지파 내에서 벌어진 이 일에 관한 이야기는 대외적으로 알려지지 않은 채 비밀리에 진행된다. 옛 질서의 본거지이자 사울이 기거하는 왕궁 사람들도 그 일에 대해서는 아무것도 모른다. 독자들인 우리만 이 비밀스러운 상황을 몰래 엿보듯 접하고 있을 뿐이다. 다시 말하지만, 다윗도 사울도 이새도 무슨 일이 벌어지고 있는지 도무지 알지 못한다. 오직 독자들인 우리 그리고 야웨와 사무엘만 알고 있을 뿐. 실제로 지금 이 장면에서 벌어지고 있는 사건은 야웨와 사무엘이 서로 주고받는 대화를 통해서 서서히 그 실체를 드러낸다. 그러나 야웨 마저도 이 드라마에 등장하는 여느 인물처럼 묘사될 뿐, 아직까지 그 이상의 의미를 지니는 것처럼 보이진 않는다. 야웨와 사무엘 사이에 은밀하고 비밀스러운 대화가 계속해서 이어진다. 아

---

[14] 이 단락은 (비평학자들에 의해) 흔히 후대에 삽입된 부분으로 취급된다. 이러한 비평학적 결론에 대해서 논쟁을 벌이고 싶지는 않다. 그럼에도 불구하고, 해당 구절들이 정경상 현재 위치에 배열된 것은 분명 목적과 의도가 있다. 그 목적과 의도에 따라서, 이 단락은 이제 본격적으로 전개될 더 큰 내러티브의 도입과 서론으로 기능한다. Martin Kessler, "Narrative Technique in I Sam. 16:1-3," *CBQ* 32 (1970): 543-54; 그리고 Walter Brueggemann, *First and Second Samuel*, IBC (Louisville: John Knox, 1990), 119-24를 보라.

마도 "메시아에 관한 비밀"(messianic secret)이었을 것이다.

사무엘은 영향력 있는 지도자다. 그러나 그가 처한 현실이 자꾸 이러지도 저러지도 못하는 국면으로 흘러가자 점점 불평이 늘어간다. 그런데 이 내러티브 단락은 이상하리만큼 야웨를 단순하고 평이하게 묘사한다. 아무런 예비적인 준비도 없고 갑작스러울 정도다. 야웨는 그렇게 말씀하신다. 그렇게 단도직입적으로 말씀하시지만 어떤 변명이나 사과가 뒤따르지 않는다. 내레이터는 이러한 상황이 당황스럽고 갑작스럽다는 것을 눈치채지 못한 것일까? 야웨는 말씀하신다. 그럼에도 불구하고 여기에는 그 어떠한 지적인 오점이나 서투름도 눈에 띄지 않는다.

이야기는 지체 없이 본론을 향해 흘러간다. 그리고 야웨가 말씀하시면(A), 사무엘이 대답하고(B), 다시 야웨가 말씀하시는(A'), A / B / A' 패턴을 띤다. 해당 장면 안에 이러한 담화 패턴이 존재한다는 사실을 간파하는 것은 매우 유용하다. 1절에서 야웨가 시작하는 담화는 두 부분으로 나뉘는데 그 첫 부분은 야웨가 사무엘을 꾸짖는 대목이다: '해야 할 일이 있건만 그렇게 풀 죽은 채로 앉아 있으면 어쩌자는 것이냐?'(저자가 삼상 16:1을 의역한 것임; 삼하 19:5-7도 함께 보라). 이 시점에서 독자들은 의도치 않게 사울이 버림받았음을 알아차리게 된다. 그러나 이 사실은 해당 내러티브 밑바닥에 깔려 있는 전제이자 중대한 문제로서, 다윗 이야기를 말하고 듣는 비밀스러운 공동체가 알아차리고 나서 크게 기뻐한 사안이기도 하다. 왜냐하면 다윗 이야기는 사울의 통치 체제 아래에서는 아무런 힘도 부귀도 쟁취할 수 없는 이들에게서 비롯된 것이기 때문이다. 그러나 이제 새로운 권력 시스템이 수립되고 있기에 내러티브는 새롭게 다시 시작된다. 바로 그때에, 뭇사람들에게 존경을 받으며, 이스라엘 곳곳을 순회하는 하나님의 사람 사무엘이 하나님의 일방적인 임재 한복판에 선 것이다.

이 담화 후반부는 야웨의 명령으로 이루어져 있다. "채우라/가라/보내리니" 이 세 개의 동사가 야웨가 사무엘에게 하신 말씀(명령)의 골자다. 감춰진 것이 거의 없는 이 명령에는 약간의 질책도 들어 있다: "내가 나 스스로 한 왕을 준비할 것이다.[15] 이전에 너를 통해 사울을 왕으로 세웠으나 너는 실패를 낳고 말았다. 그러므로 이제 내가 직접 나서서 일을 올바르게 시행하리라. 내가 이미 행동으로 옮겼고, 그렇게 확정되었느니라." 앞에서 본 것처럼, 하나님의 명령과 질책이 섞여 한 목소리를 낸다. 비로소 지파의 진실이 시작되는 순간이다. 야웨가 친히 그 첫 행보를 시작했기 때문이다.

---

[15] 이 본문과 해당 작품 전체에 관해서는, Peter D. Miscall, "close reading," in *The Working of Old Testament Narrative*, Semeia Studies (Philadelphia: Fortress Press, 1983), 50–138을 보라. Robert Alter는 이 내러티브 안에서 "보다"라는 핵심 단어로서 반복적으로 사용되고 있음(*Leitwort*, [key—word])을 관찰했다 (*The Art of Biblical Narrative* [New York: Basic Books, 1981], 148–49). 삼상 16:1에서 야웨가 "내가…한 왕을 보았느니라"라고 선언하신 것은 실로 중대한 사안이다. Alter는 이 구절에 사용된 동사를 "내가 선택한~"이라고 번역한다. 즉 Alter는 "선택하다"와 "버리다" 이 두 동사 사이에 대조를 부각시키기 위해서 그렇게 번역한 것이다. 그러나 나로서는 그런 해석이 정말 효과적인 해석인지 확신이 들지 않는다. 해당 동사에 대한 전통적인 해석은 "준비하다"(provide)이다. 창 22:8, 14에서도 동일한 용례가 발견된다. 그 사례에 대해 내가 달아놓은 주석을 확인하려면, *Genesis*, IBC (Atlanta: John Knox, 1982), 191–92를 살펴보길 바란다. 거기서 나는 "준비하다"(provide)라는 동사를 하나님의 섭리에 입각해서 "pro-video"를 "미리 보다"(to see ahead)라고 영어 식으로 번역한 Karl Barth를 따랐다 (Barth, *Church Dogmatics*, vol. 3 [Edinburgh: T & T Clark, 1969], 3, 35). 아무튼 이 단어는 매우 중요하다. Alter가 최근에 출판한 사무엘서 주석에는 해당 문장을 "I have seen Me among his sons a king"이라고 번역해 놓았다. 그의 *The David Story: A Translation with Commentary of 1 and 2 Samuel* (New York: Norton, 1999), 95를 보라.

사무엘은 이 장면에서 단 한 번 목소리를 내어 아주 짧게 말한다. 기존의 통치 권력과 그 체제를 부정하는 임무를 띠고 보냄을 받은 것임을 사무엘도 잘 알고 있었기에 그의 목소리에는 두려움이 묻어난다. 사무엘 자신이 직접 왕으로 옹립했던 사울은 이제 통제불능이다. 그런 사울이 적대시하는 인물을 찾아가 기름을 붓고 왕으로 세우는 일은 반역을 도모한 것과 진배없다. "야웨가 나를 보내셨다"라고 사울에게 변명해 봤자 소용없는 일이다. 이 엄청난 일과 관련하여 사무엘은 담대하게 믿음을 보이진 않는다. 겁을 잔뜩 집어먹고 비틀거리는 늙은이와 같은 모습을 보일 뿐이다. 그런 사무엘에게 하나님은 미리 준비해 놓은 말씀으로 대답하시는 것 같다. '맙소사. 언제까지 그렇게 움츠리고 있으려는 것이냐? 이제 내 백성을 충격으로 몰아넣을 일을 행할 때가 되었느니라.' 야웨 하나님은 예의를 차리시지 않는다. 또 사무엘을 진득하니 기다리시는 듯한 인상도 주지 않는다. 그래도 조언이라면 조언이라 할 수 있는 하나님의 이 말씀은 꽤 시의적절해 보인다. 사무엘을 사로잡은 두려움은 더 이상 언급되지 않는다. 대신에 해당 장면은 사무엘에게 주어진 야웨의 명령에 초점을 맞춘 채 끝이 난다: "내가 네게 알게 하는 자에게 나를 위하여 기름을 부을지니라." ("네가 그 일을 행할 지라도 그 주체는 나임을 알지니라.") 이 첫 장면은 권위가 어디서 비롯되는지 확실히 보여준다. 지파의 근원은 매우 깊고 심오하다. 정치적인 필요나 모략을 말하려는 것이 아니다. 지파의 권위나 진실은 이러 저러한 이유와 명분에 의존할 것이 아니라, 야웨의 정하신 섭리와 목적을 그 근거로 삼아야 한다. 그렇기 때문에 사무엘상 16장 1-3절은 하나님의 행위에 기초한 지파의 진실을, 주도면밀한 학문적 접근방식을 넘어서는, 은밀하고 전복적이며 절대 타협할 수 없는 방식으로 다룬다.

두 번째 장면 (Scene II, 삼상 16:4-5)

두 개의 절로 구성된 이 짧디짧은 장면은 아주 사소한 문제에 관심을 기울인다. 추측하건대 그 문제는 사무엘의 여정이 얼마나 불길한지 암시하기 위한 것으로 사료된다. 이 장면 안에는 등장인물들 사이에 오가는 대화가 거의 없다. 다만 관련 정황만 기술될 뿐이다. 이러한 내러티브 한계 상황 안에서 사무엘은 선택의 여지가 없어 보인다. 부차적으로, (베들레헴) 성읍 장로들이 두려워 떤다. 장로들은 사무엘이 자기들의 성읍에 온 이유에 대해서 궁금해한다. 그들은 사무엘이 사울 편에 선 것인지 아니면 유다 지파의 편에 선 것인지 조차도 알지 못한다. 그저 그들은 사무엘이 사울의 전령으로 그곳에 왔으려니 생각할 따름이다. 만약에 그렇다면, 유다 사람들은 사울이 남쪽 지역 사람들에게 우호적이지 않았기 때문에 두려워 떨었을 것이다. 그러나 사무엘이 사울의 전령으로 온 것이 아니라면, 그것은 훨씬 더 위험하고 나쁜 징조다. 사울과 그의 정권에 대항하여 반역을 일으키려는 세력에 자신들을 포함시키려고 사무엘이 그곳에 온 것일지도 모르기 때문이다. 후자의 경우라면 혹시라도 그들이 도모하려는 일보다 더 위험하고 부담스러운 상황이 벌어질 것이다. 유다 땅에 거주하는 이들은 그들 위에 군림한 통치자가 그들을 유린하고 착취하고 있다는 사실을 그리 심각하게 여기지 않고 있다. 어쩌면 그들은 사람들의 시선이 집중되는 것 자체를 원하지 않았을 지도 모른다. 어떤 경우이든 간에, 사무엘의 방문은 유다 사람들에게 결코 평범한 일이 아니다. 아니, 사무엘의 등장 그 자체로 무엇인가 해결되지 않은 어떤 위험한 사건이 벌어질 것임을 알리는 전조다.

그런 유다 사람들을 향하여 사무엘은 (야웨가 그에게 말씀하신 대로; 눅 19:31을 보라) "내가 여호와께 제사하러 왔느니라"라고 말한다. 그러니까 사무엘은 야웨께서 알려주신 대로 묘책을 시행하고 있는 셈이다. 이 두 번째 장면은 이야기를 눈에 띄게 빨리 전개되지는 않는다. 다만 이 장면 뒤에 이어질 내용과 관련하여, 장로들 및 익명의 백성들을 거쳐 다윗의 아버지 이새를 향해 그 대화의 상대를 점점 좁혀 나간다. 그 이유는 특별히 다윗에게 이목을 집중시키기 위해서다. 이러한 일련의 과정은 극적인 효과를 발휘함으로써 독자들의 긴장감을 고조시킨다.

세 번째 장면 (Scene III, 16:6-10)

세 번째 장면은 많은 사람들이 즐겨 이야기하는 에피소드에 해당한다. 여기에는 용모와 키를 보지 말라는 경고의 말씀이 나온다. 돈 많고, 땅까지 소유한 부자들도 외모가 수려할 수 있다. 사무엘은 이새의 아들들을 한 명씩 자세히 살펴본다. 그런데 이 장면 안에서 두 개의 드라마가 동시에 진행된다: 하나는 등장인물들 모두가 감지할 수 있는 드라마이고, 또 다른 하나는 첫 번째 장면(Scene I, 16:1-3)처럼 야웨와 사무엘 사이에 벌어지고 있는 따라서 이 둘을 제외한 다른 등장인물들에게는 감추어진 드라마다. 그때와 마찬가지로 독자들은, 야웨와 사무엘을 제외한 여타의 등장인물들은 전혀 모르는, 은밀히 진행되는 비밀스러운 계획을 공유하게 된다.

독자들은 물론 등장인물들 모두가 아는 첫 번째 드라마에서는 이새의 일곱 명의 아들들이 차례로 사무엘 앞으로 지나간다. 꼭 일곱 명이어야 한다(욥 1:2을 보라). 하지만 빼어난 내러티브 기법을 사용한 본문에는 엘리압, 아비나답, 삼마 이 세 사람의 이름만 호명된다. 이 세 사람을 중심으로 세 번에 걸쳐 반복적으로 진행되던 사건의 패턴이 고정될 때 즈음 다른 네 명이 뒤따라 언급되지만 그들은 순식간에 그것도 매우 어정쩡하고 요약적으로 소개된다. 사무엘은 엘리압의 뛰어난 외모에 마음을 빼앗긴다. 물론 다른 여섯 명에게도 비슷한 반응을 보인다. 그러나 그들에 관한 세세한 사항들은 휙 지나가 버린다. 그것들은 별로 중요하지 않다는 뜻이다. 그 형제들은 영문도 모른 채 사무엘이 관심있게 관찰하는 대상이 되었다는 것만으로도 크게 들떴을 것이다. 그러나 이내 큰 실망감이 밀려온다. 왕으로 선택될 만한 이새의 일곱 아들이 한 명씩 소개되는 동안 앞서 고무됐던 기대감이 차차 소멸되어 버리기 때문이다.

한편, 등장인물들 중 일부만 알 수 있도록 은밀하게 감춰진 채 진행되는 두 번째 드라마에서 사무엘은 아무 말도 하지 않고 [야웨의 말씀을] 듣기만 한다. 하지만 첫 번째 장면에서 그랬듯이 야웨는 사무엘을 또 꾸짖으신다. "그의 용모와 키를 보지 말라." 이는 사울의 경우를 통해 체득한 꾸지람이다. 지난 날 사무엘은 용모와 키를 보고 사울을 선택하고 판단했다(삼상9:2). 그러나 사무엘이 사울을 선택한 결정은 실패로 돌아가 버리고 말았다. 이 시점에서 야웨는 사무엘에게 두 가지를 신신당부하신다. "첫째로, 너는 지난 번과 똑같은 실수를 또 다시 반복해서 저지르지 말아야 한다. 그리고 둘째, 이번에는 사울을 대신할 사람을 내가 직접 선택할 것이다." 이는 야웨가 직접 주도하여 선택하실 것임을 확실히 한다. 그 지파 사람들은 야웨께서 그렇게 다윗을 선택하셨음을 알고 있다!

이 세 번째 장면은 "버렸다"는 단어를 거듭 사용함으로써 첫 장면에서 제시됐던 주제들을 다시금 반복한다. 사울은 이미 버림받았다. 사무엘 눈 앞에 선 엘리압 역시 버림받는다. 공교롭게도 이 둘은 준수한 용모와 큰 키를 가진 인물들이다. 그리고 앞에서 말한 바와 같이, 이 두 사람은 버림받았고 버림받는다. 야웨는 사람의 중심을 보시기 때문이다. 하나님은 가장 연약하고 눈에 잘 띄지 않지만 당신 마음에 합한 여덟째 아들이 나타나기를 기다리신다.

공개적으로 진행된 상황을 묘사한 이 세 번째 장면(16:6-10)은 아무도 선택받지 못한 채 마치 실패로 끝나는 듯하지만, 후행하는 다음 장면에서 펼쳐질 매우 중요한 사건을 준비하는 예비적인 기능을 기묘한 방식으로 수행한다. 따라서 실패로 끝나는 것이 아니라 기다림의 시간인 셈이다. 이 이야기를 들으며 믿음을 잃지 않고 있던 해당 지파 사람들은 이야기가 여기서 끝나지 않을 것이라는 사실을 너무나 잘 알고 있다. 그렇게 네 번째 장면이 곧 이어진다. 그러나 아직은 이새와 사무엘 조차도 모른다. 하지만 독자들인 우리는 하나님의 말씀을 듣고 믿었던 그 믿음의 지파처럼 장차 무슨 일이 일어날지 잘 알고 있다. 이 세 번째 장면은 "버리다/선택하다"(מָאַס) 마아스 / בָּחַר 바하르) 이 두 단어를 중심축으로 삼아 다음 장면으로 전환을 꾀한다. "선택하다"(בָּחַר 바하르) 라는 단어는 부정적인 맥락으로 세 번 사용된다. 이 장면에는 오직 버림과 거절만 있을 뿐이다: "택하지 아니하셨느니라"(8절), "택하지 아니하셨느니라"(9절), "택하지 아니하셨느니라"(10절). 하나님의 택하심은 다음 장면에서 놀랍고 충격적인 반전이 일어나기까지 잠시 지연된다.

믿음을 잃지 않은 지파에 관한 이야기가 급격하게 진행되던 흐름을 잠시 멈추었으므로, "버리다/선택하다" 이 두 개의 동사가 빚어내는 대조의 모티프에 대해서 숙고하는 일도 여기서 잠깐 멈추도록 하자.[16] 우리는 지금까지 몇 가지 중요한 "버림"의 사례들을 살펴보았다. 합당한 절차를 밟아 왕좌에 오른 왕 사울이 버림받는가 하면, 이새의 맏아들도 거절당한다. 그들은 외모가 수려하고 키도 큰 인물들이다. 이러한 사실은 해당 지파에게 정치적으로 매우 중요한 함의를 제공한다. 만일 우리가 이 지파를 사회적 약자들이나 주변인들이 모여들어 이루어진 집합체로 이해한다면 더욱 그렇다. 힘있고 특출난 사람들은 늘 선택의 대상들이다. 우리는 항상 그 대상에 끼지 못했다. 선택될 만한 인물이 거절당했다는 이야기가 있다니 너무나 흥미롭다. 이 내러티브 기사는 일반적이고 틀에 박힌 관행을 속속들이 다 안다는 듯이 그것에 제동을 건다. 그리고 이어서 선택에 관한 이야기에서 그 선택의 대상은 아무런 자격도 없으며, 훌륭하거나 뛰어나지도 않으며, 보잘 것 없는, 바로 우리와 같은 사람일 것이다. "하

---

[16] '바하르'(בָּחַר) 동사의 신학적 의미에 관해서는 *TDOT* 2 (1975), 73-87에 실린 Jan Bergman, Helmer Ringgren, and Horst Seebass의 논문을 보라.

나님께서 세상의 천한 것들과 멸시 받는 것들과 없는 것들을 택하사 있는 것들을 폐하려 하시나니"(고전 1:26-31, 특히 28절). 그 보잘 것 없는 사람이 바로 이새의 여덟째 아들이다!

네 번째 장면 (Scene IV, 삼상 16:11-13)

만약에 우리가 거절이나 버림에 관한 내러티브를 읽고 있었다면, 이야기는 10절에서 끝났을 것이다. 야웨는 아직까지 아무도 선택하지 않으셨다. 그러나 믿음의 지파 혹은 그 지파를 중심으로 한 연합체는 '버림'으로 끝나 버리는 이야기를 공유하려고 이 이야기를 되새기지는 않았을 것이다. 사실 그 지파는 오랜 세월 인내하며 기다려온 사람들로 구성된 지파였다. 그들은 지금 자신들 중 한 사람이 선택되기를 기다리고 있다. 그런 와중에 네 번째 장면이 막을 연다. 이 장면은 사무엘이 이새에게 질문을 하는 것으로 시작한다. 앞에서 그는 야웨에게 두 번 거푸 꾸지람을 들은 바 있지만 이제는 단호하게 지시한다. 먼저 그는 이렇게 묻는다, "네 아들들이 다 여기 있느냐?" 그의 목소리에 두려움이 묻어난다. 야웨의 약속이 이렇게 허망하게 끝난단 말인가? 반역자로 내몰릴지도 모르는 위험을 무릅쓰고 베들레헴까지 왔건만 모든 것이 허사였던가? 사무엘의 마음 한 구석에는 자신이 그토록 위험천만한 발걸음을 해야 했던 충분한 이유와 가치가 있었음을 확인시켜 줄 이새의 또 다른 아들이 있기를 바라는 간절함과 절박함이 자리하고 있었다. 물론 또 다른 한편으로, 이새에게 다른 아들이 없다면 오히려 일은 간단하다. 왜냐하면 문제될 것이 아무것도 없으니까. 그러나 바로 그때 이새가 사무엘에게 대답한다. 너무나 완벽해 보였던 일곱 명의 아들 외에 또 다른 아들이 있다고. 그 아들은 양을 치고 있는 보잘것없는 막내 아들이었다.

이 시점에서 해당 지파는 다시 한번 극적인 전환을 조심스레 기대한다. 우리처럼 존재감이 미미한 인물이 내러티브 안으로 성큼 들어왔기 때문이다. 그리고 그의 등장과 함께 모든 것이 급격히 바뀐다. 독자들 역시 그를 예의주시해야 한다. 사무엘은 그가 이미 내렸던 괜찮아 보이는 결정에 반대하는 것처럼 간결하고 퉁명스럽게 말을 꺼낸다. "그를 데려오라 그가 여기 오기까지는 우리가 식사 자리에 앉지 아니하겠노라"(11절).

이 에피소드의 나머지 부분은 갑자기 빠른 속도로 전개된다. 그리고 야웨께서 (이새의 막내 아들을 직접) 임명하신다: "이가 그니…기름을 부으라"(12절). 사무엘이 썩 내키지 않는 마음으로 발걸음을 뗐던 반역의 마지막 지점이다. 사무엘은 하나님의 말씀에 즉각적으로 순종한다. 이전에 그랬던 것과 달리, 사무엘은 야웨의 지시에 단한 마디의 토도 달지 않는다.

그때 바람이 강하게 불어와 다윗 위에 임한다. 지극히 비천한 자가 성령에 감동되는 순간이다 (13절). 이제 사울과 그의 정권을 반대하는 반역에 연루된 사무엘은 그렇게 자신의 임무를 완수하고 다시 라마로 향한다. 이 일을 듣거나 읽은 믿음의 지파는 그 모든 과정을 인식하고 공유한다. [성령의] 바람은 비천하고 보잘것없는 사람들에게 불어온다. 자 이제 그들은 어깨를 나란히 한다. 모든 것을 소유했으나 성령의 바람을 갖지 못한 힘있는 자들과 함께.

우리는 거부할 수 없는 이 내러티브의 한 가지 특이점을 살펴볼 필요가 있다. 앞에서 우리는 16장 7절에 나오는 "용모와 키를 보지 말라…여호와께서는 중심을 보신다"는 글귀에 대해 논의한 바 있다. 그런데 12절에서 가면 사무엘의 간절한 독백이 소개된다. 이새의 여덟째 아들의 외모 역시 너무나 인상적이었다: "그의 빛이 붉고 눈이 빼어나고 얼굴이 아름답더라." 물론 이런 외모 때문에 그가 선택된 것은 아니다. 그럼에도 불구하고, 독자들은 이 사건에서 모순을 감지함은 물론, 결과적으로 다윗이 선택받은 것에 대해서도 비판적인 의견을 견지하지 않을 수 없게 된다. 아마도 위에서 말한 그 특이점을 알아차리는 순간 나중에 벌어질 사건을 낳을 씨앗들이 뿌려졌다는 사실도 깨닫게 될 것이다. 야웨께서는 분명 당신의 신실하심에 기초하여 그를 선택하셨다. 그렇지만 얼마나 멋진 사내인가! 굳이 그에게 풍겨 나는 남성미를 부정할 필요는 없지 않은가? 또 매력까지 철철 흘러 넘친다. 왕궁에 거하는 자들은 남자답지 못하다. 다윗의 매력과 사내다움이 그가 기름 부음을 받게 된 요인이 아닌가 하는 궁금증이 생길 정도다. 사실 독자들은 다윗의 외양과 사무엘이 다윗에게 기름을 부은 행위 사이에 어떤 연관성이 있는지 구별해 낼 수 없다. 사무엘은 다윗의 외양을 보고 그에게 기름을 부은 것일까? 사무엘이 또 속았단 말인가? 아니면 사무엘은 이새의 여덟째 아들의 준수한 외모를 보았음에도 불구하고, 그가 가진 남다른 중심을 소유했기 때문에 그에게 기름을 부은 것일까? 안타깝지만 이 질문들에 대해서 본문은 아무 말도 하지 않는다. 그러나 성령의 바람은 조금도 주저하지 않고 다윗에게 강력하게 불어와 임한다. 역사가 급격히 바뀌는 순간이다. 그가 속한 지파도 이 엄청난 사실을 깨닫고 일어나 뜨겁게 박수를 치며 급변한 역사적 실재를 환영해 마지 않는다.

지금까지 살펴본 바와 같이, 다윗 이야기 전체를 여는 초두에 아주 특별한 내러티브가 위치해 있다. 사무엘상 16장 1절에서 시작하는 이 내러티브는 "버리다"라는 동사의 독특한 기능과 의미를 통해, 그리고 13절의 성령의 급하고 강한 임재를 통해, 기존의 과거를 종식시켜 버린다. 특히 "다윗이 여호와의 영에게 크게 감동되니라"라는 13절의 진술은 앞으로 다가올 새 시대에 대한 기대감을 크게 고조시킨다. 야웨께서 하신 말씀으로 시작하는 이 내러티브는 또 야웨께서 하신 말씀으로 끝난다. 사무엘은 6절에서 기름 부을 첫 번째 후보자를 선택하지만, 야웨는 12절에서 사무엘이 뽑은 후보자와 다른 이를 진정한 왕으로 지명하여 세우신다. 사무엘은 이번에도 틀렸다. 야웨는 그의 마음에 합한 왕을 친히 선택하셨다. 사울 조차도 하나님께 인정받지 못했다. 사무엘의 판단은 또 다시 빗나가고 말았다.

위에서 솜솜 뜯어본 내러티브는 다윗 왕정의 정당성을 선전하려는 정치적 측면도 있다. 하지만 내 생각으로는 그 왕조의 시작을 준비하는 예비적으로 차원 정도로 간주하는 것이 적절해 보인다. 왜냐하면 이 내러티브는, 아직 충분하진 않지만, 모든 난관과 역경을 이겨내고 기존의 인습적인 기대와 요구를 깨뜨릴 새로운 시대의 도래를 간절한 염원과 경이로움을 고스란히 담아내고 있기 때문이다. 이런 의미에서 다윗은 무(無)에서 유(有)를 이끌어 내는 창조(*ex nihilo*)

의 통로라고 할 수 있다. 훗날 이스라엘의 여타 지파들은 그를 구심점으로 하나의 연합체를 이룬다. 물론 해당 내러티브는 신문 기사처럼 역사적인 실체들을 하나하나 세세하게 다루진 않는다. 그러나 오히려 더욱 충격적인 방식으로 "역사를 만들어 나간다." 다시 말하자면, 이 내러티브는 사회의 엘리트 지배층 인사들이 아닌 비주류 사람들과 소외된 자들을 위한 새로운 세계와 시대를 창출해 낸다는 것이다.[17] 그들은 참된 힘과 영향력은 사람의 눈에 보이는 것이 아니라, 바람처럼 눈에는 보이지 않지만 불가항력적이라는 사실을 다윗을 통해 깨닫는다. 바람이 임의로 불매…어디서 와서 어디로 가는지 알지 못하는 것처럼 (요 3:8), 진정한 힘과 리더십은 많은 사람들을 소외시키고 소수의 특별한 사람들만 독점하다시피 하는 과거의 낡은 통치 기관과 수단을 통해서 발휘되는 것이 아니다. 이는 아래에서 시작하는, 반대로부터의 내러티브로서, 일부 상류 계층이 온갖 종류의 독점과 소외를 버젓이 자행하는 기존의 지배적인 세계를 "뒤집어 엎는"(행 17:6에는 "천하를 어지럽게 하던"으로 번역되어 있음) 대안 세계(alternative world)를 제시한다. 이러한 내러티브 담론은 다윗이 속한 지파로 하여금 그를 통해 꿈꿀 수 없는 중에 소망을 품고, 위험이 난무하는 상황 가운데서도 거리낌없이 그를 의지하도록 이끈다.

---

[17] 내러티브가 사회적 약자를 위한 세계를 창출해 내는 독특한 양상에 관해서는, John Dominic Crossan, "Paradox Gives Rise to Metaphor," *Biblical Research* 24-25 (1979-80): 20-37; reprinted in *Cliffs of Fall: Paradox and Polyvalence in the Parables of Jesus* (New York: Seabury, 1980), 1-24를 보라. Crossan은 내러티브가 실현하는 사회적 함의에 대해서 가장 설득력 있는 설명을 제시한 학자다.

다윗과 골리앗
사무엘상 17장

사무엘상 17장은 다윗과 골리앗이 맞닥뜨린 사건을 묘사하는 데 전체 분량을 할애한다. 그런데 두 가지 문제점이 있다. 첫 번째 문제점은 상당히 현실적인 것으로, 이 내러티브는 상세히 검토하기에 지나치게 길기도 하거니와 너무나 잘 알려진 이야기라는 점이다. 두 번째 문제점은 비평학적인 사안이다. 골리앗을 과연 누가 죽였는지에 관해 적잖은 혼란이 있는데 많은 학자들은 다윗이 골리앗을 죽였다고 생각하지 않는다는 점이다.[18] 사무엘상 17장은 비교적 후대에 기록된 전승(tradition)으로 간주된다.[19] 그렇지만 우리는 해당 내러티브를 정경적 위치와 안내에 따라 읽고 해석할 것이다. 자 그럼 이 내러티브가 다윗이 속한 지파 사람들에게 어떤 의미로 다가왔을지 참 면모를 함께 생각해 보도록 하자. (해당 "지파"가 처한 상황을 애초부터 이 내러티브를 읽어 나가는 관점으로 설정해야 한다고는 생각하지 않는다. 다만 내가 소개하는 독법은 내러티브에 묘사된 사건의 역사적 연대기보다는

---

18 Lemche, "David's Rise," 4-5를 보라. 엘하난이 거인 골리앗을 죽였음을 암시하는 증거가 있긴 하다(삼하 21:19). 하지만 엘하난의 이름이 다윗의 이름을 가리키거나 혹은 그를 가리키는 경우도 종종 있다. 여러 개 내러티브 층들(layers)이 복잡하게 얽히고설켜 있는 그 수면 아래에 자리한 이 문제의 실재를 정확하게 파악하는 것은 사실상 불가능하다.

19 McCarter, "Apology of David," 492를 보라. 맛소라 본문은 70인역 본문보다 훨씬 더 길다는 사실을 상기할 필요가 있음 직하다. 본문의 역사에 관해 어떤 결론을 내리던 간에 이 내러티브 본문 자체에 광범위한 편집의 흔적이 명백하게 존재한다. Anthony F. Campbell, "Structure Analysis and the Art of Exegesis (I Samuel 16:14–18:30)," in *Problems in Biblical Theology: Essays in Honor of Rolf Knierim*, edited by H. T. C. Sun et al., 76–103 (Grand Rapids: Eerdmans, 1997).

그것이 끼치는 사회적인 기능을 살펴보는 데 주안점이 있다.)

다윗과 골리앗 두 사람의 실제적인 대결은 매우 짧게 전개된다. 실제로 두 사람의 싸움을 묘사하는 데에는 정확하게 두 절이면 충분하다(삼상 17:48-49). 재빨리 달음질 친 다윗은 주머니 속에 넣어 두었던 돌을 취해 물매로 던지고, 그 돌에 맞은 골리앗은 그 자리에서 쓰러진다. 두 사람이 벌인 싸움에 관한 이야기는 이것이 전부다. 그러나 이 짧디짧은 이야기는 그 앞뒤에 배치된 길고도 드라마틱한 내러티브의 근간을 이루는 핵심적인 부분이다. 이 본문과 관련하여 비평학적으로 어떤 사안들이 제기되고 또 어떤 해답이 주어지든 간에, 지파의 진실은 이 싸움을 번복하거나 돌이킬 수 없는 다윗의 승리로 돌린다. 다윗은 어마무시한 힘을 소유한 장수와 맞서 싸워 이긴 인물로 추앙받는다. 많은 사람들이 큰 소리로 그에게 찬사를 보낸다. 물론 단순히 작고 어린 소년이 큰 거인을 쓰러뜨린 것에 대한 로망 때문만은 아니다. 다윗이 골리앗을 쓰러뜨린 이야기는, 오히려 고아와 과부나 나그네 그리고 가난한 자들과 같은 사회적 약자들이 그들을 힘과 폭력으로 억압하는 압제자들에게 반기를 들고 저항하는, 더 큰 투쟁을 염두에 두고 있다. 이 때문에 규모나 세력이 미미하고 그 영향력도 하찮은 주변 무리들은 다윗을 구심점으로 한 지파로 속속 모여들었다. (어린이들이 이 이야기를 좋아하는 이유는 너무나 분명하다; 어린이들도 폭압적인 거인들이 떵떵 거리는 세상에서 살아가고 있기 때문이다.)

그러나 이 내러티브는 앞만 보고 마구 달려가지는 않는다. 우선 사무엘상 17장 1-20절에 본격적인 이야기 무대가 마련되기까지 상당히 오랜 시간이 소요된다. 그리고 그 이후로 전개될 드라마에 등장할 새로운 인물을 네 번이나 소개한다. 마치 내레이터가 배역을 맡은 이들을 한 사람 한 사람 모두 소개할 때까지 독자들에게 기다리라고 요구하는 듯하다. 이러한 양상은 당연히 내레이터의 주도면밀한 의도가 반영된 것이다.

1절: "블레셋 사람들이 그들의 군대를 모으고." 이 한 절만으로도 이스라엘 백성을 두려움에 떨게 만들기에 충분하다. 그리고 세 절 후인 4절부터 골리앗의 외양에 관한 상세한 설명이 뒤따른다. 해당 내러티브가 등장인물들의 행동보다는 외양 묘사에 치중하고 있음을 주의해서 살펴볼 필요가 있다(4-7절):

> 블레셋 사람들의 진영에서 싸움을 돋우는 자가 왔는데 그의 이름은 골리앗이요 가드 사람이라 그의 키는 여섯 규빗 한 뼘이요 머리에는 놋 투구를 썼고 몸에는 비늘 갑옷을 입었으니 그 갑옷의 무게가 놋 오천 세겔이며 그의 다리에는 놋 각반을 쳤고 어깨 사이에는 놋 단창을 메었으니 그 창 자루는 베틀 채 같고 창 날은 철 육백 세겔이며 방패 든 자가 앞서 행하더라.

네 개나 되는 절을 할애하여 골리앗의 외양을 묘사한 것과, 다윗이 골리앗을 쓰러뜨리는 것에 대한 내용은 단지 두 개의 절 안에 모두 서술되어 있다는 점은 분명히 비교가 될 만하다. 내레이터는 다윗이 속한 지파 사람들 모두 [그리고 전투에 임하는 이스라엘 사람들 모두—옮긴이] 그들이 맞닥뜨린 곤경과 난관을 깊이 공감하고, 그러면 그럴수록 더욱 두려움을 고조시키기 위한 목적으로 내러티브를 가급적

천천히 진행시키고 있는 것이다.

　12절과 14절은 다윗이 이새의 여덟째 아들임을 언급한다. 그런 다윗에게 기대할 수 있는 것은 그리 많지 않다. 그는 아직도 주변 사람이요 외부인처럼 보인다. 또 그는 천한 허드렛일을 하고 있다. 그가 맡은 일이라고는 전쟁에 참전한 용맹한 형들에게 도시락을 전해주는 것이 고작이다. 이처럼 다윗의 행적을 짧고 간략하게 묘사하는 것은 앞에서 골리앗의 외양을 장황하게 묘사한 것과 날카로운 대조를 이룬다. 이 대조는 점차 전개될 사건과 내용 중에 크나큰 충격과 놀라움을 자아내는 데 일조한다.

　19절: "그 때에 사울과 그들과 이스라엘 모든 사람들은 엘라 골짜기에서 블레셋 사람들과 싸우는 중이더라." 이 구절은 오로지 싸움의 진행만을 묘사한다. 하지만 정확히 말하자면 이스라엘 사람들은 아무것도 하고 있지 않다. 겁을 잔뜩 집어먹은 나머지 온 몸이 얼어붙었기 때문이다. 기적이 일어나기만을 오매불망 기다리고 있을지도 모르지만, 그들은 더 이상 허무맹랑한 기적을 꿈꾸지 않을 만큼 현실적인 사람들이었다. 이스라엘 사람들이 할 수 있는 일이라고는 잠시 후 얼마나 끔찍하고 참혹한 일이 일어날 지를 가늠하면서 서로를 향해 이 말 저 말을 의미없이 지껄여 보는 것뿐이었다. 그들이 입을 벌려 말을 하면 할수록 겁과 두려움은 더욱더 커져만 간다. 이것이 바로 압제자들이 힘과 폭력을 사용하지 않고서도 겁박을 통해 사람들을 통치하고 부리는 방법이다. 블레셋 사람들은 달리 할 일이 없었다. "슬슬 몸을 풀" 뿐이었다. 전쟁을 치르기 위해 그곳에 모인 이스라엘 사람들은 두려움으로 벌벌 떨고 있는 자신들의 몸을 부여잡고 블레셋 사람들에게 굴복할 준비를 하는 듯했다. 그 외에 어떠한 대안도 상상할 수 없었기 때문이었다.

28절: 다윗의 큰 형 엘리압이 다윗에게 불같이 화를 낸다. 우리는 앞에서 엘리압에 관한 설명을 잠깐 들은 적이 있다. 그는 사무엘이 사울에 이어 이스라엘의 왕이 될 인물로 꼽았던 인물이었다. 그런 그가 지금 화를 내고 있다. 적어도 그는 세심함과 열정을 소유한 인물이다. 그러나 그의 분냄은 겁에 질려 잔뜩 움츠리고 있는 이스라엘 군인들을 향한 것도, 그렇다고 이스라엘 진영을 바라보면서 전의를 불태우고 있는 블레셋 군인들을 향한 것도 아니었다. 그는 지금 작고 어린 자신의 동생 다윗에게 화를 내고 있다. 물론 어린 동생들은 자주 형들을 괴롭히곤 한다. 특히 형들이 용감한 전사인 척 할 때면 더욱 그렇다. 실제로는 두려움에 사로잡혀 싸움에 임하기는커녕 손가락 하나 까딱하지 못하는 그 형들을 말이다. 다윗의 등장은 그렇게 엘리압은 물론 그곳에 있는 모든 이스라엘 사람들(일반 군사들과 계급이 높고 낮은 장수들을 포함하여 사울 왕까지—옮긴이)이 겁쟁이라는 사실을 즉각적으로 폭로한다.

독자들인 우리는 다윗이 그곳에서 환영받지 못할 것임을 어느 정도 눈치챌 수 있다. 필요한 모든 것을 갖추어 그곳에 왔다지만 정작 그가 볼 수 있는 것이 아무것도 없는 것처럼 서술하는 이 드라마 안에서, 다윗이 갈 수 있는 곳은 아무데도 없다. 어떤 지파이든 폭거와 유린을 도구로 사용하여 백성을 압제하고 통제하려는 지도자의 통치 원리에 따라 움직인다면 그 지파는 결코 진정한 자유를 누릴 수 없다. 그 통치 방침에 따른 현실 논리가 득세할 것임은 불을 보듯 뻔하다. 이것이 바로 사울 왕이 진두지휘하는 이스라엘 군대가 추구해 온 바다. 하지만 지금 그들은 전쟁과 싸움이 시작되기도 전에 이미 패한 자들처럼 절망에 빠진 채 넋을 잃고 어쩔 줄 몰라 한다.

바로 그 때 이 내러티브의 주요 인물들이 한 장면 안에 전부 등장한다.

골리앗 - 온 몸을 갑옷과 무기로 완전히 무장한 채 블레셋 사람들의 진영에 서서 사납고 잔혹한 말로 싸움을 돋운다.
다 윗 - 순진무구한 어린 소년에 불과하다. 그런 다윗의 출현을 달가워하는 사람은 아무도 없다.
사 울 - 이스라엘의 왕이지만 블레셋 군대와 골리앗 때문에 겁을 집어먹고 이러지도 저러지도 못한다. 아직 싸움이 본격적으로 시작되지도 않았지만 적들에게 이미 모든 것을 내준 것이나 다름없다.
엘리압 - 분노로 가득 차 있는 인물로 이전에 거절당한 바 있지만 이 장면에서는 그의 어린 동생을 거절하는 장본인이다.

내레이터는 아주 빼어난 솜씨로 그의 손에 쥔 패를 보여줄 듯 말 듯 독자들에게 긴장과 흥미를 선사하면서 이 주요 인물들 간의 상호작용을 통해 이야기를 계속 고조시켜 나간다.

이 이야기의 대단원이 가까워지는 시점인 사무엘상 17장 31-40절에서, 겁에 질려 얼음처럼 얼어붙은 채 무기력하게 아무것도 하지 못하고 있는 사울과 형 엘리압에 의해 문전박대 당한 순전한 인물인 다윗의 위치와 역할이 뒤바뀌는 일이 발생한다. 즉 이 장면에서 인물묘사가 광범위하게 진행됨으로써 내러티브의 세세한 면모들이 그 모습을 드러낸다.

첫째, 골리앗과 맞서 싸우겠다고 사울을 설득하는 다윗의 열정에 찬 목소리가 31-37절의 절정을 이룬다(특히 34-37절). 그러면서 분위기가 완전히 바뀐다. 다윗은 마치 바로 그 말을 하기 위해 그곳에 온 것인 양 열변을 토한다. 다윗이 한 그 말은 이스라엘의 주류 인사들보다는 그가 속한 지파 사람들의 마음 속에 제법 소중한 기억으로 자리잡았을 것이다. 그의 말에는 기득권이나 권력층 인사들이 재가한 경로 안에는 존재하지 않는, 가공하지 않은 날 것 그대로의 힘과 담력이 실려 있었기 때문이다.

다윗은 34-36절에서 과거에 자신이 얼마나 용맹했었는지를 피력한다. 그리고 37절에 가서 하나님의 역사와 도우심을 간구한다: "여호와께서 나를 사자의 발톱과 곰의 발톱에서 건져내셨은즉 나를 이 블레셋 사람의 손에서도 건져내시리이다." 사자와 곰의 발톱에서 다윗을 건져내신 것처럼 골리앗의 칼도 어렵지 않게 피하게 해 주실 것이다. 해당 구절들이 특별히 사자나 곰의 사나움을 묘사하기 보다는, 전반적으로 다윗 특유의 힘과 용맹함을 설명하고 있음을 주목해야 한다.[20] 다윗은 "양떼 새끼"처럼 힘 없고 무력한 존재들

---

[20] 여기에 언급된 "야수들"은 말 그대로 사자와 곰을 의미한다. 하지만 성경에 자주 사용되는 은유가 상징하는 바와 같이 "야수들"은 변덕스럽기 짝이 없는 정치적인 힘을 뜻하기도 한다(겔 34:17-19, 28과 비교해 보라). 이런 맥락을 고려한다면, "야수"에서 골리앗으로 그 지시 대상과 의미의 전환은 방금 전에 말한 은유적인 함의의 추이 안에 고스란히 들어있다. 이스라엘이 정치적인 측면에서 경험해 온 바에 따르면, 골리앗은 그런 "야수들"의 구체적인 형상(embodiment)이다.

을 구해냈었다(34-35절). 35절에 연속적으로 사용된 동사들을 보라: "내가 따라가서, 내가 (그것을) 치고, 내가 (그 새끼를) 건져내었고… 내가 (사자나 곰의 수염을) 잡고, 내가 (그것을) 쳐 죽였나이다." 골리앗이 이끄는 블레셋 사람들과 전쟁을 치르기 위해 항오를 벌인 이스라엘 진영 내에, 앞에 열거한 동사들의 의미에 일치하는 행동을 할 수 있는 사람은 오직 다윗 한 사람뿐이다. 이 동사들은 모두 다윗이 "그 양떼 새끼"를 구하는 행위를 묘사한 것들이었다. 그런데 혹시라도 이 내러티브는 사무엘하 12장 1-5절에 나오는 나단의 비유를 이미 알고 있었던 것일까? 그것이 아니라고 해도, 나단은 적어도 이 내러티브가 전면에 내세우는 의미 정도는 기억하고 있었을 것이다. 여기서 다윗은 양떼를 돌보는 "구원자"(savior)의 모습으로 묘사되지만(사 40:9-11을 보라), 사무엘하 11-12장에서는 "약탈자"(predator)의 모습으로 돌변한다. 후자는 지파의 진실에 포함되지 않은 전혀 다른 진실을 제시한다[브루그만은 이 사안을 나중에 다시 자세하게 다룬다].

그러나 17장 37절에서 역학관계가 뒤바뀐다. 이전에는 다윗이 사자와 곰의 입에서 새끼 양을 건져냈지만, 이제는 원수들과 사망의 입에서 그가 건져냄을 받을 것이다. 또 과거에는 다윗이 사자의 발톱과 곰의 발톱에서 새끼 양을 구원해 냈지만, 이제는 야웨가 그를 사망의 발톱에서 구해 내실 것이다. 여기서 '야웨'라는 하나님의 이름이 언급되는데, 이는 17장 내러티브 전체에서 처음이다. 내레이터는 야웨를 언급하는 것을 가능한 한 뒤로 미룬 듯하다. 독자들 중에는 사울 왕이나 아니면 이스라엘을 조롱하는 적들의 입을 통해서라도 하나님의 이름인 야웨가 거론되었을 것이라고 기대했을 수도 있다. 그러나 하나님의 이름은 노예들을 구원하시고, 목자처럼 양떼를 지키시고 돌보시는 그 하나님을 믿고 신뢰하는 사람 즉 다윗이 내러티브의 전면에 등장하고 나서야 비로소 불리기 시작한다. 26절에서 "살아계시는 하나님"을 입 밖으로 직접 언급한 사람도 바로 다윗이다. 하지만 다윗조차도 26절에서는 그 하나님의 이름을 부르지 않은 채로, 하나님이 어떤 분이신지를 넌지시 설명한다. 이런 방식으로 내레이터는 하나님의 때가 이를 때까지 하나님의 이름이 호명되는 것을 지연시킨다. 그리고 드디어 37절에 가서 다윗은 하나님의 이름을 언급하면서 (다윗 자신을 골리앗과 대결을 벌일 싸움터로 내보내 달라고) 사울 왕을 설득한다. 사울 왕은 다윗을 따라 그 이름을 되풀이하여 부르고, 그를 축복하며, 싸움터로 나가 골리앗과 싸우도록 허락한다: "가라, 여호와께서 너와 함께 계시기를 원하노라." 이로써 이 내러티브 단락은 다윗이 블레셋 군대는 물론이거니와 사울 왕과의 전선에서도 반드시 승리를 쟁취할 것임을 예견한다. 사울 왕은 분명 권모술수에 능한 적이지만, 그의 패배와 몰락은 이미 진행되고 있었다.

　다윗이 골리앗과 싸울 수 있도록 전쟁터에 뛰어드는 것을 사울 왕이 승인해 준 이후, 내러티브는 현 상황을 다시금 묘사한다. 사울 왕은 지금 무슨 일이 벌어지고 있는지 도무지 이해하지 못한 채 그저 야웨의 이름만 입에 올린다. 그리고는 38-39절에 잘 나타나 있는 것처럼, 골리앗의 위세를 능가하고 싶은 마음만 굴뚝 같다. 그래서 그는 다윗에게 군복을 입히고 그의 머리에 놋 투구를 씌우고 갑옷을 입힌 다음 군복 위에 칼을 차게 한다. 하지만 그와 같은 것들에 익숙하지 않았던 다윗은 사울 왕에게 "이것을 입고 가지 못하겠나이다"(39절)라고 말한다. 이 대목에서 다윗은 골리앗은 물론 사울 왕과도 대조를 이룬다. 골리앗 그리고 사울 왕과 달리, 다윗은 걸리적거리는 모든 것을 벗어 버린다("이것을 입고 가지 못하겠나이다"). 허풍쟁이(골리앗)와 겁쟁이(사울 왕) 양측은 모두 갑옷과 무기를 절대적으로 의지하고 있지 않은가? 그러나 다윗은 무기를 의지하지 않는다. 왜냐하면 무기를 독과점한 족속은 어김없이 그것을 마구 휘두르려 한다는 사실을, 다윗 자신과, 그가 속한 지파, 그리고 이스라엘 민족은 역사를 통해 직접 경험하고 체득해 왔기 때문이다.[21] 그들은 다른 방법으로 싸워야 한다. 다윗은 매끄러운 돌 다섯 개를 골라 주머니 속에 넣고 물매를 손에 들고 골리앗을 향해 나아간다(40절). 그것으로 충분하다.

다윗을 시험하기 위해서 사울 왕이 그에게 물었던 이런 저런 질문들과 다윗의 대답들 그리고 둘 사이에 몇 마디 대화가 더 오고 간 이후에, 우리는 다윗과 골리앗이 대결하는 장면이 나오는 사무엘상 17장 41-47절에 다다른다. 그러나 또 다시 실제적인 싸움보다는 그 둘이 주고받는 대화가 훨씬 더 흥미롭다. 먼저 골리앗이 다윗과 이스라엘 진영을 얕잡아보고 깔아뭉개 듯 지껄이는 오만방자한 말을 내뱉는다(43-44절). 그리고 나서 다윗이 웅변적인 말로 응대하는데(45-47절), 이는 34-37절에서 그가 이미 사울 왕에게 했던 말을 연상시킨다. 다윗은 골리앗과 사울 왕이 전쟁을 치르기 위해 칼/창/투

---

21 Gottwald, *Tribes of Yahweh*, 414-17을 보라.

창과 같은 무기들을 의존하는 전통적인 방법과 대조적으로, 야웨의 언약에 호소한다. 즉 다윗은 만군의 주 야웨 하나님의 이름을 의지하여 골리앗과의 싸움에 임한다(46-47절):

> 오늘 여호와께서 너를 내 손에 넘기시리니 내가 너를 쳐서 네 목을 베고 블레셋 군대의 시체를 오늘 공중의 새와 땅의 들짐승에게 주어 온 땅으로 이스라엘에 하나님이 계신 줄 알게 하겠고 또 여호와의 구원하심이 칼과 창에 있지 아니함을 이 무리에게 알게 하리라 전쟁은 여호와께 속한 것인즉 그가 너희를 우리 손에 넘기시리라.[22]

이 구절들을 통해 다윗은 평화를 수호해야 한다는 식의 반전주의를 외치는 것이 아니라, 오히려 그가 속한 족속에게 허락된 모든 제반 여건들은 여타의 힘이나 권력에 의해 마련된 것과는 차원이 다르다는 주장을 편다. 그렇다. 그 모든 것은 기존의 권력 체계나 조직에 의해 수립된 것이 아니다. 그 모든 것을 허락하신 분은 이스라엘 지파들 가운데 함께 하시는 야웨 하나님이시다.

드디어 다윗과 골리앗의 대결이 아주 **빠른** 속도로 진행된다(48-49절). 이스라엘 군대와 블레셋 군대의 충돌도 마찬가지다(50-53절). 골리앗과 블레셋 군대를 물리친 다윗은 격식을 갖추어 사울 왕과 그의 왕권 앞에 다시 선다(55-58절). 여기서부터 내러티브는 다시 진행 속도를 늦춰 천천히 진행한다. 전쟁과 관련된 행동들로 과열된

---

[22] 이러한 공식문구의 사용 용례와 관련해서는, Walther Zimmerli, *I am Yahweh*, edited by Walter Brueggemann, translated by D. W. Stott (Atlanta: John Knox, 1982), 66를 참고하라.

상황을 진정시키고 의도적으로 사건의 진행을 늦추기 위해서다(58절): "사울이 그에게 묻되 소년이여 누구의 아들이냐 하니 다윗이 대답하되 나는 주의 종 베들레헴 사람 이새의 아들이니이다 하니라." 다윗과 사울 왕 둘 사이의 대화 중에 다윗의 이름이 언급되지 않는다는 점을 예의주시하라. 다윗은 사울 왕에게 자신의 이름을 밝히지 않는다. 그는 사울 왕의 권력이나 그의 처분에 자신을 맡기지 않는다. 정치적이든 경제적이든 생존을 다루는 여타의 문헌에서는 이야기가 이런 식으로 진행되지 않을 것이다. 다윗은 아직까지는 사울 왕의 권력에 포섭되지 않고 변함없이 자유를 누릴 수 있는 것처럼 보인다.

이 이야기는 우리에게 너무나 자명하고 강력한 충격을 던져준다. 머뭇거릴 것도 없다. 아래 명시한 네 가지 사안을 눈여겨볼 필요가 있다:

1. 다윗은 모든 주요 인물들—골리앗, 사울 왕, 엘리압—과 첨예하게 대조된다. 물론 이 대조뿐만 아니라, 내레이터는 다윗 한 사람에게 집중적으로 초점을 맞춘다. 다윗은 "역사를 만들어 나가는 인물"로 간주된다. 요컨대 그는 자신이 속한 공동체에게 새로운 미래를 제공한다.

2. 본 내러티브 안에는 등장 인물들이 서로 주고받는 대화로 가득하다. 그 중에서도 다윗이 한 말들이 결정적으로 중요하다. 그중 하나는 다윗이 사울 왕에게 한 말이고(34-37절), 또 다른 하나는 그가 골리앗에게 한 것이다(45-47절). 이 말들은 성경적인 신앙을 위해

서도 중요하지만, 다윗이 속한 지파의 궤적을 위해서도 너무나 중요한 의미를 갖는다. 사람들이 내뱉는 말은 바로 그 사람들이 살아가는 세계를 결정짓는 효력을 발휘한다. 또 반드시 진술됐어야 하는 바와 세상이 마땅히 수용해야 하는 것을 세워 나가는 스토리텔러의 상상력이 가져다주는 파급력을 인식하게 해 준다. 이런 맥락에서 앞에 언급한 다윗이 말한 두 종류의 담화는 그의 성품과 성격은 물론이거니와, 그가 지탱해 줄 것이라고 믿는 변두리 사회의 비주류 공동체에 아주 적격인 활력을 특징적으로 반영하고 있다.

3. 다윗이 말한 두 종류의 담화는, 두 가지 경우 모두, 다윗을 초월하여 야웨 하나님을 가리킨다. 그 두 개의 담화에 있어서 중요한 것은 구원은 야웨께로부터 온다는 사실이다. 골리앗뿐만 아니라 다윗도 이 진술과 무관하지 않다. 아니 그 진술에 의해 새롭게 정의된다(defined). 이런 차원에서 해당 내러티브는 이스라엘 안에 하나님이 함께 하심을 추호도 의심하지 않는 회중이 하나로 뭉치는 회집과 더불어 끝을 맺는다.

4. 이 시점에서 위험을 무릅쓰고 한 가지 사안을 더 언급하려고 한다. 이스라엘 백성을 블레셋 군대의 손에서 건져낸 다윗과 진정한 구주이신 야웨 하나님 둘 다 다윗이 속한 유다 지파와 깊은 관계를 갖고 있다. 위에서 살펴본 장면에 등장한 다윗은 왕궁에 거하는 사람이 아니라 소작농의 막내 아들에 불과하다. 야웨는 결코 쉽사리 길들일 수 있거나 소유할 수 있는 하나님이 아닐 뿐만 아니라, 이스라엘 족속을 소외와 겁박으로부터 자유케 하시는 하나님이시

다.[23] 이 내러티브 안에서 등장 인물들 사이에 오가는 극적인 대화들(및 담화들)과 신학적인 주장들은 모든 형태의 압제자들에 대항하여 자유와 해방에 가까이 서 있는 사람들을 통해 큰 메아리가 되어 울려 퍼진다. 그 사람들은, 사슬로 중무장한 갑옷을 입고 날카로운 큰 칼을 휘두르며 허황된 소리로 지껄인다 한들 살아계신 하나님은 겁을 먹거나 움츠리는 분이 아님을, 굳건히 믿는 자들이다. 야웨는 골리앗이 이끄는 블레셋 군대에게 겁에 질려 옴짝달싹 못하는 사울 왕의 군대와 전혀 다른 태도와 행보를 보이신다. 해방과 자유를 선사하시는 야웨 하나님은 이스라엘 족속 중에서도 너무나 보잘 것 없는 자들을 향하여 가까이 다가가신다. 그리고 그들은 새끼 양이 사자의 입에서 건져냄을 얻은 것처럼 구원을 받기까지 인내하며 기다린다.

사울과 다윗
사무엘상 24장[24]

블레셋 사람들은 이 내러티브 전체에서 위협적인 존재로 나타난다. 즉 그들은 이스라엘 지파들의 존립을 위태롭게 만드는 사회

---

23 Gottwald, *Tribes of Yahweh*, 585.
24 두 개의 여타 본문들도 살펴봤지만, 이 에피소드는 원저자가 기록한 본래("original") 사본에 포함되지 않은 후대의 삽입일 수도 있다. McCarter는 이 내러티브가 삼상 26장을 극단적으로 재진술한 것이라는 주장을 설득력 있게 전개한다("Apology of David," 492). 그러나 그러한 역사비평학적인 판단과 주장도 우리가 논의해 온 바에 그리 큰 영향을 끼치지 못한다. 왜냐하면 (그러한 역사비평학적인 판단과 주장에도 불구하고) 우리는 지금 우리의 두 손 위에 놓인 성경 본문 자체에 책임이 있기 때문이다.

적 실체에 포함된다. 당시 블레셋 족속과 더불어, 이스라엘은 사울 왕을 중심으로 한 군주 사회로 통합을 이뤄가는 과정 중이었다. 블레셋과 이스라엘 두 족속 사이에 강력한 상호작용과 함께 사울 왕이 주도하던 그 움직임은 매우 중요한 의미를 갖는다. 선택된 자들과 버림받은 자들 사이에서 발생하는 긴장 관계는 사무엘상 16장 1-13절에서 본격적으로 시작된 이래로 계속 강화되어 왔다. 그렇다면 다윗은 사울 왕을 넘어설 수 있을까? 이스라엘 본토 남쪽 지역을 거점지로 삼은 (유다) 지파가 북쪽 지파들의 세력을 물리치고 이스라엘의 패권을 차지할 수 있을까? 그 지파를 이끄는 리더는 과연 조직적으로 잘 갖춰진 기존 세력을 성공적으로 복속시킬 수 있을까? 이러한 질문들은 이론적인 차원을 훌쩍 뛰어넘는다. 특히나 다윗에게 생사를 맡긴 이들에게는 더욱 그렇다. 사무엘상 24장은 다윗의 역할에 의존하여 사회적 갈등과 같은 중대한 사안을 전개한다. 다윗이라는 인물의 존재를 통해 어떤 사물은 의인화되기도 하고, 어떤 사안은 채택되기도 하며 또 다른 사안은 거부되기도 한다.

사무엘상 24장 1-7절은 다윗이 행동으로 옮긴 아주 중요한 행위를 묘사한다. 사무엘상 24장에 포함된 나머지 부분은 그 행위가 어떤 의미를 갖는지를 확인할 수 있는 두 사람—즉 다윗과 사울 왕—사이에 오고 가는 대화로 구성되어 있다. 어찌 보면 다윗이 한 행동은 매우 단순하다. 이제 다윗은 (사울 왕에게) 위협적인 존재로 인식된다. 내레이터는 두 사람 사이의 모든 대화를 다윗의 관점에서 진술한다. 사울 왕을 지지하는 자들은 사울 왕이 다윗을 추적한 일을 사회의 비주류 계층이 국가를 대항하여 반역을 일으키려는 시도들을 막기 위해서 꼭 취해야만 하는 정치적 행위로 간주했을 것이다. 사울 왕은 이스라엘 전역에서 선별한 삼천 명의 군사들을 거느리고 다윗을 쫓는다 (2절). 사울 왕의 입장에서는 지극히 정당한 행보라 할 수 있다. 그런데 이 이야기는 우리가 잘 알고 있는 어떤 사건의 깊고 세밀한 부분들까지 자세히 들춰낸다. 독자들은 이 이야기를 접할 때마다 이 사건의 관련 인물들이 모두 보고 느끼고 인식할 수 있도록 공개적으로 벌어진 일이라고 생각하기 쉽다. 하지만 공교롭게도 우리가 집중적으로 조명하려는 사건은 사울 왕이 용변을 보려고 쪼그려 앉아 있는 중에 벌어진 일이다.[25] 사울 왕은 뒤를 보러 굴 속으로 들어간다 (3절). 지파의 진실을 개진해 가는 와중에 이런 일을 언급하는 이유는 사울 왕을 조롱하려는 의도 때문이지 않을까? 그 위대한 왕은, 성령이 떠나버린 그 위대한 왕은, 가장 취약한 존재로 그려진다.

내레이터는 독자들로 하여금 방금 전에 거론한 사건을 이해하기 무척 어렵다는 말에 공감하기를 원하는 것 같다. 과연 누가 다윗이 숨어 있는 굴 앞에 사울 왕이 멈춰 섰다는 말을 흔쾌히 믿으려 할까? 이 드라마와 같은 이야기는 숨돌릴 틈없이 긴박하게 진행된다. 이 에피소드에 하나님의 섭리로 가득하다는 것은 너무나 명백한 사실이다. 다윗과 행보를 같이하던 사람들은 이 기회에 사울 왕을 해하라고 그를 부추긴다. 그들이 손꼽아 기다려온 순간이 아니던가. 다윗도 어느 정도 마음이 동한다. 그러나 그는 폭력—즉 사울 왕을

---

[25] David Gunn, *The Fate of King Saul: An Interpretation of a Biblical Story*, JSOTSup 14 (Sheffield: JSOT Press, 1980), 93-96을 보라.

살해하는 행위—을 행사하지 않고, 사울 왕에게 은밀하게 접근해 상징적인 표시를 남긴다. 그는 "사울의 겉옷 자락"을 가만히 벤다(4절). 데이빗 건(David Gunn)은 여기에 사용된 "자락"(kanap)이라는 단어가 사울의 생식기(生殖器, sexual organ)를 가리키기 위한 의도가 반영된 완곡어법이라고 주장한다. (그에 따르면) 생식기의 끝부분은 겉옷 끝자락처럼 쉽게 자를 수 있기 때문이다. 건의 제안이 일리가 있고 없고를 떠나서, 해당 장면은 다윗이 사울 왕에게 아주 가까이 다가갔음을 암시한다. 요컨대 사울 왕이 다윗에게 어떻게 혹은 어느 정도 "노출되었는지를" 여실히 보여준다. 두 사람이 함께 있던 그 동굴은 얼마나 캄캄했을까? 내레이터가 아는 것이라고는 이 정도가 전부다. 다만 내레이터는 다윗이 사울 왕의 옷자락을 벤 것 때문에 마음에 찔림을 받았다고 서술한다(5절). 왜냐하면 왕이 무방비 상태에 있던 틈을 노려 그를 욕보였기 때문이다. 내레이터는 마치 다윗이 아무런 거리낌 없이 행동하다가 갑자기 멈추어 서서 사울 왕에게 예를 갖춰 한발 물러선 것처럼 상황을 연출한다.

내레이터는 기묘한 방법으로 다윗을 모호하게 그려 나간다. 과연 이것이 모든 진실을 있는 그대로 담아낸 것일까? 아니면 그에 관한 여러가지 모습 중에서 한 측면만을 드러낸 것에 불과한 것일까? 분명한 것은 이 장면은 어디까지나 추측과 추정을 기초로 한 묘사와 서술이라는 점이다. 안타깝게도 본문은 우리에게 모든 사안들을 상세하게 그리고 충분히 말하지 않는다. 그럼에도 그 본문이 바로 우리에게 전승된 문헌이라는 사실이 중요하다. 이스라엘 지파들을 향한 진실은, 너무 많은 것을 담고 있는 여타의 진실들과는 달리,

그 실마리를 조금만 제공하거나 아예 불가해한 경우가 대부분이다. 진실을 온전히 파악하기 어렵다는 한계와 제약이 따르는 이 상황은 예수님이 본디오 빌라도에게 하신 말씀과 본질적으로 같다. 아무튼 누군가 지나치게 단호하고 결정적으로 행동한다면, 그것은 잘못된 행동일 가능성이 다분하거나—급기야 죽음으로 귀결되기도 한다.

사무엘상 24장에는 다윗이 추가로 한 말이 포함되어 있다(1-15절). 이 섹션은 등장인물들 사이에 오간 대화로 구성되어 있다. 사울 왕을 설득하려는 다윗의 목소리로 가득 차 있다. 그의 목소리에는 일련의 고결함이, 그러니까 거칠면서도 타협하지 않는 그런 고결함이 묻어난다. 그 고결함은 다윗을 완전히 의로운 편에 서게 하고, 사울 왕은 도덕적으로나 정치적으로 위험에 노출된 상태로 이끈다. 사무엘상 24장 10절에서 다윗은 사울 왕을 마음대로 처리할 수도 있었다고 말한다. 다만 사울이 야웨께 기름 부음을 받은 왕이기 때문에 그렇게 하지 않은 것이다.

다윗은 자신을 해치려는 사울이라는 한 인간에게 경멸과 멸시를 얼마든지 쏟아 낼 수 있었다. 하지만 그는 사울이 하나님께 기름 부음 받은 자라는 사실을 존중한다. 10절은 왕의 직분을 정식으로 언급한다. 그러나 다윗은 11절에서 어조를 바꿔 사울을 "내 아버지"라고 일컬음으로써 보다 개인적이고 친밀한 분위기를 연출한다. 그럼에도 불구하고 그가 말하려는 요점은 변함이 없다: 사울 왕을 죽일 수 있는 기회가 있었지만 다윗은 그 기회를 취하지 않았다. 12-16절은 마치 씨줄과 날줄로 잘 짜인 한 조각의 직조물처럼 앞에 거론된 요점을 다시 진술한다. 12절은 "여호와께서는 나와 왕 사이를 판단하사"라는 구절로 시작한다. 그리고 15절은 유사한 의미를 좀 더 강조하는 공식문구(formula)를 기점으로 마무리된다: "그런즉 여호와께서 재판장이 되어 나와 왕 사이에 심판하사…" 이렇게 12절과 15절에 반복적으로 사용된 이 말은 야웨께서 "나의 사정을 살펴 억울함을 풀어주시고 나를 사울 왕의 손에서 건져 주시기를 원하나이다"라고 간절히 요구한 다윗의 간구를 면류관처럼 떠받친다[15절 하반부를 보라—옮긴이]. 공교롭게도 10절에서 사울이 다윗의 손에서 구원을 얻었다! 다윗은 법정적 문구를 두 번 반복하는 중간 지점에, 즉 13절에서, 옛 경구 하나를 인용한다— "악은 악인에게서 난다 하였으니…" 이 경구는 다윗 자신의 결백함과 무죄를 선언하고, 암묵적으로 사울 왕에게 죄책이 있음을 피력한다. 다음으로 14절에서 다윗은 사울 왕에게 두 개의 수사적 질문(rhetorical questions)을 던지며 그를 궁지로 몰아간다. 평소와 달리 한층 고무된 상태였기 때문이었는지는 몰라도 그의 입을 통해 수사적 표현들이 연이어 터져 나온다. 그 수사적 표현들은 다윗 자신의 결백을 입증할 뿐만 아니라, 기민하게 문제적 상황을 파악한 다음 이내 돌파구를 찾아내 적을 궁지로 몰아가는 다윗의 능력을 적절히 보여주며, 그가 속한 지파의 입장을 설명하는 데에도 중요하게 기능한다. 요컨대 다윗이 사울 왕을 향해 쏟아 낸 외침이 갖는 정치적 함의와 그 효과가 문학적이고 수사적 방법으로 제공된 것이다.

앞에서 다윗이 사울 왕을 향해 쏟아 낸 외침과 항변 그리고 수사적 질문에 대한 사울 왕의 반응과 대답은 사무엘상 24장 16-22절에 소개된다. 그러나 이것은 어디까지나 다윗이 속한 지파가 기억해 낸 것들이다. 사울 왕은 자신의 과오를 인정하고 다윗에게 모든 것을 내어주기로 약속한다. 내러티브는 앞으로 모든 사건들이 어떻게 진행될 지를 그 이야기 속에 등장하는 사울 왕과 다윗보다 더 잘 알고 있다. 이 본문에 투영되는 미래는 다윗이 완전한 승리를 거둔 미래다. 사울 왕은 죄책을 떠안은 실패자 신세가 되어 집으로 돌아간다. 사울 왕의 뒤를 따르는 자들은 손에 쥔 모든 것을 잃고 애걸복걸하는 탄원자들과 다를 바 없다. "너는 나보다 의롭도다"(17절)라는 사울 왕의 고백과 같은 선언을 근거로 다윗의 결백은 인정된다. 이 진술이 의미하는 것처럼, 다윗은 사울 왕을 보복하는 일을 실행에 옮기지 않는다. 오히려 그는 자신의 적이요 원수인 사울 왕을 선대한다. 19절은 다윗의 범상치 않은 행동을 여실히 보여준다. 사람들은 대개 적에게 그렇게 행동하지 않는다. 그러한 다윗을 향해 사울 왕이 응답한 말은 이스라엘의 왕권이 자신의 손을 떠나 다윗에게 이양될 것임을 이미 예견한다: "보라 나는 네가 반드시 왕이 될 것을 알고 이스라엘 나라가 네 손에 견고히 설 것을 아노니"(24:20). 이는 분명 역사적으로 그리고 문학적으로 매우 중요한 전환의 순간(moment of transfer)이다. 독자들의 짐작처럼, 이 일은 우선 정치적인 의미를 갖는다. 하지만 여기 묘사된 것처럼 문학적 실재가 그 뒤를 잇는다.

바로 이 지점에서 사울 왕은 다윗과 예리하게 대비를 이룬다. 그는 애원하는 듯한 목소리로 다윗을 향해 물음을 던지며 이렇게 말문을 연다: "내 아들 다윗아, 이것이 네 목소리냐?"(16절). 로버트 알터(Robert Alter)는 이 물음이 에서처럼 꾸민 야곱을 만지며 이삭이

던졌던 질문을 상기시킨다고 적절하게 지적한다: "내 아들아, 네가 누구냐?"[창 27:18, 옮긴이].[26] 사울 왕은 진실을 알고 있다. 다시 말해, 사울 왕은 지금 벌어지고 있는 사울 왕 자신과 다윗 사이의 권력 투쟁은 희생과 손해를 마다하지 않은 다윗의 선한 처사로 끝이 날 것임을 잘 알고 있었다. 그래서 사울 왕은 다윗을 향해 적절한 태도를 취한다. 그와 동시에, 다윗과 관련하여 결코 회피할 수 없는 비극적 역할을 감당하게 될 것이라는 진술이 사울 왕 자신의 입 밖으로 터져 나온다.

조만간 왕위가 이양될 것이다. 그 왕좌를 빼앗긴 사울의 입술을 통해 다윗이 새로이 왕으로 등극할 것임을 선언하는 대목은 실로 압권이다. 다만 21절에서 사울은 다윗에게 개인적인 안건을 하나 추가적으로 제안한다: "그런즉 너는 내 후손을 끊지 아니하며 (내 아버지의 집에서 내 이름을 멸하지 아니할 것을 이제 여호와의 이름으로) 내게 맹세하라." 다윗은 사울의 요청대로 할 것임을 맹세한다. 이렇게 둘의 만남은 끝이 난다. 후행하는 이야기를 통해서도 다윗의 행적을 유심히 살펴보겠지만, 진실을 전개해 나가는 다른 장면들에서 확인할 수 있는 것처럼, 앞서 사울 왕과 다윗 사이에 체결된 약속은 계속 휘청거리며 여러 번 깨질 위기에 처한다.

그러나 이 시점에서 진실이 어떻게 구축되는지를 예의 주시하기 바란다. 독자들은 해당 장면이 제시하는 진실을 어떻게 받아들여야 할 지 난감해하곤 한다. 왜냐하면 독자들이 그것을 정확히 어떻게

---

26 Alter, *Art of Biblical Narrative*, 36–37; *idem*, *The David Story*, 150–51.

수용해야 하는지 내레이터가 분명하게 말하지 않기 때문이다. 많은 사항들이 믿기 어려울 정도로 여전히 애매모호한 상태로 남아있다. 다윗이 사울 왕을 향해 표한 존경과 경의는 과연 진심에서 우러난 것일까? 내레이터는 독자들이 (다윗의 손에 의해 사울 왕이 처단되는) 절호의 순간이 찾아오기만을 기다리고 있었다는 사실을 모르는 척하고 외면하는 것일까? 이 질문에 대해서 우리는 아무것도 알 수 없다. 그러나 이처럼 중요한 의문점들을 지속적으로 제기해야 한다. 독자들인 우리들은 근본적으로 해당 사건과 연관된 지파에 속한 자들이 아니기 때문이다. 그 지파는 이 물음들에 대한 답을 알고 있었을 것이다. 그것은 일차적으로 그들의 진실이다. 그 지파에게는 다윗이 올바른 행동을 할 것임을 아는 것만으로도 충분하다. 아니 다윗이 어떤 행동을 했든 그것은 옳은 처사일 것이다. 이 장면에서 다윗이 한 행동을 비난하는 말은 단 한 마디도 없다. 그가 한 말이나 행동이 진심에서 우러난 것이냐 아니냐는 중요치 않다. 다만 그가 속한 지파는 이 사건을 통해 예견된 진실의 실체가 속히 도래해서 충만하게 성취되기를 인내심을 갖고 기다릴 뿐이다. 그 순간은 머지 않아 곧 다가올 것이다.

우리는 지금 다윗에 관한 연구를 시도하고 있다. 나는 독자들이 성경 본문에 등장하는 다윗과 관련하여 이러한 사회적 함의를 놓치지 않았으면 한다. 지파의 진실이 어떻게 이뤄지고 성취되는지를 잘 보여주기 때문이다. 지파의 진실은 우리가 논의를 전개하기 위한 목적으로 다윗 내러티브에 나타난 여러 가지 문제들을 선별할 때부터 이미 드러나기 시작했다. 지파의 진실은 때로는 열정과 힘으로, 또 때로는 순수함 그 자체로, 우리에게 가까이 다가오는 그 무엇의 가치를 평가하는 수단으로 기능하기도 한다. 우리가 인식하게 되는 것 중에 한 가지는 그런 지파의 진실이 성경에 고스란히 기록되어 있다는 사실이다. 우리는 성경이 지금도 생동감 있게 살아 역사하는 하나님의 말씀이요 우리의 삶과 신앙의 유일한 기준임을 담대히 외치는 사람들이다.

우리가 밝혀 내려는 진실이 너무나 모호하고 난해하다는 사실을 모른다면 다윗에 관한 내러티브를 통찰력 있게 읽어 나갈 수 없다. 진실은 예기치 않은, 아마도 우연한 것처럼 보이기도 하지만, 동시에 의심의 여지없이 지극히 의도적인 것이기도 하다. "여호와의 기름 부음을 받은 자"를 우리가 주목하고 있는 특정 지파의 지도자로서, 우리가 바라는 최고의 희망에 빛을 비추어 주며, 또 우리가 최고로 관심을 갖는 사안들을 지지해 주는 인물로 간주한다면, 더더욱 그렇다. 이처럼 성경의 진실과 우리의 관심사를 동일시하는 멋들어진 시도가 이 내러티브를 관통하고 있다. 그러기에 이 내러티브는 신앙의 차원으로 기울어진 문헌이다. 즉 이 내러티브는 다윗이 어떤 관점에서는 편파적인 인물이라고 믿고 있을 뿐만 아니라, 야웨도 (다윗에게 일방적으로 치우쳤다고 말할 수 있을 정도로) 그를 열렬히 지지하시며, 진실도 우리의 소망과 관심으로 이루진 것이라고 대담하게 선포한다. 물론 이 내러티브 전체가 다윗에 관한 진실은 아닐 뿐더러, 우리가 알고자 하는 진실만을 전부 담아낸 것도 아니다. 그렇지만 어느 경우든, 우리에게 강력한 충격과 영향력을 끼친다는 것은 틀림없는 사실이다. 그 힘은 (다윗과 다른 생각과 비전을 품은) 사무

1장 · 지파의 염원이 가득 담긴 진실 115

엘이나, (다윗보다 훨씬 더 강력한 무기로 무장한) 골리앗, 그리고 (다윗과 비교할 수 없을 정도로 높은 지위를 향유한) 사울 왕과 상관없이 작동한다.

이 내러티브는 하나님의 바람이, 다윗이 속한 지파를 관리하고 운영하는 방식이 아니라, 어떻게 그 지파 구성원들에게 생명을 불어넣음으로써 놀라움과 경이로움으로 경탄하게 만드는지를 세세하게 진술한다. 그 지파 구성원들이 [그리고 이 내러티브를 읽는 독자들인 우리가] 진정으로 그 놀라움과 경이로움을 경험하게 된다면, 여기에 반영된 다윗을 향한 편향성에 크게 당황하지 않을 것이다. 공의와 완전함과 힘을 불어넣는 하나님의 바람은, 그것이 불고자 하는 곳을 향하여 분다. 결론적으로 이 내러티브는 하나님의 바람이, 다윗이라는 특별한 사람을 통해, 그가 속한 지파와 족속을 행복과 기쁨이 넘치는 방향으로 불어 간 때를 묘사해 낸 것이다.

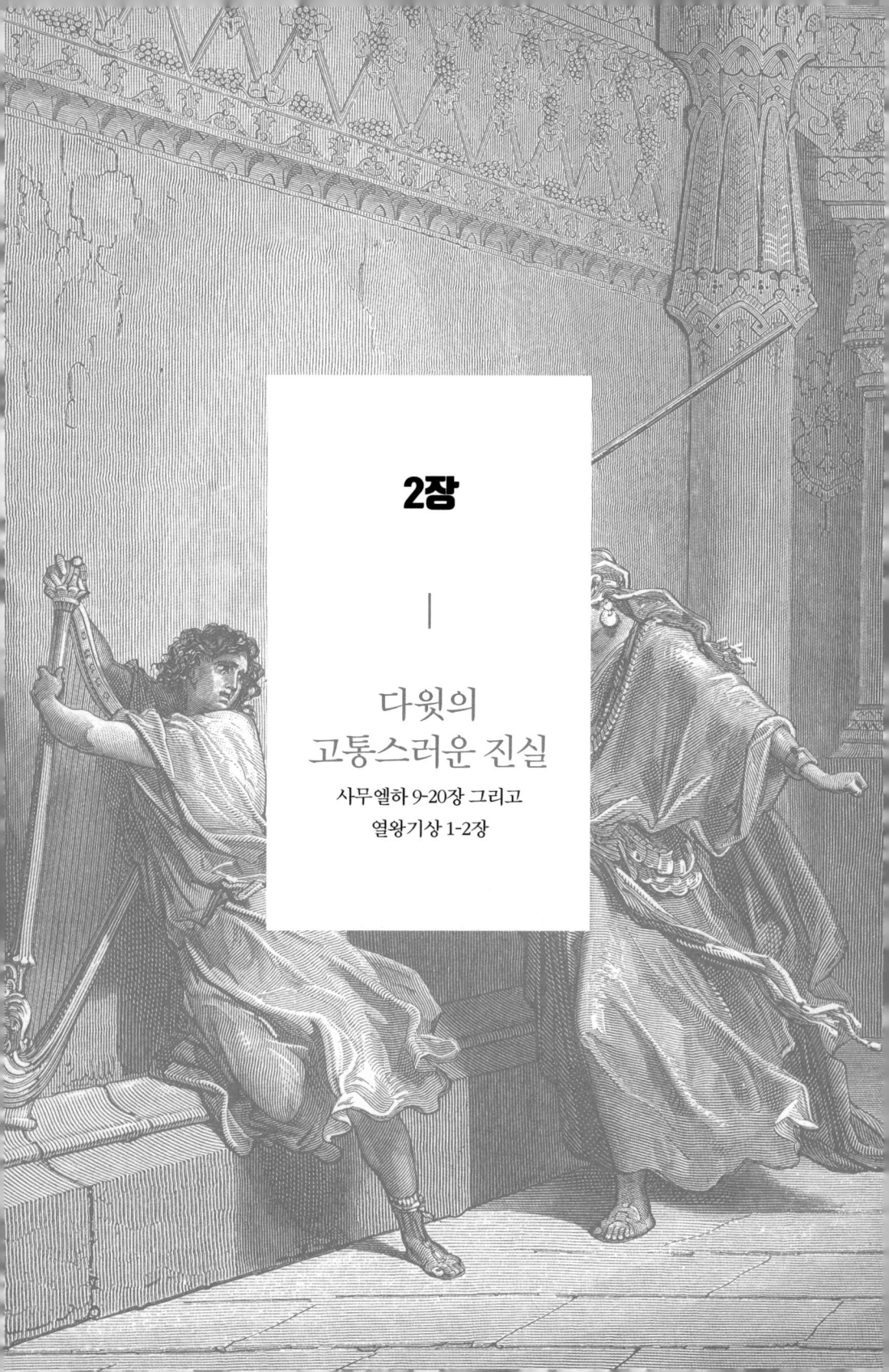

2장

다윗의
고통스러운 진실

사무엘하 9-20장 그리고
열왕기상 1-2장

두 번째 장에서는 앞에서 살펴본 것과 전혀 다른 다윗에 관한 면모를 들여다볼 계획이다. 기본적으로 나는 다윗의 행적을 묘사하는 두 개의 커다란 내러티브 단락이 존재한다는 전통적인 입장을 따를 것이다. "다윗의 급부상"을 심층적으로 다룬 사무엘상 16장 1절-사무엘하 5장 5절이 그 첫 번째 내러티브 문단인데, 그 일부는 앞 장에서 이미 면밀히 검토했다. 그 내러티브 기사는 이스라엘 사회 주변부의 미미한 존재에 불과했던 다윗이 이스라엘의 중심 세력으로 자리를 잡아가는 과정을 드라마틱하게 그린다. 두 번째 내러티브 문단(삼하 9-20장; 왕상 1-2장)은, 흔히 "[왕위] 계승 내러티브"(Succession Narrative)[1]라고 불리는 섹션으로, 열왕기상 1장 20절에 "누가 내 주 왕을 이어 그 왕위에 앉을 지를 공포하시기를 기다리나이다"라는 구절에서 그 이름을 딴 것이다. 이제부터 우리는 이 두 번

---

[1] 이 이름은 1926년에 Leonhart Rost가 처음 붙인 것이다. 그의 저서는 다음 영문본으로 번역 출판되었다. *The Succession to the Throne of David*, trans. D. Gunn, HTIBS (Sheffield: Almond, 1982).

째 내러티브 문단을 주목하면서 세세한 분석을 시도할 것이다. 레온하르트 로스트(Leonhard Rost)와 후대의 많은 학자들은 이 내러티브 문단이 다윗의 뒤를 이을 "왕위 계승"에 관한 문제를 집중적으로 다루고 있으며, 따라서 많은 전쟁과 기막힌 모략이 묘사되어 있으며, 결과적으로 누가 다윗의 후계자가 될 것인지를 다양한 방식으로 진술한다고 생각했다. 본 내러티브 문단의 저작 의도가 과연 그런 것인지에 대해서는 의문이 날로 커져가는 것이 사실이지만, 그럼에도 불구하고 "[왕위] 계승 내러티브"라는 이름만큼은 여전히 널리 사용되고 있다.

사무엘하 9-20장 그리고 열왕기상 1-2장으로 이뤄진 이 두 번째 내러티브 단락 안에는 두 개의 하위 내러티브 단락이 존재한다는 것이 전통적인 입장이다. 학자들은 그 두 개의 하위 내러티브 단락 사이의 관계에 대해서는 별로 관심을 기울이지 않는다. 다만 이 사안과 관련하여 두 가지 정도의 의견을 살펴보고자 한다. 먼저, R. A. 칼슨(R. A. Carlson)은 이 내러티브 문단 전체를 구성하는 두 개의 하위 내러티브 단락들이 서로 병렬적으로 배열되어 있는데, 앞에 위치한 내러티브 단락은 "축복 아래 있는"(under blessing) 다윗을, 뒤에 오는 내러티브 단락은 "저주 아래 있는"(under curse) 다윗을 묘사한다고 주장한다.[2] 칼슨의 제안은 많은 학자들로부터 큰 지지를 받아왔는데, B. S. 차일즈(B. S. Childs)는 칼슨의 핵심 주장을 적극 수용함으로써 해당 단락의 정경적 형태(canonical shape)를 진지하게 다뤘

---

2 R. A. Carlson, *David, the Chosen King: A Traditio-Historical Approach to the Second Book of Samuel*, trans. E. J. Sharpe and S. Rudman (Uppsala: Almqvist and Wiksells, 1964).

다.³

　최근에 로버트 알터(Robert Alter)는 이 전체 내러티브 문단(삼하 9-20장; 왕상 1-2장)을 굳이 두 개의 하위 내러티브 단락으로 나눠야 할 논리적인 이유를 찾을 수 없다는 논증을 꽤나 섬세하게 전개했다. 요컨대 해당 단락 전체는 "창의적으로 통합된 구상"(unified imaginative conception)"에 의해 저작 및 배열된 하나의 문학적 단위라는 것이다.⁴ 이 사안에 관한 알터의 주장이 맞을 수도 있지만 그는 그 이상의 자세한 분석을 제시하진 않는다. 설령 알터가 말한 것이 사실이라고 해도, 그 역시 대부분의 학자들이 두 개의 하위 내러티브를 구분하는데 근거로 삼은 중요한 차이점들을 인식하고 있다. 칼슨은 바로 그 차이점들을 들어가며 신학적인 의도에 따라 두 개의 하위 내러티브 단락들이 서로 병렬적으로 배열되어 있다고 주장한 것이다. 우리가 앞에서 살펴본 본문(삼상 16:1-삼하 5:5)은 "다윗의 급부상"(Rise of David)을 조명하되, 그가 혹독한 연단을 거쳐 대중적인 인지도를 높여가는 과정을 집중적으로 묘사한다. 따라서 다윗의 인격(person)이나 태도(attitude) 그리고 동기(motive)에 관한 구체적인 언급은 거의 찾아볼 수 없다. 이러한 특성을 알터는 저자의 의도가 반영된 예술적인 전략으로 이해한다. 그러한 전략은 해당 본문(삼상 16:1-삼하 5:5)이 지파의 염원이 가득 담긴 진실을 형성한다고 설명한 나의 제안과도 잘 부합된다. 앞 장에서 살펴본 것처럼, 그 진실

3　Brevard S. Childs, *Introduction to the Old Testament as Scripture* (Philadelphia: Fortress Press, 1979), 276.
4　Robert Alter, *The Art of Biblical Narrative* (New York: Basic Books, 1981), 119 n. 1.

은 분명 다윗에 대해서 비판적이지 않다. 다윗의 행동에 반영된 모호함이나 여러 가지 의도가 뒤섞였을 법한 그의 내적 동기에 대해서 그 어떠한 의심이나 추측도 하지 않는다. 즉 그 내러티브 단락(삼상 16:1-삼하 5:5)은 다윗의 내면에 대해서 그 어떠한 평가도 내리지 않는다. 이야기의 긴장도를 저하시킬 수도 있기 때문이다.

그러나 다윗-우리아-밧세바 그리고 다윗과 밧세바 사이에서 태어난 아이의 죽음을 다루는 에피소드에서, 내러티브의 기조가 급격히 전환되면서 다윗의 내면을 깊이 들여다보는 것이 가능해지기 시작한다. 물론, 내레이터는 그의 주도면밀함과 동시에 모호함, 그리고 그가 지나칠 정도로 무분별하게 권력을 휘두르는 일까지 모조리 들춰낸다.[5] 방금 전에 언급한 알터의 논지는 이 내러티브의 해석을 풍성하게 해 주는 여러 가지 가능성들을 가리킨다. 다소 미묘하긴 하지만, 알터는 다윗과 밧세바가 낳은 아이의 죽음(삼하 12:15-23)은 엄청난 충격과 함께 장차 어떤 일들이 벌어지게 될지를 짐작할 수 있을 뿐 아니라, 지금까지 내러티브 수면 아래 은밀하게 감춰져 있던 비밀들을 대거 폭로한다고 설명한다. 사망이 그 역할을 수행하기 시작한 것이다. 알터의 설명을 얼마든지 문학적 전략(literary strategy)으로 취할 수도 있다. 혹은 칼슨의 표현대로, "저주 아래" 처한 다윗의 상황이 범죄한 인간의 고뇌와 탄식을 드러내는 것은 피할 수 없는 결과이기도 하다. 그러나 꼭 그러한 문학적 전략이 필요한 것은 아니다. 왜냐하면 지금 우리가 살펴보고 있는 내러티브 단

---

[5] 그래서 Alter는 이 지점에서부터 "휘청거리는 다윗의 진짜 목소리가 들리기 시작한다"고 적절하게 일갈한다. 앞의 책 (영문본), 119.

락(삼하 9-20장 ; 왕하 1-2장)은 다윗과 밧세바 그리고 그 둘이 낳은 아이뿐만 아니라 이스라엘에 속한 많은 이들에게 막대한 영향을 끼친 철저히 공적인 사회 문제(public affairs)라는 차원으로 그 저주가 불러온 상황을 순서대로 기록한 것일 수도 있기 때문이다.

그럼에도 불구하고 알터의 설명과 제안은 아주 큰 장점이 있다. 전통적으로 사무엘하 9-10장은 [왕위] 계승 내러티브의 시작 부분으로 간주된다. 그렇지만 이 두 장은 그 뒤에 후행하는 내러티브를 위한 예비적인 역할을 하기 때문에 내러티브의 핵심에 포함된다고 보기 어렵고 그렇게 흥미롭지도 않다. 그래서 대부분의 주석가들은 우리아와 밧세바가 등장하는 사무엘하 11장에서 실제로 이 내러티브 문단(삼하 9-20장; 왕상 1-2장)이 시작하는 것으로 생각하기도 한다. 이런 견해는 앞에서 다룬 알터의 주장과 비슷한 결론에 도달한다. 즉 다윗—우리아—밧세바 에피소드는 우리가 살펴보려는 [왕위] 계승 내러티브 전체를 읽고 해석하는 데 꼭 필요한 실마리를 제공한다는 것이다. 바로 이 에피소드야말로 다윗 내러티브가 완전히 새로운 이야기로 전환되는 분기점으로 기능하기 때문이다. 그렇다고 해서 해당 에피소드가 역사적으로 급변의 순간을 담아내고 있다고 말하려는 것은 아니다. 다만 내레이터가 전체 다윗 내러티브 문단을 적재적소에 배열하는 특유의 방식이 그렇다는 것이다.

다윗에게 이 순간은 자기 자신을 새롭게 인식하는 끔찍한 순간이었다. 이 일로 인해 그는 각종 언론과 여기저기에서 올라오는 보고서들에 실린 내용을 있는 그대로 신뢰하지 않게 되었다. 그뿐 아니라 더 이상 대중들에게 비판을 받지 않는 다윗으로 존립할 수도 또 그러한 자기 인식을 거절할 수도 없게 되었다. 내레이터의 안내에 따르면, 우리아와 밧세바 사이에서 다윗이 내린 치명적인 오판은, 오히려 다윗 자신이 성(sex)과 관련된 도덕률의 모호성을 깨닫는 계기가 된다. 이러한 종류의 도덕률의 모호성은 다윗이 왕위에 오르기까지 급부상하는 과정을 그린 내러티브 문단(삼상 16:1–삼하 5:5)에서는 결코 다룰 수 없는 것이었다(1장을 보라). 그와 달리, 다윗이 산산이 부숴지는 이 순간을 기점으로, 내레이터는 (추측하건대 다윗을 포함하여) 이 이야기를 공유하는 모든 공동체가 비통함이 깊게 베어 나오는 괴로움과 삶의 애매모호함, 그리고 인간의 야욕과 한 인간의 마음 속에 공존하는 서로 상반된 감정의 충돌 등등, 다양한 문제들이 뒤엉킨 개인의 내면을 집중적으로 다루는 새로운 세계로 진입을 시도한다. 다윗은 계속해서 (이스라엘 연합 공동체이든 지파 공동체이든) 대중들 앞에 서 있는 존재로 존립할 것이다. 그럼에도 불구하고, 그러한 다윗의 대중적 입지와 위치가 한 인간인 그의 존재적 의미보다 더 중요하거나, 그것을 무시하거나 혹은 삭제할 수 없다. 이렇게 그 둘—대중 앞에 선 다윗과 한 인간으로서의 다윗—은 심오하지만 어느 정도 감지가능한 긴장 관계를 형성한다.[6]

이와 관련하여 앞에서 언급한 알터의 주장은 꽤나 유용하다. [왕위] 계승 내러티브 전체를 하나의 (문학적인) 문단으로 간주하자는 그

---

[6] 다윗을 중심으로 한 이러한 변화는 요즘 많은 사람들에게 각광을 받는 "의식의 진화"(evolution of consciousness)라는 개념과는 조심스럽게 구별되어야 한다. 많은 사람들은 이 의식의 진화라는 개념을 자유(freedom)와 자율(autonomy)을 새롭게 선도하는 것으로 이해한다. 그러나 해당 내러티브 단락에 묘사된 다윗의 경우는 확연히 정반대의 방향성(괴로움과 비통, 죄책, 그리고 회복이 아니라 두려움과 공포)을 보인다.

의 핵심 주장에 찬성하든 아니면 반대하든 상관없이, 다윗이라는 인물과 이 내러티브의 문학적 특성에 대한 알터의 안목과 분석은 상당히 설득력이 있다. 그럼에도 나는 그의 주장과 해석을 그대로 따르지는 않을 생각이다. 이 사안은 비평학계의 공감대에 반하여, 좀더 면밀히 검토되어야 할 필요성이 있기 때문이다.

다윗의 인간적인 다양한 면모들

그럼 이제 내러티브에 미묘한 감정과 소리 그리고 의도가 기묘한 방식으로 반영된, 다윗의 여러 가지 면모들을 살펴보도록 하자. 어디까지나 추측이지만, [왕위] 계승 내러티브(삼하 9-20장; 왕상 1-2장)는 앞에서 다룬 내러티브들과는 다른 스토리텔러에 의해 서술되는 듯한 인상을 준다. 우리 앞에 펼쳐진 진실은 거침없이 비난을 가할 수 있는 그런 진실이 아니다. 그러므로 우리는 의혹에 찬 시선을 거두고, 내러티브 본문이 말하려는 진실을 객관적으로 더 면밀하게 들여다보아야 한다. [왕위] 계승 내러티브는 더 이상 어떤 지파만을 위한 진실이 아니다. 그 지파를 위해 작동한다고 하기에 너무나 위험천만하고 모호한 내용들로 가득하기 때문이다.

다윗은 왕궁 안에서 편안하게 지내고 있다(삼하 11:1을 보라). 앞 장에서 다룬 지파의 진실을 묘사한 내러티브 문단(삼상 16:1-삼하 5:5)에서는 전혀 상상하지 못했던 모습이다. 더구나 다윗은 군대와 관료(시스템) 그리고 아내와 첩들을 거느리고 있다. 달리 말해서 그는 과거에 지파가 소망하고 염원했던 바를 거스르고 부인하는 삶을 영위한다. 지파의 진실이 모습을 드러낸 지 상당한 시간이 지났다. 연대순이 아니라면 사회적으로 그렇다. [왕위] 계승 내러티브는 지파 중심적이지도 않지만 역사적인 사건들을 있는 그대로 그려낸 것도 아니다. 이처럼 [왕위] 계승 내러티브가 앞에서 살펴본 내러티브 문단(삼상 16:1-삼하 5:5)과 다른 태도를 취하는 것은, 이전에 집중 조명한 것과는 그 대상이나 관점을 달리하여 이야기를 하려는 저작 목적 때문일 것이다. 즉 이전과는 완전히 다른 다윗의 면모를 묘사하려는 것이다. 부분적으로 그 차이는 내레이터의 시선과 그가 처한 상황에서 비롯된 것일 수도 있다. 그렇지만 전적으로 그런 것은 아니다. 이 내러티브를 통해서 우리는 너무나 다른 다윗의 얼굴을 대하게 될 것이다. 그래서 나는 "다윗의 고통스러운 진실"이라는 제목을 붙여 설명을 이어나가 보려고 한다.

바로 앞에서 내가 다윗과 관련하여 사용한 문구와 표현을 한 번 생각해 보면 좋겠다. 이 [왕위] 계승 내러티브 문단은 한 사람, 아니 그 (the) 사람(다윗을 의미함)에게 집중적으로 천착한다. 내러티브도 그 사람이 왕임을 잘 알고 있다. 이 말은 너무나 당연한 사안이지만 진지하게 다뤄지지 않고 있다. 요컨대 그가 왕이라는 사실에 대해서 내레이터는 별로 무게감 있게 다루지 않는다는 뜻이다. 오히려 내레이터는 그 사람을 직접적으로 마주하기 위해서 왕과 관련된 이러저러한 사안들을 헤집는다. 그 사람 즉 모호함투성이고, 모순 덩어리인 데다가, 헤어나기 힘든 스캔들에 연루되어 있으며, 의욕만 넘칠 뿐 서투르기 짝이 없는, 복잡미묘한 감정에 휩싸인 그 사람을 대면하기 위해서 말이다. 성경에 기록된 이스라엘 역사에 있어서 이처럼 깊이와 안목을 더한 인물 설명 및 성격 묘사는 가장 이른 사례에 해당할 뿐만 아니라, 성경에 실린 가장 창의적이고 상상력을 불러오는 경우에 해당한다.

이 [왕위] 계승 내러티브에는 정치적인 관심사가 적절하게 반영되어 있다.[7] 그렇지 않다면 더 이상하지 않을까? 그런데 그 정치적인 관심사가 무엇인지는 확연하게 드러나지 않는다. 실제로 학자들도 해당 내러티브가 친-다윗(pro-David) 혹은 반-다윗(anti-David), 친-솔로몬(pro-Solomon) 내지는 반-솔로몬(anti-Solomon) 색채를 띤다고 주장한다.[8] 내가 방금 전에 언급한 모든 지향점들을 전부 주장할 수 있다면, 그건 저자가 무엇을 말하려는 지 분명하게 밝히지 않았다거나, 아니면 그런 문제들이 저자의 관심사가 아니었던가, 그것도 아니라면 저자가 그런 위험한 정치적 사안들을 아주 기묘하고 정교한 방식으로 다루고 있기 때문이라는 결론을 도출할 수 있을 것이다. 그러나 분명한 사실은 이 내러티브가 그렇게 지나칠 정도로 다윗에 대해서 비판적이지 않은 동시에 또 변호적이지도 않다는 점이다. 내레이터는, 정치적인 사안들을 적재적소에서 다루기 위해서, 다윗의 인간적인 여러 면모를 지속적으로 응시한다. 나는 지금 에릭 에릭슨(Erik Erikson)의 연구 사례를 제안하는 게 아니다. 그 사람—즉 다윗—은 공적인 인물이기 때문에 그에 관한 어떠한 이야

---

[7] David M. Gunn은 여러 학자들이 제안한 대안적인 의견들을 *The Story of King David: Genre and Interpretation*, JSOTSup 6 (Sheffield: JSOT Press, 1978), chap. 2에 잘 요약해 놓았다.

[8] 이 논의도 Gunn이 잘 정리해 놓았다(앞의 책, 21-26). 같은 내러티브 본문을 두고 Lienhard Delekat와 R. N. Whybray가 서로 현저하게 대조를 이루는 정반대의 결론에 도달했음을 특별히 유의하기 바란다. 이 사실은 학문적인 혼란이 존재하거나, 아니면 내레이터가 의도적으로 사용한 기법 때문임을 입증해 준다. 나는 두 번째 의견에 동의한다.

기나 보고도 그의 공적인 삶과 연계하여 다루지 않을 수 없다. 만약에 그가 유명 인사가 아니었다면, 많은 사람들의 이목이 그에게 집중될 이유도 없었을 것이며, 그와 관련된 조건들이나 형편들이 그토록 곤란하지도 않았을 것이다. 결국 우리는 이 [왕위] 계승 내러티브를 통해 그 인물의 공적인 삶에 관한 아주 은밀하고도 세밀한 묘사를 접하고 있는 셈이다. 그렇게 우리는 그 인물에 관한 진실을 알아가게 될 것이다. 이 진실은, 흔히 그것을 그리 예민하게 주목하지 않는, 지파에 관한 진실의 기저를 종과 횡으로 가로지른다. 해당 내러티브를 기술해 가는 내레이터는, 지파에 관한 진실과는 다른 관점과 방식으로, 더 집요하고 끈질기게 통찰과 상상력을 더하여 인간 다윗을 자세히 관찰한다.

    그 끈질긴 기다림과 통찰로 가득한 상상의 눈은 다윗의 엄청난 고통과 괴로움을 목격한다. 이 대목은 독자들을 이야기 세계 안으로 깊숙이 끌어 들인다. 특히나 선명한 대비가 이루어진다. 즉 이전에 감지했던 지파를 중심으로 한 사안과 진실로 인한 탄식과 비탄의 소리는 더 이상 들리지 않는다. 다만 내러티브 사건들은 재빨리 성공리에 진행된다. 승리의 소식은 또 다른 승리의 소식으로 이어진다. 다윗이 어려움에 처하거나 곤욕을 치르는 장면들 마저도 지극히 계산적이고 정치적인 목적이 깔려 있는 것처럼 보인다. 하지만 [왕위] 계승 내러티브 안에서는 그 상황이 달라진다. 오히려 독자들은 이 내러티브 안에서 곤혹스러운 처지에 직면하여 비통해 하는 한 사람을 발견하기에 이른다. 그는 자신의 은밀한 일들과 공적인 역할 두 가지 차원에서 모두 고통스러운 상황에 휘말린다. 따라서 나는 쓰라린 고통으로 점철된 그 사람에 대한 진실을 담고 있다는 차원으로 이 내러티브를 살펴보아야 한다고 제안하고자 한다. 한 사람의 인간 됨됨이는 공적인 역사(public history)에 뿌리를 박아야만 하기에 삶이란 언제나 필연적으로 애통과 탄식이 함께 하기 마련이라는 성경적인 통찰 말이다. 일견 이러한 깨달음은 "난 괜찮아, 너도 별 일 없을 거야"라는 식으로 속 편하게 생각할 수 있을 정도로 삶이란 그렇게 복잡하지 않다고 믿거나 그렇게 간주하는 오늘날의 모든 낭만주의적 사고에 대한 반박이다. 그뿐 아니라, 이 깨달음은 신들이 모든 것을 주관하기 때문에 인간의 삶 자체는 그렇게 중요한 것이 아니라는 식의 모든 고대의 신화적인 관념들을 거부하는 아주 놀라운 안목이기도 하다. 결국 이 내러티브는, 고대와 현대의 신화와 속임수들—그러니까 인생이란 본래 자유와 애통, 그리고 힘과 고통을 모두 수반하기 마련이기 때문에 이 엄청난 사람을 통해 거울처럼 투영되는 것들 중에 그 어느 것도 막을 수 없다는 입장들—을 가차없이 거부한다.[9]

우리는 지금 결코 개인적인 차원으로만 한정 지을 수 없는 한 사람, 즉 한 나라의 왕좌에 앉은 사람으로서 은밀하고 본능에 충실하면서도 전문적이고 공적으로 어마무시한 힘과 영향력을 발휘할 수 있는, 그 한 사람을 조명하고 있다. 그러나 그럼에도 불구하고 그 역시 사람일 뿐이다. 만일 우리가 어떤 사람을 부분적으로 꾸밈없

---

[9] Gerhard von Rad, "The Beginning of Historical Writing in Ancient Israel," in *The Problem of the Hexateuch and Other Essays*, trans. E. W. T. Dicken (New York: McGraw-Hill, 1966), 176–204를 보라. 그의 글에서 von Rad는 이 고전적인 진술을 해당 내러티브의 전개 및 그에 수반되는 심리학적 이해를 가능케 하는 문학적인 돌파구(literary breakthrough)라고 칭한다.

이 있는 그대로 관찰한다고 하면, 대부분 고통을 경험하는 모습을 포착하기 쉽다. 왜냐하면 고통은 인간의 삶을 구성하는 핵심적인 요소이기 때문이다. 이 내러티브 본문 안에는 앞서 지파의 진실을 논하는 부분에서 감지할 수 있었던 것보다 훨씬 더 통렬하고 많은 고통이 자리하고 있다. 옛적에 그 지파는 아주 순수했고, 꽤나 자신감에 차 있었으며, 매우 확고했다. 그런데 우리가 지금부터 전개할 논의는 이스라엘 족속이 인식하는 것보다 훨씬 더 많은 고통과 쓰라린 아픔이 존재하고 있다는 사실에 관한 것이다. 오히려 내레이터는 그 전체 족속을 요약적으로 간략하게 다룬다. 지나치게 냉소적인 표현이 아니길 바라지만, 내레이터는 우리가 집중적으로 조명하려는 한 사람이 부딪치게 될 고통스러운 상황과 그가 느낄 비애와 아픔을 제외한 다른 요소들에 대해서는 별 다른 관심을 보이지 않는다.

이 시점에서 예비적으로 언급해야 할 두 가지 사안이 있다. 첫째, 지파의 격정적인 발로(ebullience of the tribe)와 이스라엘 국가의 진부하기 짝이 없는 무기력함(jadedness of the state) 사이에 놓인 이 내러티브는 파토스(pathos)가 짙게 베어 있다. 정념(情念)이라는 말로 번역되기도 하는 파토스라는 감정은 인간의 삶이 모순과 부조화로 가득하다는 점을 깨달을 때 터져 나오는 탄식 어린 감정인 동시에, 진한 아쉬움이 섞인 느낌, 혹은 지워질 듯 지워지지 않는 결코 철회할 수 없는 뼈저린 후회의 감정을 지칭하기도 한다. 혹자는 이 [왕위] 계승 내러티브에 도달하기 전에도, 그러니까 사울 내러티브를 읽으면서 이러한 파토스를 감지했을 수도 있다. 그러나 그 내러티브는 사울이라는 인물과 그의 삶에 몰입하는 차원으로 파토스를 공유하진 않는다.[10] 오히려 그러한 파토스는 비난받아 마땅하고 또 떨쳐내야만 한다. 다윗 이후에, 솔로몬 역시 파토스와 관련해서 그렇게 민감하게 감정을 노출하는 인물로 비춰지지 않을 뿐 아니라, 인간미 넘치는 모습으로도 묘사되지 않는다. 즉 사울은 그가 처한 비참한 상황 때문에 날로 건강과 힘을 잃어가는 한편, 솔로몬은 독자들의 마음 속에 오랜 여운을 남길 만큼 감정과 내면을 드러내지 않는다. 나는 이러한 특징이야말로 간과해서는 안 될 매우 놀라운 문학적 성과라는 사실을 강조하고 싶다.[11] 왜냐하면 이 사안은 내러티브가 인간 됨됨이와 심성의 가장 심오한 부분을 건드리는 섬세한 균형을 유지하고자 할 때마다 중요한 돌파구가 되기 때문이다. 결국 이 일이 가능할 수 있는 이유는 이 내러티브를 진술하는 내레이터가 그만큼 세심하고 탁월하기 때문이며, 이 내러티브의 주인공인 다윗이야말로 연속적인 생성 능력이 있기 때문이다.

마지막으로 두 번째 예비 사안을 말 해야 할 것 같다. 이미 주지했다시피, [왕위] 계승 내러티브는 다윗이라는 인물에게 모든 초점을 집중시킨다. 그러면서 그의 인간 됨됨이와 심성을 들추며 그를 모델이 되는 인물 내지는 전형적인 인물로 제시한다. 따라서 해당

---

[10] 이 내러티브에 등장하는 사울이라는 인물과 거기에 묘사된 그의 삶을 깊이 사색하기 위한 일환으로 해당 내러티브의 최종 형태 이전의 모습을 연구하려는 시도와 관련해서는, W. Lee Humphreys, "From Tragic Hero to Villain: A Study of the Figure of Saul and the Development of I Samuel," *JSOT* 22 (1982): 95–117과 동일 저자의 작품인 *The Tragic Vision and the Hebrew Tradition*, OBT (Philadelphia: Fortress Press, 1985)를 보라.

[11] 이와 관련해서는, 다윗을 사울의 두려움과 솔로몬의 신성모독 사이에서 중심축 기능을 하는 모델로 제시한 나의 연구를 참고하기 바란다: Brueggemann, *In Man We Trust: The Neglected Side of Biblical Faith* (Richmond: John Knox, 1972).

내러티브를 통해 진실이 울려 퍼질 때, 그에 대한 일반화와 동시에 분별까지 모두 시도하게 될 것이다. 다른 글에서 나는 이 내러티브에 그려진 다윗이 창세기 2-11장을 이해하는 데 꼭 필요한 핵심적인 단서를 갖고 있으며, 반대로 그 태곳적 이야기들은 다윗 이야기뿐만 아니라 그 이야기의 주인공인 다윗을 부분적으로 일반화한다고 주장한 적이 있다.[12] 그런 맥락에서 창세기에 나오는 내러티브들은 꽤 의도적으로 다윗의 내면 세계를 읽어내는 데 필요한 단서와 통찰을 제공해 준다고 말할 수 있다. 또 우리는 고통으로 점철된 이 사람을 묘사하는 [왕위] 계승 내러티브를 통해 우리 자신을 끊임없이 발견하게 될 터인데, 그것이 바로 이 내러티브가 갖고 있는 지속적인 힘이다. 그것이 바로 다윗에 관한 진실이며 또한 우리에 대한 진실이다. 그러므로 이 내러티브는 진실을 드러내는 폭로이며, 우리를 대항하여(against) 밖에서 들려오는 좋은 말씀이기도 하다.

[왕위] 계승 내러티브의 모양과 짜임새

[왕위] 계승 내러티브에 속한 특정 본문을 살펴보기에 앞서서, 그 내러티브의 전체 모양과 짜임새에 관해 서너 가지 사항을 먼저 언급할까 한다. 몇몇 중요한 사안들을 이해하는 데 필요한 사전적 지

---

[12] Brueggemann, "David and His Theologian," *CBQ* 30 (1968), 156-81을 보라. 이에 대한 통찰력 넘치면서도 비판적인 의견을 참고하려면, Jack R. Lundbom, "Abraham and David in the Theology of the Yahwist," in *The Word of the Lord Shall Go Forth: Essays in Honor of David Noel Freedman in Celebration of His Sixtieth Birthday*, ed. C. L. Meyers and M. O'Connor (Winona Lake, Ind.: Eisenbrauns, 1983), 203-9를 보라.

식을 제공해 주기 때문이다. 그러나 그보다는 특별히 이 내러티브 본문에 드러난 신학적 뉘앙스를 파악하기 위한 것이라고 말해 두고 싶다. 첫째, 이 확장된 내러티브 문단은 네 개의 주요 에피소드를 중심으로 구성되어 있음을 살필 것이다.[13] 이 네 개의 에피소드들은 모두 아주 탁월한 예술 작품들이다. 그 네 개의 에피소드들은 다음과 같다:

다윗-우리아-밧세바 에피소드 ⋯▶ 사무엘하 11-12장

암논-다말-압살롬 에피소드 ⋯▶ 사무엘하 13-14장[14]

압살롬의 반역 ⋯▶ 사무엘하 15-19장[15] (부록 20장)

솔로몬의 쿠데타 ⋯▶ 열왕기상 1-2장

위에 제시한 각각의 내러티브 단락들에 관한 연구는 이미 어느

---

[13] Von Rad를 따라서 B. Davie Napier는 이 일련의 에피소드들에 대해서 가장 분명하고 상세한 해설을 제시한 바 있다. Napier, *From Faith to Faith* (New York: Harper, 1955), 3장을 보라.

[14] 이 에피소드에 관해서는 다음의 문헌들을 참고하라. George Ridout, "The Rape of Tamar," in *Rhetorical Criticism: Essays in Honor of James Muilenburg*, ed. J. J. Jackson and M. Kessler, PTMS I (Pittsburgh: Pickwick, 1974), 79-98; Burk O. Long, *Images of Man and God: Old Testament Short Stories in Literary Focus*, BibLitSer I (Sheffield: Almond, 1981), 26-34; Phyllis Trible, "Tamar: The Royal Rape of Wisdom," in *Texts of Terror: Literary-Feminist Readings of Biblical Narratives*, OBT (Philadelphia: Fortress Press, 1984), 37-63; 그리고 Fokkelien van Dijk-Hemmes, "Tamar and the Limits of Patriarchy: Between Rape and Seduction," in *Anti-Covenant: Counter-Reading Women's Lives in the Hebrew Bible*, edited by M. Bal, JSOTSup 81 (Sheffield: Almond, 1989), 135-56.

[15] Charles Conroy, *Absalom, Absalom! Narrative and Language in 2 Sam.*, 13-20, AnBib 81 (Rome: Biblical Institute Press, 1978); David M. Gunn, "From Jerusalem to the Joran and Back: Symmetry in 2 Samuel XV-XX," *VT* 30 (1980): 109-13; 그리고 Robert Polzin, "Curses and Kings: A Reading of 2 Samuel 15-16," in *The New Literary Criticism and the Hebrew Bible*, eds. J. C. Exum and D. J. A. Clines (Valley Forge, Pa.: Trinity Press International, 1993), 201-26을 보라.

정도 진행된 상태다. 이 개별 내러티브 단락들은 나름의 드라마틱한 체계를 갖추고 있긴 하지만, 부분과 부분이 어떻게 연결되어 있으며 또 전체 내러티브에 어떤 영향을 끼치는지를 좀더 주목해서 살펴보고자 한다. 다윗-우리아-밧세바 에피소드는 [왕위] 계승 내러티브 전체에 영향을 끼치는 피할 수 없는 문제점들을 야기한다. 오만과 편견에 깊이 빠져드는 순간부터, 다윗과 그의 가족들에게는 한 시도 편안한 날이 없다. 그리고 이 에피소드가 또 다른 상황으로 전개되는 사무엘하 12장 24-25절에서 솔로몬이 태어난다. 야웨는 그를 사랑하신다. 그러나 어디까지나 그는 패역한 왕가의 자손이다. 바로 이 부분이 미래를 향한 야웨의 전적인 헌신과 약속이 비롯되는 지점이다. 그러나 그 헌신이 현실로 성취되는 방식은 당황스러운 면이 없지 않을 뿐만 아니라 꽤나 애매모호하다. 솔로몬을 향한 야웨의 헌신과 약속은 열왕기상 1-2장의 결론부에 가서 다시 제시된다. 아무튼 이 [왕위] 계승 내러티브를 여는 첫 번째 에피소드가 갖는 영향력은 요셉 내러티브를 시작하는 창세기 37장이 발휘하는 파급력과 다르지 않다.[16] 결국 솔로몬은 다윗의 합법적인 상속자인 형(아도니야)에게서 왕위를 찬탈하는데 성공한다.

사회적 통념에 어긋남은 물론 규정되지 않은 관계로 치달은 이 아들에게 무슨 일이 일어날까? 우선 그의 집에서 칼이 영원히 떠나지 않을 것이다(삼하 12:10). 그리고 [왕위] 계승 내러티브 끝 부분

---

[16] 요셉 내러티브와 [왕위] 계승 내러티브 안에서 삶과 죽음 모티브가 어떻게 대조적으로 드러나는지를 확인하려면, Walter Brueggemann, "Life and Death in Tenth Century Israel," *JAAR* 40 (1972): 96-109를 보라.

에 묘사되어 있는 것처럼(왕상 1:51; 2:8; 2:3), 솔로몬이 왕위에 오르기 전까지 예루살렘 궁정 안에는 그야말로 현란하게 움직이는 칼날과 더불어 피바람이 그치지 않는다. 내레이터는 그 사건을 달리 진술할 수 없음을 너무 잘 알고 있다. 그렇다면 내레이터가 해당 내러티브를 통해 독자들에게 한 가지 원하는 바가 있을 수 있다. 다시 말해서, 내레이터는 독자들이 이 내러티브의 결론부에서 솔로몬이 연출하는 터무니없고 수치스럽기 짝이 없는 마지막 장면을 보고서는, 다시 서론으로 돌아가 이야기가 어떻게 시작되었는지를 기억하게 하려는 것이 아닐까?

[왕위] 계승 내러티브 시작과 끝 사이에 배열되어 있는 에피소드들은 전체 이야기의 흐름을 이끄는 역할을 한다. 그래서 솔로몬의 출생(삼하 12:24-25)에 이어서, 암논이 죽임을 당하고(삼하 13:28-29), 그 이후에는 압살롬마저 제거된다(삼하 18:31-19:4). 솔로몬의 관점으로 말하자면, 이 이야기는 그가 마침내 권력과 성공을 손에 쥐기까지 연이은 무자비한 암투와 정쟁의 연속일 뿐이다. 그렇지만 마지막 숨을 몰아쉬고 있는 다윗의 관점에서 말하자면, 한 에피소드에서 또 다른 에피소드로 전환될 때마다 그의 가슴이 찢어지는 듯한 고통과 마음 속 깊은 곳에서부터 터져 나오는 탄식이 가중된다. 공교롭게도, 그 모든 고통과 아픔은 이 이야기가 시작될 때 이미 다윗의 자기-기만(self-deception)에 의해 촉발된 것이다.

그리고 다음으로, 이 에피소드들은 다윗의 공적인 책임과 권력, 그리고 개인적인 유혹과 자기-기만이 서로 미묘하게 맞물린 채 기능하고 있다는 점을 인식해야 한다. 만일 그 에피소드들 안에 다윗의 내면에 관한 언급이나 힌트가 없다면, 그리고 오직 공적인 사건들로만 채워져 있었다면, 십중팔구 이 내러티브는 우리의 마음을 사로잡지 못했을 것이다. 달리 말해서, 이 [왕위] 계승 내러티브는 단순히 한 왕이 어떤 유부녀를 가로챘음을 알리는 뉴스 단편도 아니고, 또 어떤 왕이 자신의 왕좌를 차지하려는 그의 아들을 처단했음을 온 국민들에게 전달하는 뉴스 속보도 아니다. 더구나 이 내러티브는 특별히 임종을 앞두고 있는 어떤 왕이 자기가 제일 사랑하는 아들에게 유혈사태를 일으켜서라도 자신을 이어 왕위에 오르는 방법을 가르쳐주는 정치적인 술수와 모략에 대해 서술한 기사는 더욱 아니다. 요컨대 이 내러티브는 공적인 사건들에 관한 기록을 포함하고 있지만, 단순히 그 역사적 사건들에 관한 정보나 소식을 알려주는 뉴스가 아니라는 말이다. 누누이 말하지만 이 내러티브를 단지 역사적으로 무슨 일들이 있었는지를 알려주는 정보나 뉴스 정도로 취급하려는 시도는 정말이지 이 내러티브를 대하는 온당한 방법이 아니다.

특별히 이 내러티브는 독자들을 순식간에 매료시킨다. 그 이유는 이야기를 이끌어 가는 스토리텔러가 기존의 세계관을 뒤집어엎는 새로운 대안과 통찰을 제공하기 때문이다. 해당 내러티브를 전개해 나가는 내레이터는 거기에 등장하는 인물들을, 특히 왕들을, 그저 개략적으로 제시하기 보다는 한 사람 한 사람을 따로따로 천천히 그리고 깊이 숙고하여 묘사한다. 이 내러이터는 다윗의 가족을 포함하여, 심지어 그의 내면 세계, 그리고 다윗과 하나님이 주고받는 대화와 그 관계 안으로 독자들을 이끌어 들인다. 이를 통해서 얻게 되는 최대의 효과는, 우리 앞에 놓여있는 내러티브의 표면적 차원을 넘어서서 – 단순하기만 한 것도 아니고 그렇다고 애매모호하기만 한 것도 아닌—내면 세계로 진입해 들어갈 수 있게 된다는 점이다. 내러티브 자체의 방식과 실재적인 모호성이 섬세하게 연결되어 있음은 성경 본문 여러 곳에서 종종 발견된다. 그런데 이 실재적인 모호성을 내러티브 방식을 제외한 다른 방법으로 어떻게 설명할 수 있을지를 모색하는 것은 너무나도 어려운 일이다. 실재 내지 본질은 곧 형태와 방식을 전제하기 때문이다.[17]

공적으로 드러나는 다윗의 겉모습은 그가 직면한 현실의 깊이에 의해 산산이 부서진다. 휘하에 거느리고 있는 장군의 아내를 아무런 거리낌없이 범한 다윗 왕이 스스로 [비록 의도한 것은 아니지만] 자기의 혐의를 기소하고 죄와 직면하게 되기까지 예언자를 통해 선포된 하나님의 계시와 신탁이 그를 압박한다(삼하 12:13). 그것은 당연히 왕조의 연대기가 기록된 문헌 안에 실릴 법한 것이 아니다. 하지만 다윗과 밧세바의 부적절한 관계를 통해 세상에 태어난 아이는, 사무엘하 12장에서, 죽고 만다. 왕은 슬픔에 빠져 망연자실해한다. 그러나 다윗 왕은 아들의 죽음에 대한 애도를 돌연 중단한다. 이는 그 아이의 삶이 갑자기 끝나버린 것만큼이나 당황스럽다. 그의 행동은 분명 예상을 벗어난 것이다. 그러기에 궁정에 있는 사람들은 그의 행동을 이해하지 못한다(삼하 12:21을 보라). 먼 훗날 다윗 왕은

---

[17] 실재와 방식 사이의 긴밀하면서도 결정적인 연관성에 관해서는, 내가 쓴 저서인 *The Creative Word: Canon as a Model for Biblical Education* (Philadelphia: Fortress Press, 1982)를 참고하기 바란다. 그 책에서 나는 구약성경에 나오는 몇 가지 중요한 사례를 진지하게 탐구했다.

자신의 또 다른 아들이 일으킨 쿠데타를 제압하고 정작 자기는 마음의 위안을 얻지 못하지만 부하들과 백성들의 마음을 위로해야 하는 상황에 처한다(삼하 19:1-8). 그러나 그는 슬퍼하고 아파한다. 우리는 다윗의 이 두 가지 면모, 즉 왕으로서의 다윗의 면모와 그리 썩 좋은 아버지라고 할 수 없는 그의 면모가 빚어내는 불편한 모순에 부딪치게 된다. 다윗은 자신의 군대장관 요압이 겁박이라도 하려는 것처럼 허리춤에 찬 칼 손잡이에 손을 얹은 채 세 치 혀를 놀리면서 다시금 여론을 왕에게 유리한 방향으로 돌려 놓기 위해서라도 백성들의 마음을 위로하라는 그의 말을 정녕 외면하지 못한다(특히 삼하 19:5-7을 보라). 이 에피소드에서, 당시 이스라엘 언론이 있었다면, 그 언론은 궁정 대변인의 발표를 통해 왕의 통치와 다스림에 그 어떠한 위협이나 흔들림도 없다는 확고하고 자신감에 찬 입장을 듣고 또 그것을 백성들에게 전달했을 것이다. 그러나 그 입장은 진정한 통치와 다스림이 어디서 오며 그것이 어떻게 확보될 수 있는지를 전혀 알지 못한 채 궁정 군부를 장악한 한 늙은이(요압 장군을 뜻함)에 의해 치밀하게 계산되고 조작된 것이었다!

이 이야기는, 비록 한 인물의 내면을 치밀하게 들여다보긴 하지만, 전적으로 한 개인의 삶과 심리를 다룬 그런 역사가 아니다. 오히려 이 이야기는 한 인간의 고통이 발생한 가장 근원적인 지점과 그 고통이 가장 극심하게 느껴지는 핵심적인 지점 사이를 아슬아슬하게 오가는 균형을 묘사한 내러티브다. 즉 내레이터는, 대중들에게 보여지는 공개적인 매개체와 그 방식들이 철저하게 무효화할 수 없는 속임수, 그리고 회복될 수 없을 만큼 그 끝을 알 수 없는 원통함과 수치스러움과 애석함을, 독자들이 주목하기를 원한다는 것이다.

사무엘하 9-20장과 열왕기상 1-2장에 대한 고전적인 접근 방식으로 접근할 것을 제안한 게르하르드 폰 라드(Gerhard von Rad)는 이 내러티브를 "솔로몬식의 계몽주의"(Solomonic enlightenment)[18]라는 개념과 연계시킨다. 폰 라드는 이러한 개념은 인간의 능력과 힘을 믿기 어려울 정도로 높이는 시대라면 늘 존속하기 마련이라고 생각한다. 그에 따르면, 본래 인류의 역사와 관련하여 인간의 동기와 자유 그리고 힘은 늘 인식되어야 할 중요한 요소들이었다. 그렇다면 [왕위] 계승 내러티브는 자기-주장(self-assertion)을 수립하고 곤고히 해야 하는 시대적 필요에 공헌한다고 볼 수 있다. 이와 같은 맥락에서 폰 라드는 다음과 같이 말한다: "우리는 작금에 진행되고 있는 역사 연구를 통해 해방된 영성(emancipated spirituality), 즉 전통에 얽매이는 제의에서 벗어난 현대화된 영성의 새 바람이 가져다주는 효과를 알아차리지 못할 수도 있다."[19] 다시 말해서, 이 내러티브는 인간의 실재에 대한 깊은 통찰을 바탕으로 오래된 입장들과 구조들, 그리고

---

[18] Von Rad는 솔로몬이 통치하던 시기의 계몽주의라는 개념을 정립했는데, 이 개념은 후대 학자들에게 상당히 큰 영향을 끼쳤다. 이와 관련해서는 Gerhard von Rad, *Old Testament Theology*, vol. 1: The Theology of Israel's Historical Traditions, trans. D. M. G. Stalker (New York: Harper & Row, 1962), 48-52를 보라. 이 책을 통해 von Rad는 위에서 언급한 개념을 여타의 많은 연구들과 연계를 시도했으나, 강력한 비판에 직면하게 되었다. 특별히 James L. Crenshaw의 유력한 논문인 "Method in Determining Wisdom Influence Upon 'Historical' Literature," *JBL* 88 (1969): 129-42; reprinted in *Studies in Ancient Israelite Wisdom* (New York: Ktav, 1976), 16-20을 거론할 수 있다. Gunn 역시 von Rad의 주장에 대한 Crenshaw의 비판을 지지한다 (*Story of King David*, 26-29).

[19] Von Rad, "Beginning of Historical Writing," 204.

보호 장치들을 모조리 제거해 버리고 날 것 그대로 강력한 목소리를 발한다는 것이다.

앞에서 말한 솔로몬식의 계몽주의라는 개념을 서구의 모더니즘을 이어받은 이들이 흔쾌히 받아들이고 또 잘 이해하기란 쉽지 않다. 폰 라드 역시 이 점을 직감했다. "이 내러티브의 저자는 흔히 회자되는 정형화된 그런 계몽주의의 주창자가 아니다."[20] 이 말이 갖는 의미는 좀더 시간을 두고 천천히 음미해 볼 가치가 있다. 현대 사회가 이해하는 계몽이라는 단어는 지금 우리가 살펴보는 내러티브 본문에서 벌어지고 있는 바와 정반대의 함의를 갖기 때문이다.

오늘날 계몽주의는 합리성을 지지한다는 명분을 내세워 삶의 본질과 영역을 축소시키려 한다. 즉 삶의 본질과 모습을 있는 그대로 인정하는 것이 아니라 그것을 감추고 길들임으로써 사람과 사람 사이의 관계를 냉정하고 무심하게 만든다. 칼 바르트(Karl Barth)가 정확하게 직시한 것처럼, 계몽주의는 인간을 자기자신 외에 이웃을 포함한 그 어떠한 것에도 주의를 기울이지 않고 자기만을 탐닉하고 몰두하는 자율적 존재가 되게 한다.[21] 바꾸어 말하자면, 그러한 계몽주의 사조는 자기 자신을 이성적이고 자율적인 삶을 영위하는 존재라고 상상하게 함은 물론이거니와, 우리가 이렇게 구약성경 이야기를 살펴보는 작업의 토대를 이루는 가장 지배적인 문화적 전제인 것만은 사실이다.

---

[20] 앞의 책.
[21] Karl Barth, *Protestant Theology in the Nineteenth Century* (Valley Forge, Pa.: Judson, 1973), chaps. 2-4. Barth는 이 사안을 가장 설득력 있게 분석해 냈다.

그러나 스스로를 속이는 근대의 정형화된 계몽주의에 대항하여, 이 성경 내러티브를 분석하고 설명하기 위해 폰 라드가 제시한 "계몽주의"는 엄청난 저항을 이끌어낸다. 현대의 길들여진 날것(tamed rawness, 따라서 더 이상 날것 그대로가 아닌)의 유혹에 맞서, 우리는 본 내러티브에서 모든 규제와 통제에도 불구하고 늘 고개를 쳐드는 인간의 욕망, 죄책, 슬픔, 정념(pathos), 그리고 복수와 같은 기본적인 기질들과 마주친다. 이 내러티브는 오늘날 자율성의 속임수와 유혹에 맞서 절제된 방식으로 다윗이 하나님과 연결되어 있음을 추호도 의심하지 않는다. 하나님과 관계를 형성한 다윗은 인위적인 것으로 포장되지 않은, 즉 길들여지지 않은 인물이다. 그 어떠한 직위나 위치도 그런 다윗을 완전히 뒤덮을 수 없다. 다윗과 연결된 그 하나님은 쉽사리 눈에 띄지 않으시지만 인간 존재들이 자신들의 실재적인 현실을 마구 선택하도록 허락하시지도 않는다.

이러한 맥락에서, 나는 이 [왕위] 계승 내러티브가 우리가 가지고 있는 기존 전제들에 대하여 반-문화적이고(counter-cultural) 전복적(subversive)이라고 주장하고자 한다.[22] 이 주장을 현대적으로 옷을 덧입혀 표현하고 싶은 생각은 없지만 [폴 리꾀르(Paul Ricoeur)의 표현을 빌리자면] 저자는 "의심의 대가"(master of suspicion)라고 말할 수 있다. 그

---

[22] Gunn은 그의 작품인 *Story of King David*, 3장에서 이 사안을 조리 있게 잘 설명한다. 그는 본 내러티브가 "여흥" (내지는 오락물, entertainment)과 다르지 않음을 피력한다. 이 단어를 사용하여 Gunn은 이념적이거나 파편적인 동기를 모두 거부한다. 그러나 그 역시 해당 내러티브가 "그들의 지적 능력과 정서들, 나아가 인간과 사회 그리고 그들 자신에 대한 이해를 도전한다"(61)는 차원에서 꽤 "진지한" 오락물이라고 주장한다. 이러한 차원에서 이 내러티브는 기존의 관습적인 전제들을 뒤집어 엎을 만큼 "전복적"이다. 비록 Gunn은 이러한 단어를 사용하지는 않았지만, 나는 내가 말한 바에 기꺼이 동의하리라 믿는다.

는 아무것도 액면 그대로 그냥 놔두지 않을 뿐 아니라, 내러티브를 대하는 그의 세심함은 모든 인습의 기저를 파고들되, 그의 비평적인 시각과 폭로에 동참하도록 우리를 초청한다.[23] 폰 라드는 하나님의 실재가 이 내러티브에 영향을 끼치는 지점들을 포착했다.[24] 우리는 그 지점들이 얼마나 희귀하고, 또 어디에 놓여 있으며, 어떻게 진술되는지를 재차 확인해 볼 것이다.

사무엘하 11장 27절

사무엘하 11-12장은 하나의 내러티브 단락을 구성한다. 그런데 11장에서 12장으로 넘어가기 직전에 우리아와 밧세바에 관한 기사가 나온다. 그리고 나단의 등장과 함께 [다윗이 저지른 행위에 관한] 예언자의 고발과 기소로 이어져 큰 신학적 반향을 불러온다. 바꾸어 말하자면, 사무엘하 11장 27절은 다윗의 부정한 행위를 폭로하는 11장과 그의 행위를 반추하는 12장을 경첩처럼 연결한다는 것이다. 사무엘하 12장 11절은 다음과 같이 아주 간결하게 말한다: "다윗이 행한 그 일이 여호와 보시기에 악하였더라." 어쩌면 그가 한 행동은 여타의 왕들이나 왕실이 보기에 악하지 않았을 지도 모른다. 야웨의 눈에는 달리 보일 뿐만 아니라, 또 다른 것도 보신다. 다윗은 야웨의 시선으로부터 결코 자유로울 수 없다. 이 에피소드가 아무런

---

[23] 기존의 인습과 가치관을 산산 조각 내고 역설적으로 새로운 세계관과 대안을 구성해 내는 내러티브의 기능에 관해서는, Paul Ricoeur, "Toward a Hermeneutic of the Idea of Revelation," in *Essays on Biblical Interpretation*, ed. L. S. Mudge (Philadelphia: Fortress Press, 1980), 73-118을, 그리고 규범적 명제의 "redescribing" in "Biblical Hermeneutics," *Semeia* 4 (1975): 29-148을 보라.

[24] Von Rad, "Beginning of Historical Writing," 198.

이유없이 그냥 독립적으로 존재하는 것이 아니다. 인간의 행위는 도덕의 영역도 함께 다스리시는 하나님의 통치에 상응해야 한다. 여기에 그 누구도 예외일 수 없다. 그리고 사무엘하 12장 11절에 나단의 입을 통해 선포된 이 끔찍할 정도로 충격적인 평가는 사무엘하 12장에서 그에 대한 야웨의 혹독한 거절과 더불어 서서히 현실로 그 모습을 드러낸다. 그 누구도 어떤 사람이 왕에게 그런 식으로 말하고 나서 목숨을 부지할 것이라고 기대하지 않을것이다. 그러나 단 한 사람, 즉 그 왕을 있는 모습 그대로 알고 있으며 그 또한 당혹스럽게도 인간 존재에 불과하다는 사실을 간파한 사람이라면 그럴 수 있다.

사무엘하 12장 24-25절

폰 라드가 언급한 두 번째 용례는 앞서 말한 사건의 신학적 함의를 상쇄시킨다. 다윗이 범한 죄로 인해 그와 밧세바 사이에서 태어난 첫 번째 아이가 숨을 거두는 사건이 사무엘하 12장에 소개된다. 그러나 그 슬프고 비통한 순간은 금방 지나가고 곧 잊혀진다. 그리고 곧이어 사무엘하 12장 24-25절은 새로운 아들의 출생을 알린다. 이 내러티브는 끝까지 그 아들에게 초점을 맞춘다. 그의 이름은 솔로몬으로 샬롬(shalom)이라는 단어가 잘못 붙여진 경우에 해당한다. 그러나 내레이터와 내러티브는 훨씬 더 많은 정보를 알고 있겠지만, 내러티브 흐름은 이 대목에서 머뭇거리지 않는다. 오히려 이 내러티브는 마치 앞으로 무슨 사건이 벌어질 지 오직 그것만 알고 있기라도 한 것처럼 신속히 진행된다. 하지만 내러이터는 솔로몬의 이름이 갖는 아이러니가 빚어내는 플롯(plot)을 따라서 내러티브 흐름을 그대로 유지시킨다. 뿐만 아니라, 아주 짧은 구절이 추가로 덧붙는다. "여호와께서 그를 사랑하사"(삼하 12:24). 이것이 전부다. 그리고 다음 구절은 이렇게 기록한다. "그의 이름을 여디디야[야웨께 사랑을 입은 자]라 하시니 이는 여호와께서 사랑하셨기 때문이더라." 이외에 그 어떠한 설명도 제시되지 않는다. 그 이상의 함축된 의미나 영향을 찾으려는 흔적도 없다. 따라서 이 시점에서는 우리가 알 수 있는 것이 아무것도 없다. 더구나 내레이터 역시 궁금한 것이 아무것도 없는 듯, 독자들인 우리에게 이렇다할 반응을 보이지 않는다.

이어서 내러티브는 사무엘하 12장 26절에서 다윗을 위한 거짓 승리(fake victory)를 고발하기 시작한다. 다윗이 랍바를 쳐서 정복한 것은 그가 위력을 동원해 강제로 밧세바를 취한 것과 비슷하다. 이 내러티브 안에 단어의 배열이 얼마나 이상한지 눈여겨보길 바란다. 다윗은 분명 악한 일을 저질렀다(רַע 라아). 그러나 야웨는 사랑하셨다(אָהֵב 아하브).

야웨께서는 계속해서 악을 저지르는 가문의 일원을 변함없이 사랑하신다. 추악한 불순종의 역사가 진행되는 중에도 야웨께서는 굴하지 않고 그를 위해 전적으로 헌신하신다. 이 둘의 조합은 왠지 어울리지 않는다. 하지만, 꾸미지 않은 실제 왕가의 모습은 위에 묘사된 실체와 매우 유사하다. 서로 조화를 이루기 어려운 두 가지 사안(다윗이 저지른 악 그리고 야웨께서 [그런 다윗을] 사랑하신 것)의 병렬적 조합이 어떤 효과를 낳는지 이해하기 위해서는 내러티브의 윤곽을 계속해서 따라가보아야 한다. 이 내러티브는, 사랑(אָהַב 아하브) 때문에, 결국 악이 그 관계를 수월하게 부수고 파괴시킬 수 있다는 식의 절망적인 이야기가 아니다. 그렇다고 사랑이 모든 것을 이긴다는 낭만적인 이야기는 더더욱 아니다. 왜냐하면 고질적이고 뿌리깊은 악과 마주 대하여 사랑은 지극히 고통스러운 길로 인도하기 때문이다. 이 내러티브 단락은 놀라울 정도로 모호하다. 그렇게 해서 악에 대해서는 냉소적이고 사랑에 대해서는 낭만적인 입장을 취하는 현대적 시각을 해소시킨다. 한편으로, 우리는 악을 초-자아(super-ego)가 부리는 요술 같은 것으로 생각하는 낭만적인 자기-실현(self-actualization)[25]을 추구하기도 한다. 그러나 또 다른 한편으로, 우리는 무서운 교회의 일원으로서, 어떤 새로운 신조가 기록되기라도 하면, 그 신조가 죄책과 심판 그리고 죽음에 그 초점을 전적으로 맞추기를 간절히 바랄 때도 있다. 그러나 이 이야기를 풀어나가는 스토리텔러는 하나님과 동행하는 삶에 방금 전에 언급한 두 가지 이율배반적인 태도가 동시에 공존할지언정, 무슨 문제를 해결하거나 혹은 문제가 완전히 해결되는 것도 아니며, 오히려 문제들에 대한 해결책이 부족한 채로 삶을 살아낼 것을 요구받는다고 단호히 말한다.

---

[25] 이 개념에 뒤따라 수반되는 파괴적인 결과들에 대한 비판적 평가에 관해서는, Daniel Yankelovich, *New Rules: Searching for Self-Fulfillment in a World Turned Upside Down* (New York: Random House, 1981), 23장과 여러 곳을 보라.

사무엘하 17장 14절

폰 라드가 세 번째로 언급한 사항은 [왕위] 계승 내러티브 안에 포함된 세 번째 에피소드에서 찾아볼 수 있다(삼하 15–19장). 특별히, 이 내러티브 단편은 (예루살렘 성을 버리고 황급히 도망길에 오른) 다윗을 추격하여 물리치기 위한 전략을 의논하던 압살롬의 참모들과 지략가들 사이에서 발생한 의견다툼을 다룬다. 그러나 공교롭게도 압살롬에게 승리를 가져다줄 (아히도벨의) 모략이 묵살되고 만다. 상황은 거기서 멈추지 않고, 압살롬에게 치명타를 입히게 될 전략—다윗이 심어 놓은 심복인 후새가 내놓은 속임수—이 압살롬과 여타 부관들에 의해 채택되기에 이른다. 필경 이 속임수는 압살롬 진영에 참패를 불러온다. 독자들인 우리는 압살롬과 그의 참모들이 어떻게 이처럼 이상한 결정을 내리게 됐는지 그 이유와 배경과 과정을 알고 있는 유일한 사람들이다. 우리들만 그것을 알고 있다. 후새를 제외하면, 이 이야기에 등장하는 그 누구도, 그 이유와 배경과 과정을 모른다. 사실 후새도 그저 어렴풋이 알 뿐이다. 혹자들은 압살롬에게 패착을 안겨준 그 속임수가 더 웅변적이거나, 더 설득력 있고 합리적이어서, 아니면 더욱 대담하게 피력됐기 때문에 채택된 것이라고 생각할 지도 모르겠다. 그러나 내레이터는, 특유의 절제된 방식으로, 다만 "야웨께서 [압살롬에게 화를 내리려 하사 아히도벨의] 좋은 계략을 물리치게 하셨다"고 말한다. 여기에 사용된 단어들과 관련해서 두 가지 사안을 눈여겨보아야 한다.

첫째, 사무엘하 17장 14절의 주동사는 '차바'(צוה)다. 이 동사는 일반적으로 "명령하다"라는 뜻으로 사용된다. 그런데 RSV(Revised

Standard Version)는 이 동사를 "미리 정하다"(ordain)로 번역하는가 하면, 여타의 역본들은 다음과 같이 각각 달리 번역한다:

예루살렘 성경: "확정되었다"(determined)
KJV: "마련되었다"(arranged)라는 주석과 함께 "약속되었다"(appointed)
NEB: "이는 야웨께서 뜻한 바였더라"

사무엘하 17장 14절에 사용된 '차바'(צָוָה) 동사는 분명 수수께끼임에 틀림없다. 이 구절을 번역한 이들에게는 더욱 그랬을 것이다. 일단 이 내러티브의 맥락을 고려해 볼 때, '차바'(צָוָה) 동사를 "명령하다"로 번역하는 것은 지나치게 직접적이고 단호하게 들린다. 야웨께서 도대체 누구에게 명령하셨다는 말인가? 여러 번역가들이 본문의 흐름에 따라 해당 동사를 좀더 부드럽고 일반적인 차원으로 번역하기 위해서 노력하는 것도 같은 이유 때문이다. 하지만 성경 본문 자체가 야웨의 주권을 가리키는 '차바'(צָוָה) 동사를 사용했다는 사실 또한 놓치지 말아야 한다. 인간의 역할은, 우리가 말을 더듬는 것 마저도, 지극히 위대하신 그분께서 목적하신 계획에서 한 치도 벗어나지 않는다.

또 다른 한 단어는, '재앙을 불러오다' 내지는 '화를 내리다'라는 뜻으로 사용된 '라아'(רָעַע)라는 동사다. 사무엘하 11장 27절—"(다윗이 행한) 그 일이 야웨 보시기에 악하였더라"—에도 바로 이 단어가 쓰인다. 사무엘하 11장 27절과 17장 14절에 사용된 명사 '라아'(רָעָה)가 서로 어떤 연관성이 있는지는 확실하지 않다. 그렇지만 앞에서

'악'(화 혹은 재앙)과 '사랑'이 한 쌍으로 긴밀한 병렬관계를 형성함에도 불구하고, 여기서 야웨는 다윗 편에 서 계신다. 나아가 쿠데타를 통해 왕위를 찬탈하려는 압살롬에 대항하여, 머지않아 급부상하게 될 솔로몬을 향한 기대감마저 나타내신다. 이 내러티브 본문은 정말이지 놀라울 정도로 절제되어 있다. 그렇다고 해서 본문의 요점을 놓쳐서는 안 된다. 주사위는 이미 던져졌다. 내레이터 역시 그 요점을 놓치지 않기 위해서 독자들과 함께 조용히 때를 기다리고 있다. 이 이야기가 앞으로 어떤 식으로 결론을 맺게 될 지 호기심 어린 시선으로 바라보면서.

열왕기상 2장 2-4절

앞부분에서 확인한 것처럼, 폰 라드는 세 개의 에피소드 본문을 주목했다. 그러나 필자는 그 에피소드 본문들 이외에 열왕기상에 나오는 매우 다른 성격의 본문을 하나 더 추가하여 살펴보기를 원한다. 이 본문은, 앞에서 다룬 세 개의 에피소드 본문과 달리, 잘 짜인 내러티브에 속하지 않는다.[26] 열왕기상 2장 2-4절에서, 우리는 연로한 다윗이 그의 사랑하는 아들 솔로몬에게 마지막 유언을 남기는 장면을 대하게 된다. 대부분의 학자들은 이 구절들이 신명기의 영향을 받은 것으로 간주한 마틴 노트(Martin Noth)의 의견을 따른다.[27] 하지만 자료의 출처와 상관없이, 정경 안에 배열된 현재의 위

---

[26] Martin Noth는 이 본문을 신명기사가(Deuteronomist)의 작품으로 간주한다. Noth, *Deuteronomistic History*, trans. D. J. A. Clines, JSOTSup 15 (Sheffield: JSOT Press, 1981), 56-7을 보라.
[27] 이 사안과 관련해서는, 해당 구절들의 출처를 밝히는데 그친 Noth의 주장을 넘어서서 신학적

치에서 이 본문은 언약 전승(covenant traditions)에 기초한 엄숙한 경고의 메시지를 선포한다(왕상 2:3-4):

> 네 하나님 여호와의 명령을 지켜, 그 길로 행하여 그 법률과 계명과 율례와 증거를 모세의 율법에 기록된 대로 지키라. 그리하면 네가 무엇을 하든지 어디로 가든지 형통할지라. 여호와께서 내 일에 대하여…하신 말씀을 확실히 이루게 하시리라.

많은 이들은 이 본문을 크게 주목하지 않는다. 이 본문 앞과 뒤의 내러티브 맥락과는 정반대로, 다분히 교훈적인 뉘앙스가 강하기 때문이다. 그렇지만 이 단락을 구성하는 세 개의 구절들은 주변의 내러티브 정황을 긴밀하게 연결한다. 게다가 다윗에게 왕조와 통치를 약속한 사무엘하 7장의 다윗언약을 근거로 삼고 있음이 확실해 보인다(특히 8-16절). 그러나 해당 구절들은 사무엘하 11장 27절 또한 염두에 두고 있다. 둘 중 한 본문은 다분히 교훈적이지만, 또 다른 한 본문은 적잖이 심각한 문제를 제기한다. 그럼에도 불구하고, 두 본문 모두 이 점에 동의한다: 야웨께서는 선과 악 사이의 차이를 결코 잊지 않으신다! 이 짧은 내러티브 단락에 난처한(?) 구석이 전혀 없는 것은 아니다. 그러나 요점은 일관되며 한결같다. 예언자 나단은 이렇게 말한다: "그러한데 어찌하여 네가 여호와의 말씀을 업신여기고 주 보시기에 악을 행하였느냐?"(삼하 12:9). 토라의 요청은 타

으로 매우 통찰력 있는 의견을 제시한 Carlson, *David the Chosen King*, 126을 보라.

협의 여지가 없다. 더구나 이 토라 규정은 헷 사람 우리아를 제거하라고 다윗이 요압에게 내린 최종 명령에 대해서도 똑같은 목소리를 낸다. 이 사실은 결코 놀라운 일이 아니다. 깨우침의 기쁨과 희열에 대해서는, 새로운 이들에게 대답을 해줘야만 하는 다소 퉁명스러울 정도로 전통적인 사안이 있다. 우리에게 딜레마를 선사하고 고역스럽게 만드는 것 그것이 바로 토라다. 이 이야기를 풀어가는 내레이터는, 아무리 고통스러워도 그리고 그 어떤 지식도 토라가 요구하는 바를 약화시킬 수 없다는 교훈을 배우고 깨닫는 방법을, 독자들에게 잘 보여준다. 이 이야기에 나오는 등장인물들은 자주 충격과 놀라움에 부딪친다. 충격과 놀라움은 외부적인 처벌(external punishment)에 불과한 것이 아니다. 다윗은 그러한 처벌을 얼마든지 회피할 수 있을 정도의 거물이다. 오히려 그 충격과 놀라움은 인간 내면에 자리한 채 사라지지 않는 괴로움과 비통함 가운데서 찾아볼 수 있다.[28]

인간이라면 경험하기 마련인 모든 것들을 죄다 겪고 있는 다윗에게 내레이터는 푹 빠져든다. 혹자는 주위 환경이나 주변 사람들은 전혀 아랑곳하지 않고 자신의 욕망만 채우는 다윗의 성향이야말로 [왕위] 계승 내러티브(삼하 11-20장; 왕상 1-2장)가 시작되고 또 끝나는 지점에서 가장 선명하게 드러나는 표지라고 주장할 지도 모르겠다.

---

[28] 다윗의 내면 상태를 추적하는 것은 표도르 도스토예프스키(Fyodor Dostoyevski)의 작품인 『죄와 벌』(*Crime and Punishment*, trans. C. Garnett [New York: Modern Library, 1932])에 등장하는 라스콜니코프(Raskolnikov)의 내면 세계를 추적하는 것과 크게 다르지 않다. 해당 작품에서 확인할 수 있듯이, 극도의 고통은 제도적인 권위에서 주어지는 것이 아니라 한 인간 내면에 주어지는 것 그 자체에 기인한다. 이것이 바로 최종적으로 파멸을 가져오는 "내적 심판"(interior judgment)이다.

이 [왕위] 계승 내러티브가 시작되는 부분에 그가 회개하는 장면이 나오고, 또 그 끝 부분에서는 순종을 촉구하는 모습이 묘사되어 있다고 하더라도 말이다.

하지만 적어도 위에서 언급한 두 개의 지점에서 다윗은 깜짝 놀랄 만큼 멋들어진 믿음의 사람으로 등장한다. 그 두 지점에서 그가 한 행동은 비극적인 상황에서 단순히 윤리적으로 대처해야 한다는 가르침의 차원을 넘어선다. 오히려 그 행동은 진정한 변화를 만들어 내기 위해 우리네 삶과 이 세상에 개입하시는 살아계신 하나님을 믿고 신뢰하는 소망의 행위다. 사무엘하 15장 24-29절과 16장 12절 두 본문은 다윗을 어떤 정형적인 틀을 깨는 프로메테우스(Promethean) 같은 사람보다는 특유의 이스라엘 사람으로 묘사한다. 두 본문 모두 다윗이 자신의 뜻대로 조정할 수 없는 하나님, 그리고 속 마음과 의중을 확실히 알 수 없는 그런 하나님께 항복하는 행위가 어떤 위험 요소들을 동반하는지를 잘 보여준다. 그럼에도 불구하고, 두 본문 모두 다윗이 그의 생명을 자신이 아닌 다른 분, 즉 그의 소망과 힘의 근원이 되시는 야웨 하나님께 내어 드리는 보습을 크게 부각시킨다.[29]

먼저 사무엘하 15장 24-29절의 기사에 의하면, 다윗과 그의 편에 선 제사장 사독과 아비아달은 압살롬의 면전을 피하여 거룩한 도성에서 도망친다. 그들은 분명 다윗의 안전을 도모하기 위해 몸을 피했던 것이다. 그런데 그들은 제사장들의 관례를 따라, 하나님

---

[29] Walter Brueggemann, "On Coping with Curse: A Study of 2 Sam. 16:5-14," *CBQ* 36 (1974): 175-92를 보라.

의 궤를 가지고 도망친다. 전통적으로 하나님의 궤는 하나님의 임재를 확인하는 증거로 간주되었다. 따라서 그들은 하나님의 궤가 자신들에게 확실히 안전을 가져다줄 보증으로 생각했던 것이다. 만일 그렇다면, 어떤 왕이 그리고 어떤 인간이 그 하나님의 궤를 가지고 그 도망길을 오르고 싶지 않겠는가?

그러나 다윗이 전혀 예상치 않은 결정을 내리면서, 그 주변에 함께 한 이들은 물론 독자들인 우리도 소스라칠 정도로 놀라게 만든다. 그는 제사장 사독에게 이렇게 말한다(삼하 15:25-26):

> (왕이 사독에게 이르되) 보라 하나님의 궤를 성읍으로 도로 메어 가라. 만일 내가 여호와 앞에서 은혜를 입으면 [야웨는 삼하 11장 27에서 그가 저지른 악을 보신 하나님이시다] 도로 나를 인도하사 내게 그 궤와 그 계신 데를 보이시리라. 그러나 그가 이와 같이 말씀하시기를, "내가 너를 기뻐하지 아니한다" 하시면 종이 여기 있사오니 선히 여기시는 대로 내게 행하시옵소서 하리라.

다윗이 한 말과 행동은 순전하고, 완전한 항복이다. 이것은 단순히 도의적인 차원에서 선보인 용기가 아니다. 어떤 계산이 반영된 행위도 아니다. 위에 인용한 내러티브 본문에 그려진 그대로 이해할 수밖에 없는 진심 어린 포기다. 이를 선언할 다른 방법은 없다. 이 선언은 선과 악을 바라보시는 "여호와의 눈"이라는 어구를 기초로 탁월한 언어유희를 만들어낸다. 다윗은 그분이 자신을 응시하고 계시다는 것과 그분이 앞으로 펼쳐질 모든 일들을 결정하신다는 것을 잘 알고 있다.

두 번째로 살펴볼 본문은 사무엘하 16장 12절인데, 이 절은 앞에서 다룬 구절들과 평행관계를 형성한다. 다윗은 여전히 서슬 퍼런 압살롬을 피해 도망하는 중이다. 그런 그를 시므이가 따라오면서 모욕적인 말과 비아냥을 퍼부으며 조롱한다. 아무리 도망 중이라고 하더라도 한 나라의 왕이 듣고 참아내기 힘든 언행이다. 그러자 다윗 곁에서 호위하는 부관들이 그 사고뭉치를 제거하기 위해 나선다. 단칼에 그를 베어 버리고자 허리춤에 찬 칼을 향하여 손을 뻗는다. 그러나 놀랍게도, 또 다시, 다윗은 그들을 향하여 이렇게 말한다(삼하 16:11-12):

> 여호와께서 그에게 명령하신 것이니 그가 저주하게 버려두라. 혹시 여호와께서 나의 원통함을 감찰하시리니 오늘 그 저주 때문에 여호와께서 선으로 내게 갚아 주시리라.

거듭해서, 다윗은 복수를 감행하지 않는다. 시므이를 처단하더라도 정당한 반응으로 충분히 간주될 수 있는데도 말이다.[30] 이처럼 그는 재차 자기 자신(과 그의 운명)을 야웨께 맡긴 채, 응당 복수할 수 있는 기회를 사용하지 않는다. 이렇게 내러티브는 다시금 야웨께로부터 기원했을 법한 선(the good)을 강조한다. 다윗이 자신을 향해 시

---

30 다윗이 직접적으로, 그리고 몸소 복수를 행동으로 옮길 수 있었음에도 불구하고 그렇게 하지 않은 것은, 추측하건대 국가와 왕조를 더욱 부각시키려는 내러티브의 의도와 관련이 있는 것 같다. 통치와 지배를 위해서는, 복수에 관한 모든 권한과 권리를 국가에 배타적으로 귀속 되어야 하기 때문이다.

므이가 퍼부은 저주를 저주나 죽음으로 응대하지 않았기 때문이다. 이 "선(함)"은 사무엘하 11장 27절에 나오는 악, 그리고 사무엘하 17장 14절에 언급된 화와 뚜렷한 대조를 이룬다.

위에서 살펴본 행위를 통해서, 다윗은 국가의 논리나 통치 수칙에 따라 처신하지 않는다. 이 장면에 묘사된 다윗은 유대 전통에 더 가까운 사람이다. 하나님의 능력에 대한 신뢰를 바탕으로, 자기를 저주하는 자에게 오히려 선을 베푸는 것은 민수기 22-24장에 나오는 발람 전승을 연상시킨다. 이 시점에서 혹자는 다윗이 그의 성격과 성향대로 행동하지 않았다고 주장할 수도 있다. 추측하건대, 해당 내러티브 단락은, 아직 진행 중이며 여전히 "만들어지고 있으며" 아직 온전하게 자리를 잡은 것이 아니기 때문에 위험한 요인들이 남아 있을 뿐 아니라, 불투명한 과거의 방식들을 수정해 나가는 본질적인 인간 존재(quintessential human being)에 대해서 말하려는 것 같다.

그래서 내레이터는 다윗이라는 인물을 나중에 이 이야기를 접하게 될 후대의 공동체와 연결시킨다. 한편으로, 방금 전에 살펴본 것처럼, 자신을 저주하는 이에게 복수로 대응하지 않는 다윗의 행동을 보고 내레이터 역시 놀라움을 금치 못한다. 그러나 또 다른 한편으로, 내레이터는 해당 내러티브를 듣고 있는 청중들을 내러티브 세계 안으로 초대한다. 그리고 그들로 하여금 내러티브 세계에서 벌어지고 있는 상황을 직접 보고, 경이로움을 느끼며, 무슨 일이 벌어지고 있는지를 보다 명확히 자각하도록 안내한다. 바로 그 내러티브 세계 안에 대안적인 방법이 존재함을 인식하게 하기 위해서

다. 그렇게 다윗은 내레이터가 내러티브를 통해 이 현실 세계에도 존재해야 한다고 선언하는 그 대안적인 방법을 추구하는 인물로 자리매김한다.

자 이제 우리는 다윗이 몸소 느끼고 경험했으며 또 그가 직면한 고통스러운 진실을 파악하기 위해 성경 본문을 좀더 자세하게 들여다볼 준비를 완료했다. 이 개론적 연구를 통해 독자들 모두 [왕위] 계승 내러티브가 말하려는 진실을 보다 예민하게 분별해 내고 더 깊은 성찰로 나아갈 수 있었으면 하는 바람이다. 그 분별과 성찰을 위한 전제로서, 지금까지 진행해 온 토론에서 도출해 낼 수 있는 결론들은 아래와 같다:

1. [왕위] 계승 내러티브를 구성하는 사무엘하 11-20장 그리고 열왕기상 1-2장은 네 개의 에피소드를 제시하는데, 각각의 에피소드는 독립적으로 기능하면서도 순차적으로 서로 연결되어 있다. 따라서 에피소드의 순서는 이 커다란 내러티브 문단이 말하려는 바를 부각시키는 데에 결정적으로 중요하다.

2. 삶의 개인적 영역과 공적인 영역 모두 맞물려 있는 고뇌와 번민—두 영역 모두 소위 "계몽주의"에 대해서 잘 알고 있으면서도 그 "계몽주의"에 저항한다—은 인간의 실존 그리고 회피할 수 없는 고통과 관련되어 있다.

3. [왕위] 계승 내러티브 안에는 야웨의 통치와 다스림에 관한 네 개의 선언문이 소개된다. 그 통치와 다스림은 취소될 수 없는 하나님의 언약에 기초한 것으로서, 이 내러티브 안에, 한 번은

아주 명확하게(왕상 2:2-4), 세 번은 꽤 미묘하게 언급된다.
4. 다윗이 자기 자신과 그가 처한 상황은 아랑곳하지 않고 지극히 신실하신 하나님께 그의 온 존재를 의탁했으며, 이스라엘을 이끄는 왕으로서의 자격 역시 그 하나님께 호소한 것으로 해석할 수 있는 근거가 [왕위] 계승 내러티브의 시작과 끝 지점에서 발견된다.

위에 열거한 전제들을 바탕으로 우리는 해당 성경 본문([왕위] 계승 내러티브)을 더욱 자세히 들여다보는 데 필요한 모든 채비를 갖췄다. 기민한 안목과 빈틈없는 분별력으로 파악해 내야 하는 다윗의 진실은 신학적인 주장과 결코 무관하지 않다. 그럼에도 그 진실은 한 인간인 다윗의 (내적 그리고 외적) 면모를 더욱 집요하게 파고든다.

밧세바, 우리아, 그리고 다윗

자 그럼 [왕위] 계승 내러티브를 면밀하게 연구해 보도록 하자. 이 내러티브가 시작되는 첫 부분부터 다윗에 관한 진실은 유달리 기민하고 쉽게 감지하기 어려운 미묘한 특성을 여실히 드러낸다. 이 기민성과 미묘함은, 진실을 반영한 채, 아주 섬세한 문학적인 형태를 통해 우리에게 다가온다. 그렇다면 내레이터가 말하려는 핵심 주장들을 형성하고 그것들을 전달하기에 가장 효과적인 문학적인 형태를 빚어내는 내러티브의 미학적 특징들을 자세히 들여다보아야 할 필요가 있다. 우리의 논지―궁극적으로 우리가 천착하고자 하는 이 내러티브의 전체적인 주제—는 서술되어야 하는 핵심 주제와 그것을 서술하는 방법이 서로 긴밀하게 연결되어 있다는 점이다. 진실을 말하는 방법은 우리가 아는 것 이상으로 다윗의 진실을 가늠하는 데 결정적인 기능을 담당한다. 만약에 우리가 다윗과 그가 처한 상황에 대해 이렇게 이야기를 풀어나가고 저렇게 표현하는 예술적 특성들을 깊이 고찰하지 않는다면, 우리는 결국 이 내러티브가 말하고자 하는 바를 놓치게 되고 말 것이다. 다시 말해서, 이 이야기가 어떤 형태로 진술되고 표현되는지 모른다면 우리는 다윗에 대해서 아무것도 읽어낼 수도 알 수도 없다는 뜻이다.

밧세바, 우리아, 그리고 다윗 이 세 사람 사이에서 벌어지는 사건을 기록한 사무엘하 11-12장은 다윗 이야기 전체를 떠받치는 중추적인 역할을 한다는 것이 학자들의 공통된 견해다. 사무엘하 11-12장의 서술 방식과 이야기의 흐름상 해당 본문이 현재 위치에 배열된 것은 내레이터의 아주 탁월한 (문학적인) 솜씨와 섬세함을 선보인다. 그렇다면 과연 이 내러티브가 우리에게 말하려는 다윗의 진실은 무엇일까?

사무엘하 11장 1절은 문제시되는 내러티브의 서론을 제공한다. 그런데 이 서론은, 사무엘하 12장 26-31절(브루그만은 삼하 12:16-31로 말하고 있으나 전쟁에 관한 기사는 26절부터 시작된다-옮긴이)에서 다윗이 전쟁을 치르면서 채택한 전략들과 후속 조치들을 내린 배경 상황을 설명하는 등, 지극히 공적인 기능을 한다(역대기 1장 16-31장에 나오는 전쟁 기사의 서론을 보라). 그럼 우리는 다윗이 경험한 공적인 사건 즉 전쟁에 관한 언급들에 둘러싸인 (혹은 그 사이에 끼여 있는) 이야기를 다루고 있는 셈이다. 사무엘하 11장 1절이 마치 경첩처럼 한 나라의 왕인 다윗의 공적인 직무를 수행하는 차원과 그의 사적인 차원을 연결한다고 생각한 알터는, 그의 공적 차원에 관한 이야기가 갑자기 중단된 상황에 대해서 다음과 같이 언급한다: [그의 참모들과 군사들이 전쟁터에 나가 열방들과 치열하게 싸우고 있는 중인데도 불구하고] 다윗은 예루살렘에 남아 있다. 그는 정말 모든 이들이 존경하고 명예롭게 생각하는 그런 존재일까(삼하 21:17을 보라)? 아니면 [전쟁터에 나가 자신의 군사들과 함께 적을 무찔러야 하는 왕의 직무를 소홀히 한] 태만한 사람일까? 내레이터는 과연 그를 긍정적으로 바라보고 있는 것일까? 아니면 비난을 가하고 있는 것일까? 그러나 해당 본문은 우리에게 그 어떠한 말도 하지 않는다.[31]

사무엘하 11-12장으로 이루어진 이 긴 분량의 내러티브 단락 안에 언급된 다윗의 행위는, 그가 우리아의 아내 밧세바와 저지른 간통이 유일하다(삼하 11:2-5). 그리고 우리가 반드시 주목해야 할 사건들이 이 부분에서 모조리 그것도 아주 짧은 시간 안에 벌어진다. 왕의 움직임 하나하나는 매우 강렬한 동사들로 묘사된다. 다윗은 왕이다. 그러기에 뒤에 일어나는 모든 일들의 주도권 역시 그가 쥐고 있다. 이 이야기를 접해본 사람이라면 그 누구도 다음 내용(삼하 11:2-4)을 잊을 수 없을 것이다:

---

[31] Alter는 이 구절의 (문학적) 기능에 대해 다음과 같이 말한다: "이는 이야기의 장면을 전환하는 아주 탁월한 기법이다. 즉 이 구절은, 간통과 살인을 범한 다윗 이야기를 앞서 제시된 이스라엘의 역사적 연대기라고 하는 훨씬 더 큰 국가 및 역사적인 관점에 연결시킨다"(*Art of Biblical Narrative*, 76).

저녁 때에 다윗이 그의 침상에서 일어나[קום 쿰] 왕궁 옥상에서 거닐다가 그 곳에서 보니 한 여인이 목욕을 하는데 심히 아름다워 보이는지라. 다윗이 사람을 보내어 그 여인을 알아보게 하였더니…다윗이 전령을 보내어 그 여자를 자기에게로 데려오게 하고… 더불어 동침하매 그 여자가 자기 집으로 돌아가니라[שוב 슈브].

위에서 확인할 수 있듯이, 이 내러티브는 '일어나다'(קום 쿰)와 '돌아가다'(שוב 슈브) 이 두 개의 동사를 기점으로 그 사이에서 벌어진다: 다윗이 그 침상에서 "일어나"…그 여자가 "돌아가니라." 내러티브는 이런 식으로 끝난다. 그리고 여기서 일어나는 모든 사건은 전적으로 왕에 의해 촉발된다. 해가 뉘엿뉘엿 질 때가 되자 왕은 침상에서 일어나 어슬렁거리며 밖으로 나온다. 그러나 5절은 이 에피소드 밖에 위치해 있을 뿐만 아니라 왕의 직무와 역량 밖의 사안에 대해서 (3인칭 시점으로) 말한다: "그 여인이 임신하매." 그리고 나서, 비로소 여기에서만, 그녀가 입을 열어 말한다: "내가 임신하였나이다." 이는 그녀가 처음 한 말이다. 공교롭게도 다윗이 한 말은 그 여인에 관해 알아보라고 한 것이 전부다. 심지어 이 말 역시 간접화법으로 표현되어 있다. 그 여인은, 그가 짐작한 대로, 헷 사람 우리아의 아내였다. 말인즉슨, 큰 위험 부담없이 다윗이 작정한 바를 행동으로 옮길 수 있다는 뜻이다. 다윗이 발정 난 망아지처럼 성욕에 사로잡혀 발작을 일으키듯 일련의 행동들을 저지르는 동안 그 여인의 동의나 저항의 목소리는 들리지 않는다. 그리고 이 짧은 내러티브 본문은 아주 조심스럽게 결론에 도달한다. 그녀는 겨우 두 개의 단어만 입에 올릴 따름이다: "내가 임신하였나이다." [지금까지 다윗 이야기 안에 투사되었던] 세계가 바뀌기 시작한다. 왕이 전적으로 통제할 수 없는 그런 세계로 말이다. 다윗은 온 나라와 모든 백성에게 영향을 미치는, 돌이킬 수 없고 기억 속에 떠올리고 싶지도 않은, 그런 짓을 저지르고 만 것이다. 자 이제 사건의 전모를 은폐하고 조작하려는 다윗의 패역한 시도들이 뒤따르기 시작한다.

문제 상황을 해결하기 위한 첫 번째 해결책

사무엘하 11장 2-5절에서 문제의 상황(다윗이 우리아의 아내 밧세바를 범하고, 또 그녀가 임신한 상황)을 해결(?)하기 위해서 다윗이 취한 첫 번째 해결책이 사무엘하 11장 6-11절에 소개된다. 그럴 듯한 방안을 모색하고 선택한 후에 그것을 실행한 장본인은 다윗이다. 죄를 저지른 다음 다윗은 그 문제적 상황을 감추기 위해서 지체하지 않고 재빨리 움직인다. 조금의 흔들림도 없다. 문제는 해결하면 그만이기라도 한 것처럼. 다윗은 즉각적으로 무엇을 해야 할지 알고 있었다. 6절에는 다윗의 통치자다운 면모를 반영하기라도 하듯이 '보내다'라는 동사가 세 번이나 반복적으로 사용된다("기별하여", "보내라", "보내니"). 그는 이미 3-5절에서 두 번에 걸쳐 (사람을) 보낸 바 있다: "다윗이 사람을 **보내** 그 여인을 알아보게 하였더니"(2절), "다윗이 전령을 **보내어** 그 여자를 자기에게로 데려오게 하고"(3절).

앞서, 다윗이 사람을 보내고 전령을 보낸 연속적인 행위들은 문제의 사건을 초래한 행위들이었다. 이제 다윗은 이미 발생한 문제적 상황을 그만의 방식으로 해결하기 위해서 몇 번 더 사람을 보내라는 명령을 내린다: "다윗이 요압에게 기별하여 '헷 사람 우리아를 내게 보내라' 하매 요압이 우리아를 다윗에게 보내니"(6절). 여기서 세 번 거듭 사용된 '보내다'라는 동사는 7절에서 요압의 안녕(שׁלום 샬롬)과 군사의 안부(שׁלום 샬롬), 그리고 전쟁터의 상황이 어떠한지(שׁלום 샬롬)를 묻는 말 속에 세 번 반복적으로 사용된 샬롬의 용법과 상응한다. 이어서 다윗은 (전쟁터에서 호출을 받고 돌아온 우리아와) 전쟁터에 남아있는 사람과 명령을 내리는 사람 사이에 오갈 법한 상투적인 대화를 주고받는다.

그러나 전쟁터의 사정은 다윗의 안중에 없다. 지금 그가 해결해야 할 가장 절박한 문제는 궁정의 대소 신료들을 전부 불러 놓고 대안을 모색해야 하는 그런 공적인 사안이 아니다. 전쟁에서 승리를 거두는 것보다 모욕거리가 될 만한 여지를 남겨두지 않는 것이 더 어려운 법이다. 그렇다고 노골적으로 공권력을 사용해서 지극히 사적이고 은밀한 일들을 해결할 수도 없는 노릇이다. 다윗은 전쟁터에서 치열하게 싸우느라 지친 육신과 마음을 충전하고 쉬라며 우리아에게 특별 휴가를 하사한다. 이로써 우리아는 다윗이 만들어 놓은 딜레마에 빠진다. 즉 우리아는 그의 아내를 임신시킬 수 있는 짧은 휴가를 얻게 된 것이다(8-13절). 다윗은 그에게 이렇게 말한다. "네 집으로 내려가서 발을 씻으라." 이 명령만으로 충분하다. 병영에서 잠깐 말미를 얻어 집으로 돌아온 사내들은 이 말이 완곡하게 무엇을 의미하는지 너무나 잘 알고 있었다. 그러나 다윗이 이 완곡어법을 사용했다는 것은 그가 그토록 감추고 싶어하는 무언가를 은

폐하는 작업이 이미 진행되고 있다는 사실을 입증하는 증거이기도 하다. 하지만 우리아는 성적인 욕망이나 여타의 사적인 문제들에 집착하지 않고, 왕의 관대한 처사를 정중하게 거절한다. 부지불식간에 왕이 취하고자 했던, 다소 덜 위험한, 계략에 놀아나기를 거부한 셈이다. (왕이 자신이 저지른 죄악으로 촉발된 문제적 상황과 수치를 은폐하기 위해 그가 고안해 낸 첫 번째) 간계는 다만 밧세바의 태중에 있는 아이의 아버지가 누구인지 오인하게 만들 뿐 그 누구의 생명도 해치지 않는다. 우리는 다윗이 그의 권력을 휘둘러 이 일과 관련된 모든 사람의 목숨을 해칠 만큼 그렇게 사악한 존재로 그려지지 않는다는 사실에 가슴을 쓸어 내리며 안도할 수 있을까? 아무튼 그는 어떻게 해서든 이 골치 아픈 상황에서 빠져나가고 싶을 뿐이다.

한 나라를 지휘하는 왕 다윗과 그 수하의 장군 우리아가 서로 주고받는 대화에는 '내려가다'(ירד; 야라드)라는 동사가 빈번하게 사용된다.

8절: 다윗이 우리아에게: "네 집으로 **내려가라**"

9절: 내레이터: "[그러나] 우리아는 **내려가지 아니하고**"

10절: 궁중 신하가 다윗에게: "우리아가 그의 집으로 **내려가지 아니하였나이다**"

10절: 다윗이 우리아에게: "어찌하여 네 집으로 **내려가지 아니하였느냐?**"

우리아와 대화를 진행되는 도중에, 다윗은 그가 계획한 첫 번째 계략이 별 다른 효과를 얻지 못할 것임을 직감한다. 당황해서 목소리의 톤을 바꾸거나 순간적으로 주저하지는 않지만, 다윗은 더욱 필사적으로 달려든다. 그는 더 이상 우리아에게 (그의 집에 내려가라고) 사정하지 않는다. 한 나라의 왕이 일개 장수에게 구걸하듯 사정할 수는 없지 않은가? 그 대신에 다윗은 우리아를 배불리 먹이고 술에 잔뜩 취하게 만든 다음 그를 집으로 내려 보내기로 한다. 다윗의 모사들이 다윗에게 "그가 내려가지 아니하니라"(13절)라고 아뢰어 올린 이후부터, 아니 다윗과 우리아 사이에 모종의 힘겨루기가 벌어지고 있다는 사실을 간파하기 훨씬 전부터, 다윗은 마음 속으로 그 다음에 취할 술책을 준비하고 있었다. 우리아는 목숨을 부지할 기회를 놓칠 위기에 처한 것이다. 실로 위대한 왕 다윗과 함께 태평성대를 누릴 수 있는 기회는 오직 한 번뿐이거늘. 이제 그 기회는 영영 사라져 버리고 말았다. 그렇다면 다윗이 취하려 했던 첫 번째 방책이 수포로 돌아간 이상 그 다음에 취할 방도와 그것을 행동으로 옮길 시 그가 감수해야 할 위험요소들, 그리고 그 여파를 신중하게 따져봐야 할 때가 되었다.

앞에서 상술한 것처럼, '내려가다'(ירד, 야라드)를 토대로 한 언어유희는 다윗이 자기 자신을 멈추게 할 수 있는 통제력을 상실했음을 예리하게 포착하여 드러낸다. 다윗은 8절에서 "내려가라"고 말한다; 그러나 13절에서 내레이터는 "우리아는 내려가지 아니하고…"라고 말함으로써 빈틈없이 결론을 내린다. 그 순간 다윗은 정신이 나가 날뛰는 광인이 되고 만다. 다윗 자신이 저지른 죄악과, 도무지 자신의 뜻대로 제어되지 않는 지나치게 열성적인 장수 우리아로 인해 다윗의 통치는 위험에 빠진다. 다윗은 매우 주도면밀하게 두 번째 계략을 진행시킨다. 마지막으로 우리아의 의심을 각성시켜야 하기 때문이다.

문제 상황을 해결하기 위한 두 번째 해결책

다윗의 첫 번째 해결책은, 끔찍할 정도로 엉망진창은 아니었지만, 아무런 효과를 거두지 못했다. 그저 기발한(?) 방책이었다고 해두자. 이어서 사무엘하 11장 14-25절은 다윗이 취한 두 번째 해결책을 고스란히 기술한다. 그런데 이 두 번째 해결책을 가만히 보고 있노라면 첫 번째 것보다 더 불길한 예감이 든다. 다윗이 필사적으로 몸부림치는 것처럼 느껴질 정도다. 13절은 "저녁 때에" 우리아가 침상에 누웠다고 기록한다. 그리고 지체없이 [(내러티브의 시간 흐름을 두고 하는 말임) "아침이 되매"라는 어구가 온다. 명을 다한 사내가 자고 있는 모습을 굳이 예의주시할 필요가 없기 때문일 것이다. 한편, 우리아가 잠을 자고 있는 동안, 저녁과 아침 사이에, 다윗은 편지 한 통을 쓴다. 우리는 밤 사이에 무슨 일이 있었는지 아무것도 알 수 없다. 그리고 날이 밝아 올 무렵 다윗의 얼굴은 무언가 결정한 듯 결연해 보인다. 무엇을 어떻게 해야 할지 아는 표정이랄까! 이 장면은 매우 고차원적인 아이러니를 만들어 낸다. 무고하고, 순종적인 한 사내는 잠을 자고 있는 반면, 사악한 자는 침상에서 밤새 죄를 꾀하며 악을 꾸미고 있으니 말이다(미 2:1)].

다윗은 편지를 썼다. 그는 왕의 옥새가 날인된 정식 명령을 내려야만 했다. 명백하고 확실하게 명령이 하달되지 않는다면 요압이 그러한 해당행위를 수용할 리가 없기 때문이다. 당연히 요압도 책임 소재를 분명히 해야 할 뿐만 아니라 비난을 피하기 위해서라도 공문에 왕의 이름과 함께 정확하게 작성된 명령이 하달되기를 원했을 것이다. 다윗은 조금도 움츠러들지 않는다. 아니 움츠러들기는커녕 다윗은 그런 책임과 부담을 피해나 갈 수 있도록 교묘하면서도 조심스럽게 명령을 하달하는 방법을 너무나 잘 알고 있다. 이 대목에서 또 다시 동사들이 빈번하게 사용된다: "다윗이 편지를 써서…보내니…그 편지에 써서…"(14-15절). 다윗이 모든 일을 주도하고 있는 셈이다. 그는 요압이 자기의 뜻에 따라 행동하게 할 수 있다. 하지만 다윗은 우리아를 통제하지 못했다. 우리아의 열정도 제어할 수 없었다. 결정적으로, 밧세바가 임신하게 된 상황도 조작할 수 없었다. 그러나 최소한 요압은 충직한 군사처럼 다윗이 내린 명령대로 움직일 것이다. 다윗 왕이 내린 명령은 간단명료했다. 물론 편지에 적힌 왕의 명령은 "요압 장군만 볼 수 있도록" 은밀하게 전달되었을 것임에 틀림없다. 그 편지에 적힌 명령은 요압을 제외한 그 누구에게도 발설되어서는 안 되는 것이었다. 또 다윗이나 요압이 편지의 내용을 발설했을 리도 만무하다. 그렇다면 그 편지에 내용이 어떻게 이 내러티브에 실리게 된 것일까? 추후에 요압이 이 사실을 흘렸을 수도 있다. 그러나 그것보다도 내러티브의 예술적 기법으로 돌리는 것이 더 좋을 듯하다. 설사 그렇지 않더라도, 이 일은 일어나지 말았어야 했다. 하지만 벌어지지 말아야 할 그 일이 벌어지고 만다. 이것이 바로 다윗의 고통스러운 진실이다. 심각한 문제가 있는 한 개인의 윤리적 삶이라는 차원에서 그가 느끼는 고문과도 같은 번민, 그리고 기껏해야 그 영향이 미미한 공적 차원으로 그가 취했고 또 취하려는 계략들 사이에 스스로 갇혀 옴짝달싹 못하는 한 인간의 고통스러운 진실.

다윗이 자신이 처한 문제적 상황을 해결하기 위해서 취한 이 두 번째 계략은 말 그대로 간교하게 진행된다. 따라서 이 장면은 해설적인 내러티브처럼 단순하고 무미건조하게 슬쩍 읽고 넘어가면 안 된다. 오히려, 이 내러티브에는 내레이터가 의도하고 암시하는 언어유희와 무언가를 연상시키는 기사들로 가득하다. 다양한 의미를 갖고 있는 단어들이 많이 사용되었기 때문에, 독자들은 이 본문이 제안하는 의미들을 하나씩 채워 나가야 한다. 우리는 이 내러티브의 결말을 이미 알고 있다. 그럼에도 불구하고, 우리로 하여금 엄청난 긴장감을 갖게 할 정도로 이 내러티브는 아주 놀라운 방식으로 전개된다.

이 내러티브의 구성(plot)이 어떻게 변화하는가를 살펴보면 다윗이 의도한 계략의 성격을 정확하게 파악할 수 있다.

14-15절: 다윗이 명령을 내린다: "우리아를 맹렬한 싸움에 앞세워 두고…그로 맞아 죽게 하라."

16-17절: 왕이 내린 명령이 실행 완료되었음을 간결히 언급한다: "헷 사람 우리아도 죽으니라."

18-24절: 요압이 다윗에게 사람을 보내 전투 결과를 보고한다. 내러티브 안에서, 요압은 그가 직면한 상황을 정확히 이해한다. 그리고 그 상황—특히 왕의 명령이 어떻게 실행되었는지—을 겨우 두 절 안에 축약적으로 모두 담아냈다는 사실이 너무나 놀랍지 않은가! 정작 왕에게 전하는 보고문을 둘러싸고 있는 일곱 개의 절은 그

내용을 구체적으로 말하지 않는다. 이는 매우 시의적절한 이중성이다.

25절: 다윗이 요압에게 전할 말(회신)을 전령을 통해 전달한다: (우리아가 죽었음을 확인하고) 다윗은 비로소 안도한다. 그가 취한 계략이 일단 실효를 거두었기 때문이다. 다윗은 2-5절에서 자신이 저지른 악행 때문에 벌어진 일이 이제 아무도 모르게 지나간 일로 덮일 것이라고 생각한다. 하지만 그렇게 생각하는 사람은 오직 다윗 혼자뿐이다.

우리아에 관한 언급들을 통해서도 이처럼 정교하게 잘 짜인 진술을 구성해 볼 수 있다. 내레이터는 다윗 대신 우리아를 주연 배우처럼 묘사한다. 비록 우리가 살펴보고 있는 내러티브 안에서 우리아가 모든 사건과 장면에 등장하는 것은 아니지만 말이다. 결국 이 장면은 사건의 시간 흐름을 의도적으로 숨기거나 건너뛰기도 하면서 내러티브가 진술한 사안들이 성취되어 가는 과정을 그려 나가는 적절한 사례에 해당한다.

15절: 다윗이 내린 명령과 관련하여
  – "우리아를 맹렬한 싸움에 앞세워 두고…"
17절: 그 명령의 실행과 관련하여
  – "헷 사람 우리아도 죽으니라."
21절: 어떤 일이 있었는지를 (왕에게) 보고하는 중에
  – "헷 사람 우리아도 죽으니라."
24절: 왕에게 전달된 보고 내용 사항 중에

- "헷 사람 우리아도 죽었나이다."

그런데 위에 제시한 구절 중에서도 마지막 세 개의 구절인 17절, 21절, 24절 안에 불변화사 '~도'(בַּם 감)가 사용되었다는 사실을 한번 주목해 보자. (왕의 부하 몇 사람이 죽었다는 말 뒤에) "아…그런데… 우리아도 죽었나이다"라는 말이 사족처럼 덧붙는다. 내레이터는 헷 족속 출신인 이 장수에게 독자들의 관심이 지나치게 집중되는 것을 원하지 않는다. 그렇다고 해서 그에 관한 사안이 완전히 묻히기를 바라는 것도 아니다. 우리아에 관한 가장 충격적인 아이러니는 14절에서 확인할 수 있다. 자기를 사지로 몰아넣어 죽게 하라는 명령이 적힌 그 편지를 아무 잘못도 없고, 충직하며, 순전한 우리아가 직접 들고 가서 요압에게 전달한다. 자신이 저지른 잘못과 범죄를 숨기고 은폐하려는 다윗의 비열하고 괴악한 일련의 움직임들을 어떻게 하면 멈추게 할 수 있을까? 그는 아무런 죄책감과 수치심도 느끼지 못하는 것일까? 워터게이트 사건과 이란-콘트라 스캔들(1987년 미국 CIA가 적성 국가라 부르던 이란에게 불법적으로 무기를 판매하고 그 이익으로 니카라과의 산디니스타 정부의 반군인 콘트라 반군을 지원한 정치 스캔들을 가리킨다—옮긴이)이 보여주듯이, 잘못을 감추기 위해 시도된 모든 은폐와 조작은 문제가 되는 잘못 그 자체보다도 더 파렴치하고 가증스러운 일들을 추가적으로 양산해 내기 마련이다.

이 시점에서 다윗이 취한 두 번째 계략을 '죽다'(מוּת 무트)라는 단어를 중심으로 좀더 심층적으로 들여다보도록 하자. 이어지는 내러티브의 흐름을 좌지우지하는 단어가 바로 이 단어이기 때문이다:

15절: "그로 맞아 **죽게** 하라"

17절: "헷 사람 우리아도 **죽으니라**"

21절: "헷 사람 우리아도 **죽었나이다**"

24절: "왕의 부하 중 몇 사람이 **죽고** 왕의 종 헷 사람 우리아도 **죽었나이다**"

죽음에 관한 언급이 무려 다섯 번이나 반복된다. 이 내러티브는 단순히 정보를 전달하려는 의도는 없어 보인다. 왜냐하면 이 이야기가 어떻게 진행되는지 이미 너무나 잘 알려져 있으며, 내레이터가 살아있던 당대에도 해당 이야기가 널리 알려져 있었을 것이기 때문이다. 다시 말하지만, 본문에 기록된 사건 자체를 단순히 서술하는 것이 이 내러티브의 주된 저작 목적이 아니다. 오히려 이 내러티브는 본문에 기록된 내용 그 이상의 의미를 던져 준다. 지금 우리에게 주어진 것 중의 일부는 (당시 그 사건에 관하여) 잊혀지지 않고 기억 속에 남아 있는 내용들이다. 하지만, (당시 그 사건의 결과와 영향에 대한) 추론과 숙고, 그리고 상상의 결과물들도 우리에게 남겨진 것 안에 포함되어 있다. 그렇다면 이 내러티브는 다윗―즉 군사들에게 명령을 내리고 백성이 원하는 바를 얼마든지 들어줄 수는 있지만, 자기 자신에게 명령을 내리거나 그에게 선물로 주어진 생명을 통치하고 다스릴 수 없는―에 관한 진실을 추적해 나갈 수 있도록 상상력을 동원하여 새롭게 구성한 창의적인 작품이다. 애초에 그는 구차하게 목숨을 부지하고 명줄을 이어가는 것보다는 의미있게 죽는 것을 더 잘할 수 있는 인물이었다. 그런데 이제 이 말은 다소 미묘한 느낌을 준다. 왜냐하면 앞서 한 말은 [최소한 이 본문에서는] 자기의 생명을 최고로 중요하게 생각했을 법한 다윗 자신에게 놀라움과 충격을 선사할 것이기 때문이다. 거두절미하고 이 내러티브 본문은 다윗이 죽음의 전달자요 사망의 대리인이라는 사실을 가감없이 보여준다.

우리아를 죽게 하는 데 성공했다는 보고를 받은 후에 다윗이 보인 반응을 살피는 것은 그가 취한 두 번째 계략을 이해하는 또 다른 방법이다. 그의 반응은 썩 점잖지 않다: "이 일을 악하게 보지 말라"(25절, 브루그만의 번역). 여기에 사용된 단어의 선택과 표현이 중요하다. 우리아가 죽었다고 해서 너는 "괴로워하지 말라"는 소리로 들린다. 즉 그 일로 걱정하거나 죄책감을 갖지 말라는 뜻이다. 그러나 본문은 다윗 왕이 도덕적인 문제들을 다르게 다루고 있음을 분명하게 지적한다. 그는 전쟁은 원래 그런 것이라고 얼버무리며 그 일(우리아를 죽게 한 일)을 나쁘게 보지 말라고 선언하는 것처럼 힘주어 말한다(ירע라아). 이 말은 우리아가 목숨을 잃은 것은 특별한 일이 아니며, 큰 군대를 이끄는 우두머리격 장수는 그러한 일에 마음을 두어서는 안 된다는 소리다. (겉으로 보기에) 우리아가 싸움터에서 쓰러진 것은, 그 누구도 예측하거나 통제할 수 없는 방식으로, 벌어진 일이다. 이번엔 이 사람에게 다음엔 저 사람에게 일어날 지 아무도 모른다. 전쟁이란 그런 것이다. 전쟁은 인간을 향한 존엄은커녕 그 누구도 가리지 않는다.

하지만 사무엘하 18장에서 다윗이 그의 아들 압살롬이 죽었다는 소식을 접하고 나서 극도로 비통해 하며 슬퍼하는 모습은 전쟁이 무차별적으로 사람을 해한다는 그의 말과는 잘 어울리는 것처럼 보이지 않는다. 그 장면에서도 (압살롬의 사망 소식을 전달하려는) 전령이 등장한다. 압살롬이 죽었다는 소식을 듣고 왕이 기뻐할 것이라고 여길 만한 충분한 이유가 있었다. 그럼에도 다윗 왕은 압살롬의 죽음보다는 우리아의 죽음을 훨씬 더 좋게 받아들인다. 헷 사람이 아니라, 자기 아들이 생명을 잃었다는 소식을 접했을 때, 그는 그 현실을 달관한 것처럼 마음의 평정을 유지할 수 없었다.

우리아가 죽었다는 소식을 전해온 전령을 뒤로 물릴 때, 다윗은 이미 모든 상황을 잘 알고 있었다. 왜냐하면 그가 바로 그 일을 꾸민 장본인이기 때문이다. 요압 장군 역시 그 일의 전모를 훤히 꿰뚫고 있었다. 요압은 다윗이 꾸민 궤계를 직접 행동으로 옮긴 사람이다. 그는 자신이 무슨 일을 도모하고 있는지 분명히 알고 있었다. 내레이터 역시 이 사건을 처음부터 끝까지 잘 파악하고 있을 뿐만 아니라, 독자들인 우리도 왕궁에 머무르고 있던 다윗 못지않게 모든 시선을 집중한 채 일이 진행되는 과정을 예의주시하고 있었다. 우리는 권력과 힘을, 사적인 목적을 이루기 위해, 공적으로 사용할 때 어떤 결과가 발생하는지도 잘 알고 있다. 뿐만 아니라, 우리는 우리 자신에 대해서도 충분한 인식을 가지고 있다. 요컨대, 우리는 적어도 자신에 대해서 최대한 참고 인내해야 한다는 사실을 알고 있다는 말이다. 그러기에 바로 이 시점에서 우리는 다윗의 진실이 우리 자신에 관한 진실과 같지 않다는 점을 감지하게 된다.

그런데 이 에피소드는 26-27절에서 갑작스럽게 끝나 버린다. 우선적으로, 내레이터는 밧세바가 남편 우리아의 죽음을 어떻게 애도했는지를 짧게 설명하고 나서, 다윗이 그녀에게 수행원을 보내 그녀를 왕궁으로 데려왔다고 설명한다. 이 대목에서 그녀의 이름이 직접적으로 호명되지 않았음을 주목하라. 그녀는 분명히 이름이 있다. 그럼에도 내레이터는 입 밖으로 그녀의 이름이 새어 나오지 않게 각별히 유의한다. 그녀는 오직 "우리아의 아내"일 뿐이다(26절). 이 어구가 바로 해당 내러티브 안에서 그녀가 누구인지를 설명해 주는 정확한 표현이다. 그녀는 다른 그 누구로 오인될 수 없다. 내러티브가 좀 더 진행된 이후에(왕상 1:11), 그녀는 "솔로몬의 어머니"라는 또 다른 신분을 얻게 된다. 그렇게 얻게 된 신분은 그녀의 모든 것을 바꾸어 놓는다. 그러나 그 시점에서도, "솔로몬의 어머니"라는 신분이 "다윗의 아내"라는 신분이 갖는 함의와 중요도를 뛰어넘지 못한다. 그렇지만 적어도 지금 우리가 살펴보고 있는 이 내러티브 안에서 그녀는 다윗이나 솔로몬과 관련된 그 누구로 불리지 않는다. 그녀는 다만 "우리아의 아내"일 뿐이며, 이 호칭은 밧세바뿐만 아니라 다윗이 저지른 일련의 행위들에 대한 재판이 아직 전체적인 심의가 끝나지 않았다는 듯한 느낌을 갖게 한다. 아무리 교활하게 간계를 꾸미고 잔악한 일을 일삼는다 하더라도, 왕이 도모한 모든 처사는 "우리아의 아내"인 밧세바의 참된 신분을 바꾸지 못할 것이다. 처참하게 살해당한 다른 사내의 아내라는 그녀의 진짜 신분을!

이 에피소드의 끝자락이 선사하는 두 번째 놀라움과 충격은 바로 이것이다: "다윗이 행한 그 일이 여호와 보시기에 악하였더라"(27절). 이 사건과 관련하여 야웨 하나님이 처음 언급된다. 물론 여기에 야웨 하나님이 언급되지 않은 채로 내러티브가 끝날 수도 있었을 것이다. 다윗은, 야웨와 상관없이, 자신의 권력과 자유를 마음껏 누리는 것으로 이 일을 끝낼 수 있을 것이라고 생각했다. 그러나, 마지막 순간에, 야웨 하나님이 친히 등장하신다.[32] 야웨께서 나타나실 때면, 그것이 이르건 늦건 간에 어김없이, 그분의 등장과 임재는 결정적인 순간을 창조해 낸다. 야웨께서는 내러티브 전면에서 결단코 제거되지 않으신다. 죄악이 벌어지고 난 후에 그 현장에 뒤늦게 오신 것처럼 비춰질 때 조차도, 그분이 오신 이후에 비로소 얽히고설킨 실타래가 하나씩 풀리기 시작한다.

이 에피소드를 마무리짓는 결론 구절(27절)을 유심히 살펴보길 바란다: "다윗이 행한 그 일이 야웨 보시기에 악하였더라." 해당 문장은 매우 짧지만, "이 일을 나쁘게 보지 말라"(25절, 브루그만의 번역)는 다윗 자신의 생각에 대해 모순되는 의미를 의도적으로 표출한다. 비록 (히브리어 본문을 영어로 번역하는) 관례적인 번역 작업으로 인해 그 평행적인 구도가 거의 사라지고 말았지만, 이 모순은 완벽하다. 이 사안과 관련하여 그 평행을 보존해 놓은 킹제임스 흠정역 역본(KJV)이 그나마 내가 검토한 바와 가장 가까운 번역이다:

---

[32] 이 상황과 평행을 이루는 문학적 장치를 나봇 이야기가 나오는 왕상 21장에서도 찾아볼 수 있다. 해당 내러티브는 구성(plot)과 관련된 문제가 해결되었기 때문에 16절에서 확실하게 결론에 도달한다. 그러나 17절에서, 다시 밀헤 결론에 도달한 이후에, 야웨의 말씀이 엘리야에게 임한다. 요컨대 문제를 비로소 신학적으로 다루는 시점이라는 것이다. 수사적으로는, 예언자의 등장으로 인해, 이야기가 중단되지 않고 계속된다. 그렇지 않으면 이야기는 그 순간 끝나 버리고 만다. 다윗 이야기도 마찬가지다. 이와 관련해서는 다음 글들을 보라: J. Maxwell, Miller, "The Fall of the House of Ahab," VT 17 (1967): 307 –24; Burk O. Long, 1 Kings, FOTL 9 (Grand Rapids: Eerdmans, 1984), 223 – 30; 그리고 Yair Zakovitch, "The Tale of Naboth's Vineyard," in The Bible from within: The Method of Total Interpretation, edited by M. Weiss (Jerusalem: Magnes, 1984), 379–405

KJV: Let not this thing displease thee

[개정개역: 이 일로 걱정하지 말라](25절).

KJV: The thing…displeased Yahweh

[개정개역: 그 일이 야웨 보시기에 악하였더라](27절).

하지만 킹제임스 역본에 사용된 'displease'(심기를 불편하게 만들다)라는 단어는 의미의 강도가 좀 약하다. 히브리어 원문에는 '악하다'(רָעַע 라아)라는 단어가 사용되었기 때문이다. 토라 공동체가 악하다고 간주하는 행동임에도 불구하고 칙령을 내려 그것이 악하지 않다고 선언한 왕의 결정문이 지금 우리 앞에 놓여 있다. [다윗 자신이 보기에] 그의 행위는 악하지 않다. 왜냐하면 왕위에 앉아 무소부재의 권력을 휘두르는 자가 보기에는 지극히 평범한 수준의 도덕과 윤리가 쉽사리 눈에 띄지 않기 때문이다. 이 부조화와 모순을 효과적으로 축소시킬 수 있다고 하더라도, 이 내러티브는 다른 그 무엇보다도 최우선시 되어야 할 옳고 그름의 문제와 더불어 그것을 결정해야 하는 장본인에 관한 윤리적 위기를 에둘러 꼬집는다. 다윗은 예언자들이 지탄하는 그런 일을 범했기 때문이다:

악을 선하다 하며 선을 악하다 하[는]…자들은 화 있을진저 (사 5:20)

선을 구하고 악을 구하지 말지어다 (암 5:14)

악을 미워하고 선을 사랑하[라] (암 5:15)

너희가 선을 미워하고 악을 기뻐하여 (미 3:2)

사람아 주께서 선한 것이 무엇임을 네게 보이셨나니 (미 6:8)

자, 이렇게 진실이 서서히 드러나기 시작한다: 다윗의 진실. 우리는 이제 다윗이 어떤 사람인지 잘 알고 있다. 하지만 아직 우리가 모르는 것이 있다. 다윗은 이 위기 상황을 어떻게 헤쳐 나갈까? 요컨대, 다윗이 "악을 선하다"고 한 이후, 야웨께서 사건의 전면에 등장하시면서, 그가 취한 일련의 악한 행동들이 낳은 부정적인 결과들을 정작 다윗은 어떻게 해결해 나갈 것인지, 그 뒷이야기가 궁금해진다.

문제 상황을 해결하기 위한 세 번째 해결책

사무엘하 11장 2-5절에 기록된 사건이 초래한 문제적 상황을 해결하기 위해 다윗이 취한 세 번째 해결책을 살펴볼 차례가 되었다. 내러티브 기록(삼하 12:1-15)을 유심히 들여다보면 확인할 수 있는 것과 같이, 이 내러티브 섹션은 문제의 사건을 전혀 미묘한 방식으로 다루지 않는다. 다만 새로운 요인으로 야웨와 야웨의 예언자가 이야기 전면에 등장한다. 다윗은 여전히 왕이지만, 우리아의 죽음이 가져온 여파도 그대로 남아 있다. 그러나 결정적으로 야웨께서 내러티브 한복판에 나타나신다. 다윗이 취하려 했던 첫 번째 해결책은 온전히 다윗의 진실이라고 보기 어렵다. 단지 문제적 상황을 손쉽게 해결하고자 하는 그의 바람에 지나지 않기 때문이다. 두 번째 해결책 역시 전적으로 다윗에 관한 진실이 반영되었다고 볼 수 없다. 왜냐하면 거기엔 야웨께서 당신의 모습을 드러내시지 않았기 때문이다. 그러나 이제 우리는 새로운 방식으로—즉 야웨께서 그 한가운데에 좌정하심으로써— 드러난 다윗의 온전한 진실을 인식하게 된다. 이 에피소드에는 앞에서 본 바와 같은 다윗의 교활하고 사특한 모습을 상쇄시켜 주는 도덕적이고 윤리적인 다윗의 진심어린 마음가짐과 태도가 그려진다. 이 내러티브는 다음 두 구절에 의해 둘러싸여 있다:

여호와께서 나단을 다윗에게 보내시니(1절)
나단이 자기 집으로 돌아가니라(15절)

처음에 나단을 보내는 존재가 다윗이 아니라 야웨라는 사실이 매우 중요하다. 상황이 전환되고 있음을 알려주기 때문이다. 다윗은 더 이상 사건과 상황을 주도적으로 이끌어 가는 주체가 아니다. 다만 그는 야웨의 말씀을 전달받는 수신자일 따름이다.

사무엘하 12장 1–5절은 한 가지 비유와 그것을 들은 다윗의 반응을 묘사한다. 여기에 나오는 비유는 그 자체만으로도 눈여겨볼 가치가 있다. 비유가 탁월하다면 다방면으로 효과를 거두기 마련이다. 하지만 우리가 관심을 갖고 주목하려는 것은 비유가 대화를 주고받는 당사자들 사이의 의사소통을 더 원활하게 하기 위한 목적으로 선택된 문학적 장르라는 사실이다. 우리가 주시하고 있는 내러티브(삼하 12:1–5)에 묘사된 상황을 고려하면 이 점은 더욱 자명해진다.[33] 당대 사람들 중에 누가 왕과 그의 권력에 관한 이야기를 직접

---

[33] 기존의 전통과 인습에 고착된 세계관을 뒤흔드는 비유의 기능에 대해서는, John Dominic Crossan, *The Dark Interval: Towards a Theology of Story*, 2nd ed. (Sonoma, Calif.: Polebridge,

적으로 입 밖에 낼 수 있겠는가? 특히나 왕의 통치와 정권이 밑바닥부터 부패하고 타락했다면 더욱 그러기 힘들 것이다. 권력자에게 사실을 고하는 것이라면 어느 정도 허용될 수 있겠지만, 그 사실이 힘을 소유할 뿐만 아니라 영향력을 행사하게 되는 경우라면, 그것은 아주 은밀하고 조심스럽게 전달되어야만 한다.[34]

다음으로 사무엘하 12장 6-12절에는 다윗이 저지른 죄악된 일련의 행동들과 그가 취하려 했던 사특한 궤계를 결코 용납하지 않는 법정적 선고와 판결이 뒤따라 선언된다. 문제시되었던 상황에 대한 비유가 언급된 뒤에, 이처럼 전형적인 법정적 소송 양식을 즉각적으로 배치한 것은 피고 즉 법적 책임이 있는 자로 하여금 상상력까지 동원하여 아주 쓰라린 아픔을 경험하게 만든다. 마치 그 비유가 일종의 열린 결말로 끝나는 것 같은 느낌을 주는 바로 그 때에, 법정적 소송 양식이 문제의 핵심을 확고부동하고 명료하게 설명한다. 기소는 하나님께서 다윗을 위해 은혜를 베푸신 지난날의 발자취를 회상함으로써 언약적 담화 구조에 충실히 따르는 방식으로 시작된다. 과거에 야웨께서 다윗에게 베풀어 주신 은혜로운 구속의 역사를 회상하는 장면은 사무엘하 7장 8-10절을 연상시킨다. 그러나 공교롭게도 하나님의 크고 놀라운 은혜의 손길이, 이 법정적 소송을

1988)을 보라. Crossan이 나중에 더 전문적인 연구를 반영한 확장본을 출판했지만, 지금 우리가 진행하는 토론과 관련해서는 지금 소개하는 책이 고전과 같다.

[34] 권력에 직면하여 비유로 말하기 위해서 갖추어야 할 필요 사항은 소속된 문화에 철저하게 동화된 교회에서 복음을 선포하는 것과 상당히 유사하다. Fred B. Craddock, *Overhearing the Gospel* (Nashville: Abingdon, 1978)을 보라. Craddock은 쇠렌 키에르케고르의 방법론을 사용하여 복음을 "엿들음"이라는 주제를 연구했다. 직접적인 의사소통은 호선된 방식이다. 따라서 또 다른 형태의 의사소통 방식이 수립되어야 한다.

통해 판결이 선고되게 한 다윗의 범죄 행위 자체를 없었던 것으로 취소시키진 않는다: "당신이 그 사람이라"(7절). 예언자 나단의 이 선언은 과거에 밧세바가 짧지만 통렬하게 다윗에게 전했던 말과 잘 어울린다: "내가 임신하였나이다"(삼상 11:5—옮긴이). 이렇게 다윗은 땅과 하늘로부터 끔찍한 진실을 듣게 된다. 그 여인은 다윗에게 "내가 임신하였나이다"라고 전했다. 그리고 지금 예언자 나단은 "당신이 그 사람이라"라고 그를 죄인으로 지목한다.

그리고 마침내 사무엘하 12장 9절에 가서, 다윗은 부인할 수 없는 중대한 범죄 혐의 사실들로 인해 기소되고 만다. 다윗은 결코 반박할 수 없다. 이 기소장에는 끔찍할 정도로 무서운 표현들로 가득 차 있으며 또한 논박의 여지가 전혀 없다. '너는 야웨 보시기에 악한 짓을 저질렀다!' 이 기소의 내용은 사무엘하 11장 27절 하반절과 사실상 동일하다. 다윗이 저지른 일련의 행위가 당신과 야웨의 눈에 달리 보였을 수도 있다고 말하고 싶다면 그것은 결코 적절한 판단이 아니다. 다윗 왕과 또 그의 사주를 받아 살인청부업자처럼 우리아를 죽음으로 내몬 요압에게는 선과 악을 중간에서 조정하고 판단할 수 있는 자격이 주어지지 않는다. 그들이 저지른 행위는 악할 뿐이며, 왕이라는 신분이 가져다줄 수 있는 면책특권이 개입될 여지도 전혀 없다. 그를 기소하는 기소장에는 그의 혐의 사실이 삼중적으로 적시되어 있다(삼하 12:9을 보라):

너는 헷 사람 우리아를 칼로 쳐 죽였다(히브리 원문).
너는 그의 아내를 빼앗아 네 아내로 삼았다.

> 너는 그를 암몬 자손의 칼로 죽였다.

위의 기소 내용 중에서 '죽이다'라는 가혹하고 폭력적인 뜻을 가진 단어가 눈에 띈다. 앞에서 다룬 내러티브에서 핵심적인 동사는 '죽다'(מות 무트)였다. 그런데 여기에서는 '죽이다' 혹은 '살해하다'라는 의미의 '하라그'(הרג) 동사가 사용되었다. 사무엘하 11장에는 수사적(rhetorical) 목적으로 "우리아가 죽었다"고 담담하게 진술되어 있지만, 본 구절에서 나단은 이를 바로잡는다. "너는 그를 죽였다"(RSV, "살해했다"). 이는 분명 다윗이 취한 행위를 가리킨다. 우리아의 죽음은 자연스럽게 벌어진 행위에 따른 수동적인 결과처럼 해석될 수 없다. 오히려 비난받아 마땅한 큰 죄악된 행위의 결과로 해석되어야 한다. 수동태 동사로 진술된 문장은 그 뜻과 의미를 정확히 밝히지 않는 경우가 종종 있다. 왜냐하면 (수동태로 사용된) 동사들은 때때로 행위의 주체를 명확하게 언급하지 않은 채 그 행위만을 묘사하기 때문이다: "11시에 폭탄이 투하되었다." 하지만 이와 달리, 어떤 행위를 실행한 행위자의 정확한 위치를 찾아내고 그 행위에 대한 답을 제시하라고 요청할 수 있다는 점이 바로 내러티브의 강점이다.

기소장에 적시된 바대로, 다윗을 향한 비난과 고발은 이의를 제기하거나 반박할 수 있는 여지를 주지 않은 채 빠르고 짧게 종결된다. 그러나 다윗이 저지른 일련의 행위에 대해 예언자 나단의 입을 통해 선고된 판결 내용은 다소 복잡하다(삼하 12:10-11; 16:22도 보라):

칼이 네 집에서 영원토록 떠나지 아니하리라…내가 너와 네 집에 재앙을 일으키고, 내가 네 눈 앞에서 네 아내를 빼앗아 네 이웃들에게 주리(라)

그런데 공교롭게도 이 선고 내용 안에도 '재앙' 즉 '악'(רָעָה 라아)이라는 단어가 포함되어 있다. 이 단어는 계속해서 나타난다. 패트릭 밀러(Patrick D. Miller)는 나단이 선고한 판결문이야말로 해당 사안들에 관해 성경이 어떻게 생각하는지를 보여주는 모델처럼 기능하고 있음을 정확하게 간파했다:

특별히 다윗이 저지른 악행들을 지칭하는 רָעָה(라아)와 그에 대한 반응으로 야웨께서 일으키실 재앙들을 가리키는 רָעָה(라아) 이 두 가지 경우에서 간략히 도출해 낼 수 있는 일반적이면서도 신학적인 진술이 있다면 그것은 보응이라는 주제에 관한 한 가지 전형적인 예라고 말할 수 있을 것이다. רָעָה(라아)는 רָעָה(라아)를 낳는다. 인간이 범한 죄악된 행위인 רָעָה(라아)는 그 행위에 상응하는 심판과 처벌인 רָעָה(라아)로 이어진다. 그러니까 서로 상응하는 장치를 나타내는 한 가지 모델이 제시된 것이다: [인간이 범하는] רָעָה(라아) – [하나님께서 그에 응하도록 반응하시는] רָעָה(라아). 이러한 일반적인 모델은 몇 가지 다른 예들을 통해 보응의 형태와 방식을 뒷받침해줄 뿐만 아니라, 어떤 의미에서는 죄와 심판 사이에서 보응에 관한 신학적인 토대로 인식될 수도 있다.[35]

---

[35] Patrick D. Miller Jr., *Sin and Judgment in the Prophets: A Stylistic and Theological Analysis*, SBLMS 27 (Chico, Calif.: Scholars, 1982), 83.

여기에는 왕의 권력에 대한 위협이 도사리고 있다. 뿐만 아니라 완전히 굴욕적인 요인도 포함되어 있다. 예언자 나단을 통해 진행된 법정적 소송의 과정과 결말은 다윗을—그리고 독자들인 우리까지도—놀라움에 사로잡히게 만든다. 다윗은 그가 저지른 악한 행위들의 댓가를 선수치듯이 치고 빠질 수 있을 것이라고 생각했었다. 하지만 내레이터는 그가 그럴 수 없다는 것을 잘 알고 있다.

그러나 이것 말고도 또 놀랄만한 일이 한 가지 더 있다. 다윗은 돌이켜 회개한다! "내가 여호와께 죄를 범하였노라"(삼하 12:13). 이 시점에서 그가 회개할 것이라고 그 누가 상상이라도 했을까? 법정적 소송을 통해 그가 저지른 악행들이 하나하나 낱낱이 언급되고 판결까지 선고된 이후에 다윗이 회개한 것은 그가 밧세바-우리아가 연루된 문제적 상황을 해결하기 위해 두 번째 해결책을 취한 다음에 벌어진 일이다. 자신이 저지른 죄를 시인하고 회개하는 다윗의 반응은 문제적 상황을 일시적으로나마 해결 국면으로 이끈다: 다윗은 죽지 않을 것이다(13절). 그러나 비극적이게도 다윗과 밧세바 사이에서 태어난 아이는 반드시 죽을 것이다(14절). 즉각적으로 죽음이 다윗 자신을 엄습하지는 않겠지만 사망이 늘 그의 주변을 서성인다. 길게 내다보자면, 죽음이 계속 맴도는 것 같은 상황에서 사는 것보다 죽는 것이 더 나을 지도 모를 일이다.

가장 흥미로운 구조적인 질문은 아마도 사무엘하 11장과 사무엘하 12장의 관계일 것이다.

사무엘하 12장을 사무엘하 11장과 대비해서 살펴보면 꽤나 교훈적인 면모를 발견할 수 있다. 그렇다고 해서 사무엘하 12장이 사무엘하 11장의 내용과 의미를 취소시킨다고 말할 수 있을까? 또 사무엘하 11장을 단지 사무엘하 12장의 본격적인 전개를 준비하는 예비적인 단계로 간주할 수 있을까? 이러한 질문들은 문학적인 질문들인 동시에 신학적인 질문들이다. 왜냐하면 사무엘하 11장과 12장은 일반적인 개념을 넘어서는 자기기만적 자유와 그에 따르는 끔찍하고 무서운 책임에 대한 문제를 다루고 있기 때문이다. 이 두 가지 차원이 결합된 그 한 가운데에 한 인간으로서의 다윗과 모든 인간의 고통스러운 진실이 자리하고 있다. 사무엘하 11장과 12장을 함께 살펴보지 않으면 그 진실을 선명하게 포착할 수 없다. 내레이터는 이 두 가지 관점 중에 어느 하나만을 선별적으로 취하지 않는다. 아니 그럴 수가 없다. 다윗의 고통스러운 진실은 위에서 다룬 대안적인 해결책들 사이 어딘가에 위치해 있다. 마지막으로 살펴본 세 번째 해결책이 말하는 결정적인 목소리는, 다윗과 우리의 속내가 고스란히 반영된 첫 번째와 두 번째 해결책의 영향력을 결코 무효화하지 않는다.

존 F. 케네디(John F. Kennedy) 대통령이 암살당하는 사건이 일어난 후 얼마 지나지 않아서, 미국 행정부의 일원이었던 패트릭 모이니한(Patrick Moynihan)은 앞으로 어떻게 삶을 재개해야 하는가를 묻는 질문에 대해서 다음과 같이 적절하게 대답했다. "우리는 다시 웃을 것입니다. 그렇다고 해서 우리가 다시 어려지진 않을 겁니다." 이것이야말로 다윗과 함께 그리고 이 내러티브 세계에 들어온 모든 이들과 함께 진실을 찾아가는 방법이다. 다시 젊어지진 않겠지만, 다윗은 물론 그와 함께한 모든 사람들은 또 다시 웃을 것이다!

3장

왕국의 확실한 진실

사무엘하 5장 6절 ~
8장 18절

앞의 두 장에서 우리는 "다윗의 급부상"(1장)과 "[왕위] 계승 내러티브"(2장)로 불리는 두 개의 확장된 내러티브 문단을 살펴보았다. 나는 이 두 개의 커다란 내러티브 섹션들이 각기 다른 지향점과 상이한 진행 방식을 갖고 있을 뿐만 아니라, 서로 구별되는 사회적인 기능을 수행하고 있음을 입증하고자 적잖이 노력했다. "다윗의 급부상"을 다루는 첫 번째 내러티브 문단은 지파의 염원과 유익을 위해 그 대표적 인물(the chieftain)을 무비판적으로 지지하는 성격이 강한 반면에, "[왕위] 계승 내러티브"로 불리는 두 번째 내러티브 문단은 자신이 초래한 혼란한 상태에서 허우적거리고 있는 "그 사람"(the man)을 향한 비판적이고 반성적인 인식이 반영되어 있음을 확인했다. 그리고 이제 다윗에 관한 진실을 탐험하는 세 번째 길을 "왕국의 확실한 진실"이라고 명명하고 그 특징들을 살펴보고자 한다.

예비적 탐구

우리가 다루려는 성경 본문(삼하 5:6-8:18)을 본격적으로 들여다보기 이전에, 비판적인 사안 두 가지를 예비적으로 언급하는 게 좋을 것 같다. 첫째, 내가 "왕국의 확실한 진실"이라는 제목으로 검토하려는 본문은 사무엘하 5-8장, 특히 7장과 8장이다. 이 본문이 결정적으로 중요한 것은 틀림없지만, 우리가 다루려는 비판적인 사안들은 다소 모호하기도 하며 그 평가에 대해서도 수정이나 조정의 여지가 있다. 대부분의 학자들은 지파 이야기를 사무엘하 5장 어느 지점에서 마무리하려는 경향이 있다: 앤소니 캠벨(Anthony F. Campbell)은 사무엘하 5장 12절 다음 부분까지 해석을 이어가다가 사무엘하 9장에서 [왕위] 계승 내러티브에 관한 논의를 시작한다.[1] 데이빗 건(David M. Gunn)은 캠벨과 다른 방법으로 내러티브를 분할하되, 사무엘하 2-4장을 [왕위] 계승 내러티브에 포함시킨다.[2] 혹자들이 건의 분할 방식을 수용하여 [왕위] 계승 내러티브가 사무엘하 전반부에서부터 시작한다고 간주하기도 하지만, 그들은 사무엘하 2-4장을 부분적으로 둘러싼 사무엘하 5-8장은 여기에 포함시키지는 않는다. 리차드 칼슨(Richard A. Carlson)[3]이나 로버트 알터(Robert Alter)[4]의

---

[1] Anthony F. Campbell, *The Ark Narrative*, SBLD 16 (Missoula, Mont.: Scholars, 1975).
[2] David M. Gunn, *The Story of King David: Genre and Interpretation*, JSOTSup 6 (Sheffield: JSOT Press, 1978), chap. 4.
[3] Richard A. Carlson, *David, the Chosen King: A Traditio-Historical Approach to the Second Book of Samuel*, trans. E. J. Sharpe and S. Rudman (Uppsala: Almqvist and Wiksells, 1964).
[4] Robert Alter, The Art of Biblical Narrative (New York: Basic Books, 1981), 119 n. 1. Alter의 더욱 일관된 해석을 위해서는, *The David Story: A Translation with Commentary on 1 and 2 Samuel* (New York: Norton, 1999)를 보라.

주장에 동의하는 학자들 정도만 사무엘하 5-8장을 포함시킬 뿐이다. 하지만 위에서 지적한 것처럼, 칼슨이나 알터도 우리가 지향할 만한 해석법을 제시하지 않았다. 즉 칼슨은 학자들로부터 의미있는 지지를 이끌어내지 못했으며, 알터는 실질적인 해석을 제시하지 못했다. 해석이나 표현 방식은 얼마든지 다양할 수 있지만, 일반적으로 학자들은 사무엘하 5-8장이, 아무리 적어도 사무엘하 6-8장이, 우리가 지금까지 천착해 온 다윗에 관한 핵심 내러티브와 직접적인 연관성이 없다고 생각한다.

둘째, 내가 이 장을 일컫기 위해 제목으로 붙인 "왕국의 진실"이라는 어구를 주목하길 바란다. 사실 이 어구는, 1장에서 "지파의 진실"이라는 제목 아래 시도했던 토론 내용들과 대비시키기 위해서 채택한 것이다. 나는 지파(tribe)와 지파 연합체계인 국가(state)가 고대 이스라엘에 등장하는 핵심적인 사회 모델이라는 인식을 갖고 있다. 이런 맥락에서 나는 노만 갓월드(Norman K. Gottwald)가 분류해 놓은 사회적 범주들을 수용한 셈이다.[5] "지파"는 평등을 표방하는 사회적 모델이지만, "국가"(도시 국가를 지칭하는 것이 아님)는, 엘리트 지배층이 생산 수단을 독점하고 사회적 권력까지 그들에게 집중시킬 수 있는, 완전히 전환된 사회 조직체다.

이러한 사회적 차이점(하나의 모델로 제시하는 것이지 경험적으로 주장하는 것은 아님)은 결국 정치적이고 경제적인 힘을 가리킨다. 그러나 내가 이 사안을 두고 주장하려는 것은 인식론상의 전환이 함께 공

---

[5] Norman K. Gottwald, *The Tribes of Yahweh: A Sociology of the Religion of Liberated Israel 1250-1050 B.C.E.* (Maryknoll, N.Y.: Orbis, 1979), 293-337.

존한다는 점이다. 요컨대 정치적 힘과 경제적 수단을 독점하는 데 유용해야 진실로 인식할 수 있게 되었다는 말이다. 이러한 경우, 진실은 의도적이면서도 계획적으로 통치의 효율성을 높이는 수단과 방법으로 "이해 관계가 있는" 그 무엇으로 존재하게 된다. 그리고 진실은 그렇게 희소 시스템에 휘말려 버리고 만다. 결과적으로, 독과점에 의해 (정치적 권력과 경제적 수단의) 희소성이 양산되는데, 이를 통해 소수의 사람들은 다수를 희생시켜 지나치게 많은 정치적 힘이나 경제적 수단과 재화를 지속적으로 독차지한다.[6] 생산된 재화들

---

[6] Gottwald는 재화와 생산 수단을 독점한 나라가 용인하고 승인한 경제적 불평등에 의해 양산된 소작농 사회를 이스라엘이 점령한 것이라고 주장한다(앞의 책, 584-87 그리고 도처에서). 여기서 "소작농"(peasant)은 지배층이 노동자들을 희생시켜 정기적으로 "잉여 가치"(surplus value)를 착취하는 경제적 형태를 의미한다. James W. Flanagan의 매우 탁월한 논의도 함께 주목해서 살펴보기 바란다: "Social Transformation and Ritual in 2 Samuel 6," in *The Word of the Lord Shall Go Forth: Essays in Honor of David Noel Freedman in Celebration of His Sixtieth Birthday*, ed. C. L. Meyers and M. O'Connor (Winona Lake, Ind.: Eisenbrauns, 1983), 361-72. Flanagan은 내가 주장하려는 사안과 관련하여 매우 견고하고 중요한 토대를 제공해 준다. 첫째로, 그는 재화를 생산하기 위해 필요한 재료가 변화된 사회적 추이를 잘 보여준다는 사실을 인식한다:

> 이스라엘은 삼하 5:13-8:13에 기술된 사건들에 의해 복속과 굴종에서 놓임을 받는다. 다윗의 리더십 아래, 야웨를 신앙하는 사람들(Yahwists)은 거대한 세력에 의해 포위된 상황 가운데 그 태세를 방어에서 공격으로 전향적으로 전환한다…중앙집권화와, 지파의 벽을 넘어서되 그 체계보다 우위를 점하는 지배 체제는, 필수불가결하게 특별 핵심 엘리트 층에게 경제-정치적 유익을 부여한다는 점에서 계층과 사회적 차별을 전제했다…사회 과학자들은 사실상 통치의 정당성을 새로운 권력 구조를 위한 최고의 필수 안정장치로 손꼽는다. 또 이들은 새로운 (정치든 경제든) 구조가 전통적 가치 위에 쉽사리 정착되기 어려울 때 통치나 정권의 합법성 내지는 정당성에 대한 요구가 특별히 더 커진다는 사실도 주목해 왔다.

둘째, Flanagan은 문학적으로 유기적인 통일성을 보이는 구조는 의도적으로 주도면밀하게 저작된 것이지 아무렇게나 모아 놓은 선집이 아님을 가리킨다고 주장한다(내가 알기로, 이것이 그가 제안한 첫 번째 주장이다). 그렇게 저자의 의도가 잘 반영된 문학적 구조라고 한다면 실질적인 사안들과 심층적인 연관성을 반영하기 마련이다. 그래서 그는 우리가 살펴보려는 내러티브가 세 개의 짝을 이루는 여섯 가지 요소들을 갖고 있다고 주장한다(361):

이 희소 체계 안에 편성되면, 인식론적 차원의 문제들도 분배를 지탱하고 지속시킬 수 있도록 취급되기에 이른다. 한 나라의 대외비는 체제 내에서 은밀하게 전달되고 또 철저히 보호된다. 게다가 검열 시스템은 필수다. 뉴스도 관리와 통제 속에 방송된다. 어떤 사회든지 이와 같은 특징들을 어느 정도는 갖고 있다. 비록 마을 안 우물가에서 아낙네들이 수다를 떨며 험담과 소문을 풍선처럼 부풀려 만들어 내기도 하지만 말이다. 그럼에도 불구하고, 정치적 권력과 경제적 가치의 독점이 지식과 정보의 독점으로 이어진다는 점은 너무나 자명한 사실이다. 이를 현대적인 언어로 표현하자면, 정보의 희소성과 통제의 시행 및 관리는 정치 사범들의 숫자와 연관성이 있다고 말할 수 있다. 아무튼 이와 같은 방식으로 사고를 확장해 나가면, 성경 독자들은 솔로몬 정권이 취했던 통치 기조를 그리 어렵지 않게 떠올릴 수 있을 것이다.

나는 지금 사무엘하 5장 6절-8장 18절 중에서도 특히 사무엘하 7-8장에 묘사된 다윗을 집중적으로 조명하는 한편, 그에 관한 사회적이고 인식론적인 방향으로의 전환을 조심스럽게 시도하고 있음을 독자들에게 환기하고 싶다. 이러한 전환을 굳이 역사적 다윗과

언약궤의 이전(삼하 6:1-20) ⋯▸ (다윗) 왕조에 관한 신탁(삼하 7:1-29)
블레셋과의 전쟁(삼하 5:17-25) ⋯▸ (다윗) 왕국의 전투들(삼하 8:1-14)
다윗의 자녀들(삼하 5:13-16) ⋯▸ 다윗의 휘하 부하들(삼하 8:15-18)

위에 쌓을 이루는 요소들은 각각 이동과 통치의 상승 국면을 보여준다. Flanagan은 다음과 같이 온당하고 통찰력 있는 결론을 내린다: "제의(rituals)의 구조와 그것을 매개로 하는 사회적 전이(social transitions)의 구조 사이에 상징적인 연관성이 존재한다⋯"(369). 나는 여기에 제시된 제의적 구조뿐만 아니라 사회적 전이를 새로운 형태의 사회적 세력으로 매개해 주는 문학적 구조도 덧붙여야 한다고 생각한다.

의 연관성이라는 각도에서 다룰 필요는 없다. 더구나 이러한 전환이 그와 관련된 어떤 역사적 순간에 이루어졌다고 말할 필요도 없다. 프랭크 크로스(Frank M. Cross)와 상당 수의 학자들은 사울 왕 체제에서 다윗 왕 체제로의 전환보다는 다윗 왕 체제에서 솔로몬 왕 체제로의 전환이 더 결정적으로 중요하다고 주장한다.[7] 왜냐하면 이스라엘의 삶의 방식과 인식론 체계를 완전히 새롭게 재형성한 인물은 다윗이 아니라 바로 솔로몬이기 때문이다. 그렇다면 사무엘하 7-8장 본문이 다윗 보다도 솔로몬 왕정 체제의 구성 요소들을 이미 어느 정도 반영하고 있다고 주장하는 것도 얼마든지 가능하지 않을까? 또 사실이 그렇다. 이와 같은 방식으로 해당 성경 본문의 기원과 출처를 다시금 깊이 연구해 보는 것은 새로운 진실을 제시하는 한 방법이며, 솔로몬 왕정이 다윗이라는 인물이 갖는 정치적 위치와 상징적 의미를 십분 활용했다는 결론을 낳는다.

방금 전에 제시한 사안의 입증 가능성의 여부는 사무엘하 7-8장을 이해하고 해석하는 데 매우 중요하게 작용한다. 왜냐하면 위에서 언급한 사회적 전환은 매우 유사한 방식으로 인식론적 전환으로 이어짐과 동시에, 내러티브의 의도 역시 전환된다는 것을 의미하기 때문이다. 즉 성경을 해석하는 데 고려해야 할 대부분의 중요 요인들과 관련이 있다는 뜻이다. 우리 앞에 놓인 것은 단순히 문학적 단락 하나에 지나지 않는 것이 아니라—그저 [왕위] 계승 내러티브의

---

[7] Frank M. Cross, *Canaanite Myth and Hebrew Epic: Essays in the History of the Religion of Israel* (Cambridge: Harvard Univ. Press, 1973), 237-41. George E. Mendenhall, "The Monarchy," *Int* 29 (1975): 155-70도 참고하라.

한 부분에 그치는 것이 아니다—서로 다른 소재와 내용으로 이루어진 자료들의 모음집이다. 이 모음집은, 해당 성경 본문이 정당성을 부여하고자 하는 사회적 변화들과 연계하여 해석할 때, 가장 효과적으로 이해할 수 있다.

방법론에 영향을 주는 요인들

훌륭한 문학 작품으로서의 특성을 두루 갖춘 이 내러티브를 읽고 해석하기 위해 고려해야 할 범주들의 윤곽을 정하려면 다음 두 가지에 관한 논의들을 숙고해야 한다. 그 두 가지 중 첫 번째는 스테판 하임(Stefan Heym)의 저작인 *The King David Report*이다.[8] 하임은 독일 문학계에 속한 작가로서 이 소설은 하임이 과거 동독에서 살던 시절에 쓴 것이다. 이 작품에서 하임은 어떻게 다윗에 관한 자료들이 오늘날 우리가 성경 본문을 통해서 확인할 수 있는 최종적인 형태로 기록되었는지에 관한 개념을 정립한다. 그래서 하임은 솔로몬왕의 주도 아래 그의 통치의 정당성을 강조하기 위한 일환으로 다윗을 칭송하는 시나 산문을 써내는 일을 관장하는 부서가 따로 설치되었다고 주장한다. 그렇다면 그 담당 부서가 맡은 직무는 특별히 정치적인 목적이 반영된 글을 읽거나 그것을 대하는 다음 세대를 양산해 내는 것이라고 볼 수 있다. 즉 하임은 이 내러티브를 이데올로기적으로 독해한 결과 한 정권과 체제의 유지를 위해 진실이

---

8 Stefan Heym, *The King David Report* (New York: Putnam, 1973). Heym이 쓴 작품들에 대해서는 Walter S. Hollenweger, "The Other Exegesis," *HBT* 3 (1981): 155-60을 보라.

사용되거나 희생된 것으로 이해한 것이다.

이 부서에 속한 일원으로는, 합동참모 본부의 수장이었던 브나야와 솔로몬 시대에 대제사장직을 맡았던 사독이 포함되어 있다. 브나야와 사독은 둘 다 제사장 아비아달과 늙을 대로 늙은 군대 장관 요압이 숙청되는 사건 이후에도 관료제 정글에서 살아남은 생존자들이었다는 사실을 눈여겨보기 바란다(왕상 1:38; 2:26-35). 게다가 이 두 사람은 너무나 이른 시기에 성공가도를 달린 젊은이들이었다. 솔로몬 직속의 그 특별 부서가 존재한 목적은 솔로몬의 통치 체제에 공헌하는 이데올로기를 반영한 문헌들을 만들어 내는 데에 있었다. 그리고 그 특별 부서의 일원들 또한 솔로몬 왕과의 관계를 고려하면서 자신들의 정치적 안녕과 평안을 꾀했을 것이다. 하지만 그들 스스로 솔로몬 왕정과 체제에 부합하고 그 정당성을 부각시키는 이데올로기를 지지하는 정치적 선전 작품들을 만들어내야 했다는 점은 분명 조소거리에 해당한다. 그럼에도 불구하고, 모순처럼 들리겠지만, 그들은 그 일을 매우 생산적으로 그리고 창의적으로 감당했다.

하임이 상상력을 동원해 가정한 바에 의하면, 그 부서는 전문적이면서도 [솔로몬] 정권을 경외심을 가지고 지지하는 서기관을 고용해 그 저작물들을 저술하게 했다. 해당 부서를 관장하는 수장들은 그런 분야에 전문가들이 아니었기 때문이다. 이 익명의 서기관은 그가 감당해 낼 수 없는 프로젝트에 속절없이 투입되었지만, 자신을 고용한 사람들의 심기를 불편하게 만드는 일을 감히 할 수 없었다. 그렇지 않으면 그의 목숨이 위태로워질 수도 있기 때문이었다.

그럼에도 불구하고 이 서기관은 자신을 고용한 이들을 최종적으로 만족시킬 수 없었다. 그들이 지지하고 표명하기 원하는 진실은 기존의 것들과는 완전히 구별되는 매우 색다른 것이었기 때문이다. 최소한 그들은 솔로몬(체제)에 관한 진실을 다른 차원으로 인식하여 제공하기를 원했다.

하임이 주장하려는 요지는, 우리에게 전승된 이 성경 본문이 정치적 이익과 목적을 위해 아주 정교하게 기록되었다는 점이다. 혹자들은 우리가 살펴보고 있는 본문 안에서 그런 특징들을 찾아볼 수 있다고 말할 것이다. 하임은 그러한 (이데올로기적) 용법이 충분히 고려되어야 한다고 제안한다:

깜짝 놀랄 만큼의 눈부신 성공, 하나님을 두려워하는 삶과 영웅적인 행적들, 그리고 경이로운 업적들을 일궈낸 이새의 아들 다윗. 하나님께로부터 친히 왕으로 선택되어 유다에서 칠 년 그리고 유다와 이스라엘에서 삼십 삼 년 동안 왕으로 군림한 솔로몬 왕의 부친인 다윗에 관한 오직 한 가지 유일한 참되고 권위 있으며, 역사적으로 정확무오하고 공식적으로 승인된 기록.

게다가 하임은 "For short called The King David Report"(다윗 왕 기사의 요약판)을 추가한다.[9] 하임이 이 한 가지 지시문으로 다윗에 관한 전체 기사를 다룬다는 점은 분명 눈여겨보아야 할 대목이다. 그는 다윗에 관한 기사를 여러 자료층으로 구분하는 비평학적인 접근

---

[9] Heym, *King David Report*, 39. Siegfried Herrmann은 Heym의 비평학적인 판단을 거부한다 (*Time and History*, tans. J. L. Blevins, BibEncSer [Nashville: Abingdon, 1981], 61). 하지만 나는 Herrmann이 Heym의 비평학적인 판단을 거절했다고 해서 Heym의 해석적 결론까지 반박했다고 생각하지는 않는다.

법을 사용하지 않는다. 그러나 하임의 제안이 흥미로운 이유는 특별히 그가 내세우는 주장과 해당 성경 본문 사이의 긴밀한 연관성 때문이다. 그렇다고 해서 지파에 관한 내용을 서술한 내러티브가 흥미롭지 않다는 뜻은 아니다. 나도 그렇고, 하임도 그런 뜻을 내비친 적은 단 한 번도 없다. 그럼에도 불구하고, 나는 지파에 관한 내러티브 섹션이 왕국에 관한 내용을 서술하고 있는 이 내러티브만큼 주도면밀하게 짜여 있다고는 생각하지 않는다.

나는 하임이 실제로 다윗에 관한 자료들을 있는 그대로 반영하여 그의 저작을 써내려 간 것이 아니라는 사실을 독자들이 정확하게 간파했으면 한다. 그는 다윗에 관한 이야기를 대하면서 스스로 경험하고 느낀 점을 학문적으로 발전시킨다. 왕조를 견고히 하고 왕권 유지를 위해 진실을 조작하는 것도 주저하지 않았던 다윗과 솔로몬 시대의 전체주의 체제를 겨냥하여 비판과 논박을 시도하려는 것이 그의 의도이기 때문이다. 따라서 하임이 빈번히 당대 통치 시스템의 문제를 지적하는 것은 지극히 당연한 결과이다. 그러나 하임은 어떻게 과거에 대한 기억과 회상이 다윗과 솔로몬으로 이어지는 왕정의 권력과 통치 체제를 위한 선전도구로 돌변하는지를 예의주시한 끝에, 우리가 살피고 있는 본문에 그와 같은 현상이 그대로 반영되어 있다는 무모한 주장을 제기하기도 한다.

결론적으로 말해서, 하임의 주장은 다음 두 가지 차원에서 시사하는 바가 크다. 첫째, 다윗에 행적을 상세히 기술하고 있는 이 내러티브의 기원과 관련해서 하임이 시도한 추측과 추정은 상당히 그럴듯하다. 하지만 하임이 가정대로 다윗-솔로몬 왕정의 정권과 통치 체제를 선전하는 행위가 과연 우리가 탐구하려는 신학적 진실을 반영하고 있는지는 여전히 미심쩍다. 둘째, 하임의 논증 방식은 일반적으로 교회와 일반 시민종교 영역에서 성경이 어떻게 읽히고 해석되는지를 정확히 보여준다. 요컨대 우리가 속한 특정 사회나 집단의 이익을 정당화시키기 위해 성경을 선전 도구 중 하나로 간주하는 현상을 두고 하는 말이다. 이 두 가지 차원과 관련하여, 건설적인 비판을 하자면, 일단 다윗-솔로몬의 정권과 통치 체제를 옹호하거나 선전하는 행위 자체는 실제로 성경이 (당대의 이스라엘 백성과 오늘날 독자들에게) 신실한 신앙을 고무시키고 격려하기 위해 사용한 도구라는 점을 많은 이들이 직시하도록 도와주어야 한다고 말하고 싶다. 오늘날 우리도 성경 본문을 그러한 선전 목적을 위해 활용하기도 한다. 캐서린 앤 포터(Katherine Anne Porter, 1890-1980. 퓰리처 문학상을 수상한 미국의 저명한 여류 소설가요 저널리스트—옮긴이)의 생애를 회고하는 최근 글에는 그녀의 인생에 관한 이야기가 "세심한 기준에 따라 엄선된 단편들로 새롭게 구성된 작품"이라고 언급되어 있다. 다윗과 그의 발자취를 따르는 이들의 이야기들도 마찬가지다.

하임 다음으로, 우리가 추가로 논의해야 할 두 번째 문헌은 M. I 스테블린-카멘스키(M. I. Steblin-Kamenskij)가 쓴 *The Saga Mind*이다.[10] 스테블린-카멘스키는 이 책에서 두 가지 종류의 진실이 있다고 말한다. 첫 번째 종류의 진실은 영웅적 인물에 대한 이야기나 그에 관한 사건에 제공된 사회적 의식(social awareness)과 지식의 유형

---

[10] M. I. Steblin-Kamenskij, *The Saga Mind*, trans. K. H. Ober (Odinse: Odense Universitetsforlag, 1973).

(modes of knowledge)에 반영된 진실로서, 스테블린-카멘스키는 이 진실을 "혼합주의적"(syncretic) 진실이라고 부른다. 이 범주에 속한 진실은 역사적인 것과 예술적인 것을 따로 떼어내지 않고 어떤 실재를 특징적으로 부각시킨다. 이러한 진실은 대개 익명으로 주어지기 때문에 어떤 저자에 의해서 고안되거나 만들어졌다는 비판을 받지 않는다. 무비판적이고 합리적인 무관심이 반영되었다고 말할 수도 있겠지만, 단순히 현실이나 어떤 실재를 인식하는 방법인 것은 맞다. 혹자는 이러한 방법이 월터 옹(Walter Ong)이 염두 했던 구전 사회(oral society)를 가리킨다고 주장할지도 모르겠다.[11]

그러나 권력이 주교나 왕에게 집중되자 새로운 진실이 서서히 그 모습을 드러내기 시작했다. 이 진실의 기저에는 의도가 깊이 베어 있다. 이 진실은 교회에 유용하게 작용함은 물론, 권력이 집중되는 곳이라면 그곳이 어디든 그리고 무엇이든 요구되는 진실이다. 스테블린-카멘스키는 이 두 번째 종류의 진실을 "왕국의 진실"이라고 일컫는다. 이 진실과 관련해서는, 누가 그 진실을 기술한 저자이며 또 여러 가지 목적—상당히 구체적으로 표현되기 마련인 어떤 제도나 기관 그리고 개인의 이익이나 관심—을 위해 사용된 예술적

---

11 Walter Ong은 구전 사회로부터 기록을 중심으로 하는 사회(writing society)로의 전환을 문화의 역사에 있어서 결정적인 요인으로 이해한다. 이 중대한 사건이 문화의 흐름에 커다란 변화를 가져다준 특징에 관해서는 Ong의 제자로서 그의 스승보다 더 큰 선풍적 인기를 모은 Marshall McLuhan의 글에 잘 반영되어 있다. 예를 들어 다음과 같은 글을 보라: *The Gutenberg Galaxy: The Making of Typographic Man* (Toronto: University Of Toronto Press, 1962); McLuhan and Quentin Fiore, *The Medium Is the Message* (New York: Random House, 1967). Ong의 관점에 대해 강력하게 반대하는 입장과 관련해서는 Herbert N. Schneidau, "The Word Against the Word: Derrida on Textuality," *Semeia* 23 (1982): 11-12를 보라.

요인들까지 총체적인 추적이 가능하다.[12] 하임이 제기한 주장에 대해 격렬한 비판을 가하는 논쟁과 스테블린-카멘스키의 제안에 대한 비판적 분석 사이에 중첩되는 부분이 있는지 확실하지 않지만, 하임과 스테블린-카멘스키의 주장은 사실 같은 방향을 가리킨다. 일단 사회 조직이 바뀌게 되면, 거기에는 응당 힘과 부의 독점이 발생하기 마련이다. 따라서 어떤 사실이나 내용을 까발리는 폭로(disclosure)의 형태에도 변화가 생기고, 반대로 폭로가 신비화 내지는 신비주의(mystification)의 한 형태로 자리잡기도 한다. 요컨대, 내러티브를 통해 진실을 전달하는 전혀 다른 방법이 필요하다는 것이다.

모호하지 않은 진실

나는 이번 장의 제목을 "왕국의 확실한 진실"이라고 붙였다. 제목에 사용된 형용사(sure)가 중요하다. 문학적으로 표현해 낸 이 진술은 [왕위] 계승 내러티브에 담긴 "고통스러운 진실"과 완전히 다른 의미를 갖는다. 사무엘하 5-8장 안에는 고통도 괴로움도 모호함도 흔적을 찾아볼 수 없으며, 사물이나 사건들 배후의 어떤 상황에 대해서 알 수 있는 단서도 전혀 언급되지 않는다. 사무엘하 19장 5-7

---

[12] 우리가 인식한 어떤 실재로부터 객관적인 거리를 유지하는 능력은 살아있는 진실과 왕국의 진실을 구별해 내는 데 핵심적인 요소이다. 이러한 사실은 매우 다양한 연구에 반영되어 있으며, 성경신학적 연구와도 관련이 있다. 특별히 Gary A. Heroin, "The Role of Historical Narrative in Biblical Thought: The Tendencies Underlying Old Testament Historiography," *JSOT* 21 (1981): 25-57에 제시된 논의를 살펴보라.

절에서 요압은 다윗에게 성문에 앉아 부하들과 모든 백성들에게 얼굴을 보임으로써 그들의 마음을 위로하라고 요구한다. 즉 요압은 다윗이 겪고 있는 개인적인 고통이 대중들 앞에 서야 하는 그의 존재감마저 약화시킬 수 있다고 경고한 것이다. 지난 날 천하를 호령했을지언정 대중들의 호응을 잃은 "권세가"는 한순간에 모든 것을 잃고 무너져 내릴 수 있기 때문이다. 비통함과 고뇌로 괴로워하는 다윗의 심경과 반대로, 이 내러티브 섹션(삼하 5-8장)은 너무나 분명해서 모호한 구석이 전혀 없다. 그런데 이 부분에 반영된 진실은 다윗 한 개인의 차원이 아니라 대중들의 눈에 비추인 공적인 사실(public fact)이다.

이러한 차원에서, 위에서 언급한 확실한 왕국의 진실은 지파의 염원이 가득 담긴 진실과는 좀 다르다. 지파는 그 소속 구성원들이 연관된 내러티브를 아무런 비판 없이 실제로 믿고 수용했다. 그런 내러티브 본문은 대개 독자들로 하여금 아이들처럼 순진하게 그 본문을 머리와 입으로 계속해서 되뇌이게 만든다. 한편으로는 상당히 매력적이면서도 또 다른 한편으로는 마음을 어렵게 만드는, 그 이야기들을 향해 독자들의 눈과 귀가 쏠리는 것도 바로 이 때문이다. 하지만 사무엘하 5-8장은 있는 그대로 순진하게 받아들이고 그냥 지나칠 수 있는 그런 단순한 내러티브가 아니다. 해당 본문은 (다윗과 그 나라를 중심으로) 너무나 확실하고 자신만만한 어조로 기록되어 있다. 그런데 더 나아가, 이 본문은 전쟁을 벌이기 위해 필요한 왕국의 명분을 정당화하려는 목적으로 쓰여진 내러티브 기사라는 사실을 전제로 할 정도로 냉소적인 기조를 유지한다.[13] 진실의 여부를 가늠하기 위해 따져보아야 할 세세한 사안들을 간과하거나 편파적으로 다루든지 아니면 그것들을 뒤덮어 버렸다면, 그 진실은 무엇인가를 앞에 내세우려는 것이 확실하다. 지파 차원에서 왕국이라는 차원으로 시선을 옮겨 가면서, 우리는 정권의 형태와 사회적 조직을 합법화하고 이데올로기와, 힘과 부를 독점한 자들의 이익과 권리를 옹호하는 정치 선전까지 논의에 포함시켜 담론을 확대했다.[14] 이데올로기 자체는 정직하지 않거나 뒤틀린 것이 아니다. 오히려 부와 힘의 독점이 초래한 인식의 변화가 정권 체제를 전체적으로 뒤틀리게 만드는 왜곡을 불러온다. 그런 왜곡은 조직적이면서도 침투성이 강하기 때문에 해당 내러티브들이 반복적으로 읽히고 또 회자될 때마다 더욱 만연하게 퍼져 나갔을 것이다. 나는 이 본문이 왜곡된 채로 존재한다고 생각하지 않는다. 하지만 이데올로기적인 의도가 일절 반영되지 않은 그런 "나단 신탁"(Nathan Oracle)은 존재하지 않는다. 더구나 이 "확실한 진실"은, 이데올로기가 반영된 채로, 소중한 신앙 자원을 위한 매개체로 기능한다. 사무엘하 5-8장에 반영된 이러한 특성과 그 진실의 성격은 우리가 이 내러티브를 어린 아이들에게 이야기해 주기 쉽지 않다는 점에서 충분히 입증된다. 그

---

13 이데올로기를 고수하려는 왕국의 진실을 설명한 유명한 사례는 William Greider, "The Education of David Stockman," *Atlantic Monthly* 248 (December, 1981): 17-54에 실려 있다. 그런데 이 글안에는 어떤 주장을 배타적으로 내세우려면 반드시 냉소적인 방식으로 투사하거나 묘사된 "사실들"이 필요하지만 실제로는 [객관적인] 진실로 간주되지 않는다는 점을 분명하게 피력한다.

14 정치 및 체제를 선전하는 일이 감당하는 체계적인 기능에 관해서는, Jacques Ellul, *Propaganda: The Formation of Men's Attitudes*, trans. K. Kellen and J. Lerner (New York: Knopf, 1965)를 보라.

런데 이런 진실은 독자들이 되려 상상의 나래를 펴지 못하게 하고 자유와 기쁨도 누리지 못하게 만든다. 이 내러티브가 표방하는 진실이 지나치게 경직되어 있고, 아주 작은 것을 위해서 너무나 많은 것을 위태롭게 만들기 때문이 아닐까?

왕궁 신학

우리가 주로 관심을 두고 살펴볼 본문은 사무엘하 7-8장이다. 사무엘하 5-6장도 함께 거론할 수 있지만, 거기에는 다른 사안들까지 복잡하게 얽혀 있다. 다윗을 이해하는 데 사무엘하 7장이 결정적인 역할을 한다는 점은 거의 대부분의 학자들이 동의하는 사실이다. 그런데 공교롭게도 사무엘하 7장은 "다윗의 급부상"이 "왕위 계승 내러티브"로 바뀌는 지점에, 칼슨의 제기한 분석대로라면, 축복에서 저주로 바뀌는 그 전환점에 위치해 있다.

사무엘하 7장 1-7절

사무엘하 7장 1-7절은 핵심 요점을 본격적으로 설명하기에 앞서서 사무엘하 7장에 관한 서론적 배경을 제공한다.[15] 사무엘하 7장 1-3절에서 다윗은 예언자 나단을 직접 대면할 기회를 갖는다. 같은 방식으로, 나단도 왕을 직접 알현할 기회를 얻는다. 나중에 솔로몬은 그렇게 하지 않는다. 다윗은 전적으로 신실한 왕으로 그려진다.

---

[15] 이 본문의 주해적 설명에 대해서는 Eugene March, "II Samuel 7:1-17," *Int* 35 (1981): 397-401을 보라.

이러한 모습은 충성스럽고 믿음직한 왕이라면 응당 성전을 지어 봉헌해 드려야 마땅한 본분으로 간주되던 고대 근동의 문화와 잘 어울린다. 다윗은 선한 왕이 해야 할 바를 이행하겠다는 의사를 나단에게 알린다. 그는 마침내 왕위에 올랐다. 더 이상 일개 지파의 우두머리가 아니다. 지파의 수장은 성전을 지어 하나님께 봉헌할 수 있는 그런 존재가 아니다. 그러나 왕이라면 반드시 꼭 그래야만 한다. 이처럼 사무엘하 7장은 무비판적인 논조로 시작한다. 다윗은 왕으로서 자신의 경건(piety)을 선보일 수 있는 일을 시행해도 된다는 동의를 (나단에게서) 즉각적으로 얻어낸다. 혹자는 이 대목에서 아이러니를 느낄 수 있다. 왜냐하면 해당 본문 자체에 편안하다 못해 사치스러운 백향목으로 지은 왕궁과 허름하고 보잘 것 없는 성막이 확연하게 대조되기 때문이다(렘 22:13-16). 그러나 이 본문에 나타난 가장 충격적인 사실은 그러한 주제가 너무나 갑작스럽게 부각된다는 점이다. 실제로 다윗은 이미 오래 전부터 한 지파의 수장으로 활약하면서, 전쟁과 여자 문제 그리고 여론 등의 사안들에 대해서 촉각을 곤두세워왔다. 그런데 이제 와서 뜬금없이 왕처럼 행동하려 든다. 즉 지금까지 줄곧 언급된 전투와 영광스러운 승리에 더하여, 전혀 예상치 않은 왕의 새로운 역할이 내러티브 전면에 불거져 나온 것이다. 더 이상 지파들 간의 갈등과 다툼은 찾아볼 수 없다. 또 게릴라 군사들을 이끌고 침공해 오는 적들의 움직임도 보이지 않는다. 그렇다면, 남편이 있는 아내를 탐할 정도로 걷잡을 수 없이 타오르는 욕정 때문에 모든 것을 망쳐버리는 사건도 없었어야 하지 않을까? 아무튼 이 본문 안에는 아주 능수능란하고, 사려 깊으며,

경험까지 겸비한 신중한 사내 한 명이 서 있다. 느닷없이 "대통령"으로 보이기를 바라는 것처럼, 그의 개인적인 모습은 철저히 배제된 채 완전히 공적인 부분만 비춰진다.

그러나 그것도 잠시, 독자들은 사무엘하 7장 4-7절에서 성전을 건축하기 원하는 경건한 왕에 관한 지극히 전통적인 진실이 혹독할 정도로 심도있게 다시 검증되는 장면과 맞닥뜨리게 된다. 4-7절에 집약적으로 서술되는 지난 밤 나단이 꾼 꿈은 방금 전 3절에서 나단 자신이 승인했던 결정에 이의를 제기한다. 이 상황을 어떻게 이해해야 할까? 나단이 지난 밤에 꾼 꿈은 다윗이 선심 쓰듯 제의한 무미건조한 약속을 오히려 꾸짖고 반박하는 내용을 담고 있다. 하나님과 왕 사이의 관계를 너무나 안일하게 여긴 결과가 아닐까? 고차원적인 신학(고등신학, high theology)이 필요한 순간이다. 전통적이고 관례적인 궁중 종교(royal religion)에 대해 하나님께서 직접 반대하고 나섰기 때문이다. 모든 왕들이 성전을 세울지언정, 그리고 여타의 모든 신들이 성전을 원할지언정, 하나님은 그렇지 않으시다. 그러므로 이스라엘의 왕 다윗도 다른 나라의 왕들과 달라야 한다. 즉 다윗은 열방 왕들에게 요구되던 역할과 행동 방식에 따라 행동하도록 허용되지 않는다.

혹자는 이 시점에서 옛 기억들을 기초로 한 왕국의 진실이 일단락된다고 생각할지도 모르겠다. 어쨌든 우리는 바로 이 지점에서, 성전을 봉헌 받기를 갈망하는 여타의 가나안의 신들과 달리, (고착된 한 장소에 머무르는 것을 거부하실 만큼) 경이로울 정도로 자유를 추구하시는 하나님을 만나게 된다. 다윗의 하나님은 "집에 살지 아니하신다"(삼하 7:6)는 진술은 옛적 지파의 진실과 일치한다. 그러나 본문을 계속 읽어 내려가면서 확인하겠지만, 왕국의 진실은 여전히 깨지지 않는다. 오히려 그 진실은 더욱 견고해질 뿐만 아니라 왕위에 관한 훨씬 더 급진적인 주장으로 확대된다. 사실상 사무엘하 7장 1-3절 이후에 오는 4-7절은 앞에서 말한 주장을 한 차원 더 고조시키는 전략처럼 기능한다.

사무엘하 7장 8-17절

우리는 사무엘하 7장 8-17절을 통해서 가장 고차원적인 "왕궁신학"(royal theology)을 접하게 된다. (이 섹션에는 편집의 흔적이 보인다. 즉 어떤 구절[들]은 또 다른 구절[들] 보다 더 후대에 기록된 것임이 분명하다. 어느 구절[들]이 이전 시대의 기록이고 또 어느 구절[들]이 후대의 기록인지를 구체적으로 명확하게 구별해 내는 것은 매우 어려운 일이지만, 그렇다고 해서 핵심 주장들이 약화되는 것은 아니다).

사무엘하 7장 8-12절 안에는 다윗 왕조에 대한 약속과 더불어 역사적 회고가 함께 소개된다. 사무엘하 7장 8-9절에 서술되는 회고 부분은 다윗의 역사가 어떻게 전체 이스라엘의 역사로 재현되는지를 잘 보여준다. 사실상 다윗은 과거 이스라엘의 모든 기억들을 담아내는 인물로 간주된다. 그 모든 기억들이 다윗이라는 인물을 통해 바로 여기서 성취되는 양상을 보이기 때문이다. 이 구체적이고 실제적인 언급을 바탕으로 독자들은 관련 사안들이 전부 왕국의 진실을 지지한다는 점을 인지할 수 있을 것이다.

사무엘하 7장 10-12절은 다윗 왕조에 관한 약속을 두 부분으로 나누어 아주 단호하고 분명하게 선언한다. 먼저 10-11절은 안전하고 견고한 장소—아마도 땅 내지는 도성—을 약속한다. 특히 "한 곳"(10절), "심고"(11절), "거주하게 하고"(11절)라는 단어들이 주축을 이루는데, "거주하게 하고"(원어상 "집"을 뜻함)라는 단어에 유독 관심을 집중시키면서도 상당히 미묘한 방식으로 구성되어 있다. 이러한 언어유희는 익히 잘 알려진 문학기법이기 때문에 결코 가볍게 지나칠 수 없다. 2-7절에서 "집"이라는 단어는 다윗이 건축하기 원하지만 야웨께서 원하지도, 필요하지도, 허락하지도 않으신 성전을 가리킨다. 이 왕국의 진실은 열방의 왕과 관련된 전통과 관례를 사정없이 부숴뜨린다. 하지만 12절에 사용된 "집"이라는 단어는 야웨께서 다윗을 위해 세우기 원하실 뿐만 아니라 다윗 역시 세워야 할 필요성을 느끼는 정도를 넘어서서 앞으로 굳건히 다져 나가고 지속시키기를 간절히 염원하는 다윗 왕조를 의미한다. 이 점은 너무나 확연히 드러난다. 해당 내러티브는 새로운 진실이 그 모습을 드러내는 과정과 방식을 결코 놓치지 말아야 한다는 결론에 도달하기까지 아주 매끈하게 전개된다. "집"이라는 단어가 성전을 초월하여 그 이상의 의미를 갖는다는 왕국의 진실로 되돌아가보자. 과거 지파들의 기억(삿 8:22에 나오는 기드온 시대로 거슬러 올라가 보라)과, 옛 지파들을 향해 사무엘이 설파했던 경고의 메시지(삼상 8:10-17), 그리고 지파들이 연합체를 구성하는 절묘한 결성 방식(신 17:14-20)은, 야웨 하나님을 제외하고 이스라엘 백성을 다스리는 다른 왕은 있을 수 없으며, 열방의 왕정 체제도 이스라엘에 결코 유익하지 않다고 입을 모아 지적한다.[16] 자 이제, 권위 있어 보이게끔 적절한 틀에 둘러싸인 웅장한 문학적 표현을 통해, 그리고 왕궁 예언자가 지난 밤 왕궁에서 잠을 자는 동안 꾼 하나의 꿈을 통해, 과거의 진실은 이제 새로운 진실로 대체된다. 야웨의 진정한 왕권을 존중한다는 차원에서, 왕정을 부정하는 옛 진실도 취소된다. 항상 그렇지만, 이러한 전환은 성막에 거주하시는 하나님과 함께, 연속성이라는 명목으로 실현된다. 이 본문에 나오는 전체 구절들은 계속해서 성막에 거주하시는 하나님께서 승인하시고 보장하신 왕조와 두드러진 부조화를 이룬다. 그러나 충분히 소화되지 않은 진실(undigested truth)의 상당 부분은 권력과 통치를 선전하는 데 유용한 흥미거리에 쉽사리 삼킴을 당하기 마련이다. 일반적으로 정치 조직이나 체제는 다른 사람들이나 민족들이 문제 삼는 사안들에 대해서는 별로 관심을 기울이지 않는다. 다만 한 번 주장되거나, 새로운 주장과 더불어 문제시되는 상황이 다른 국면으로 바뀌게 되면 그 진실은 색다른 기준이나 지침으로 기능할 뿐, 결코 다시 재검토되지 않으며, 전체를 위한 전제를 낳는다. 이것이 바로 열렬한 지지자들이 존재할 때 진실이 작동하는 방식이다. 과거의 진실이 새로운 진실로 전환 및 대체되려면 상상력과 명민함은 물론, 과거부터 신뢰해 온 옛 적 진실을 침해할 뿐만 아니라, 그것을 뻔뻔하고 몰상식해 보이는 것 이상으로 표현해 낼 수 있는 대담함이 필요하다(참조. 렘 8:12). 그러한 전환 내지

---

16 이러한 충돌과 그 해결의 성격에 관해서는, Baruch Halpern, "The Uneasy Compromise: Israel between League and Monarchy," in *Traditions in Transformation: Turning Points in Biblical Faith*, ed. Halpern and J. D. Levenson (Winona Lake, Ind.: Eisenbrauns, 1981), 59-96을 보라.

는 조치가 순전히 냉소주의에서 비롯된 것인지 아니면 새로운 가능성과 대안을 열성적으로 지지하는 자들이 믿고 따르는 바를 취한 것인지 정확히 구별해 내기란 여간 어려운 일이 아니다. 예를 들어, 새로 취임한 대통령의 "실무에 관한 특권의 진실"("truth of executive privilege")에 대해,[17] 혹자들은 대통령을 지지하는 맹목적인 추종자들이 몰염치하고 후안무치해 보이는 (대통령의) 특정 직무에 완전히 매료되는 모습을 보면서 그런 일은 실제로 다 큰 어른들에게 벌어져서는 안 되는 이상한 현상이라는 인상을 갖을 것이다. 그러나 누가 알겠는가? 다윗과 나단의 경우라면 더욱 그렇지 않을까?

우리는 사무엘하 7장 13절이 성전 건축을 승인한다는 특이점을 너무 빨리 지나치지 말아야 한다. ("집"이라는 단어와 함께 다시 사용된) 이 성전은 방금 전 4-7절에서 필요하지도 않으며 하나님이 원하지도 허락하지도 않으신다며 건립 자체가 거부된 바로 그 성전이다. 그래서 거의 모든 비평학자들은 13절이 사무엘하 7장의 모든 편집 작업이 끝나고 시간이 한참 더 지난 이후에 덧붙여졌다고 간주한다. 즉 열왕기상 8장을 토대로, 솔로몬의 행적을 뒷받침하기 위한 의도적인 진술이라는 것이다. 하지만 그 전환이 아무리 후대에 이루어진 것이라고 할 지라도, 그런 비평학적 판단이 왕국의 진실에 반영된 스캔들과 대담한 전환을 약화시키는 것은 아니다. 그것은 여전히 왕국의 진실 자체의 변화요 전환이다. 그러나 여기서 어

---

[17] Sam J. Ervin Jr.가 *The Whole Truth: The Watergate Conspiracy* (New York: Random House, 1981), 3장에서 "(대통령의) 직무상 특권"(Executive Privilege)이 갖는 문제에 대해 신랄하게 비꼬면서 한 발언을 보라. 사실 해당 부분은 "직무상 헛소리"(Executive Poppycock)라는 제목이 붙어 있다.

떤 왕조도 초월적 존재의 통치를 형상화하고 구체화하는 매개체인 성전을 건축하지 않은 채로 왕조의 미래를 가시적으로 구상할 수 없다는 현실적 문제가 대두된다. 설령 모스크바의 정치 지도자들이 레닌의 무덤을 지칭하는 크렘린(Kremlin)과 함께 인식된다고 할지라도 그렇다. 사무엘하 7장 13절에 대한 비평학적인 의견이나 판단 때문에 해당 구절에 반영된 사회적으로 불가피한 함의와 앞으로 다가올 미래에 대한 기대까지 간과해서는 안 된다. 만에 하나 (비평학자들의 주장처럼) 해당 구절이 사무엘하 7장이 모두 기록된 이후에 추가적으로 삽입된 것이라고 하더라도, 그 내용이 곧 현실로 이루어지지 않았는가![18]

요컨대 왕국의 진실에는 과거의 진실과 공히 같은 이름을 사용하면서도 그 옛 질서와는 정반대의 담론을 담아낼 수 있는 대범한 능력이 있다는 것이다. 그것이 바로 해당 본문에서 벌어지고 있다. 이런 의미에서, 성전 건축을 또 다시 언급하는 파생 구절인 사무엘하 7장 13절뿐만 아니라, (다윗의 혈통을 잇는 유다) 왕조의 영원성을 약속하는 대목도 평범해 보이지 않는다. 물론 (바룩 할편[Baruch Halpern]이 제기한 것처럼) 이러한 특성들 모두를 실용적이고, 정치적인 사안으로 치부하고 지나갈 수도 있다. 그러나 우리는 지금 신학적인 차원에서 그 사안들을 숙고하고 있다는 점을 기억해야 한다. 이 내러티브를 잘 읽고 바르게 해석하기 위해서는 역사적인 필요성과 신학적

---

[18] John M. Lundquist는 정권이나 통치 체제를 위한 성전의 쓰임새에 관해 다소 과격한 해석을 제시한다. 그의 해석에 관해서는 "What Is a Temple? A Preliminary Typology," in *The Quest for the Kingdom of God: Studies in Honor of George E. Mendenhall*, ed. H. B. Huffmon et al. (Winona Lake, Ind.: Eisenbrauns, 1983), 205-19을 보라.

인 문제 사이의 불일치성을 감지해 내는 섬세한 감각이 요구된다. 다윗 왕조는 앞서 말한 모든 사안들을 반드시 확보해야 한다. 그렇지만 그 모든 것들을 야웨 하나님의 허락과 동의 없이 획득할 수 있다고 생각해서는 안 된다.

위에서 말한 (역사적 필요성과 신학적 문제 사이의) 불일치성 내지는 모순이 갖는 중요한 함의를 이해하는 데 도움을 주고자, 근래에 있었던 일을 비유로 들고자 한다. 리처드 닉슨(Richard Nixon, 36대 미국 대통령)은 공산주의에 반대하는 사상 논쟁(McCarthysm; 공산주의자를 색출해 내려는 캠페인이었지만, 색출된 대부분의 사람들이 공산주의와 아무 관련이 없었을 뿐만 아니라, 많은 이들이 블랙리스트에 올라 직업을 잃는 등의 어려움을 겪었다―옮긴이)을 일으켜 특이한 경력을 만들어 냈다. 또 그는 대만을 지지하는 캘리포니아에서 연방 하원의원과 상원의원을 지내면서도 중국에 영향력을 행사하기도 했다. 닉슨의 이러한 행보는 실로 엄청난 연출을 통해 만들어 낸 국가의 진실이었다. 그래도 긴밀한 의사소통은 물론 대담함과 합리적인 근거를 제시하며 중국을 동맹 관계로 이끌어낸 장본인은 분명 닉슨이었다. 이처럼 국가적 명분이나 합리성은 (역사적 필요성과 신학적 문제 사이의) 불일치성 내지는 모순을 기반으로 삼기도 한다. 물론 어떤 이들은 (보다 진보적인 민주당과 별도로) 닉슨 혼자서 정치적으로 그렇게 행동한 것이라고 생각할 지도 모른다. 하지만 여기서 가장 주목할 만한 사항은 국가의 진실이 새로운 정치적인 실재를 현실적으로도 가능하게 만들어낸다는 점이다.

드디어 사무엘하 7장 14-16절은 신학과 정치가 하나로 맞물린 채 시작하는 새로운 출발을 승인하는 가장 비상한 표현으로 이루어진다. 그 첫 포문을 여는 14절을 이끄는 문장은 하나님과 왕 사이에 아버지와 아들의 관계가 성립되었음을 선언한다. 즉 왕궁 신학이 표방하는 바 왕이 하나님의 아들이라는 지위를 선제적으로 획득하게 된 것인데(참조. 출 4:22; 호 11:1), 여기서 아들로 간주되는 대상은 왕이지 이스라엘이 아니다.[19] 이스라엘 공동체가 다윗 왕 한 개인으로 축소된다. 따라서 지파 연합체의 주장과 요구사항들은 국가적인 것들로 탈바꿈한다. 결국 왕국은 지파 연합체 시절의 이미지와 은유들 나아가 권력과 통치의 정당성까지 독점 및 구현하는 주체로 자리매김하게 된다.

사무엘하 7장 14-15절은 가장 결정적이고, 놀라운 선언을 선포한다: "죄를 범하면, 하나님께서 징계하실 것이다"(브루그만의 번역). 당연히 이 선언은 언약이라는 맥락 안에서 선포된다. 왕을 포함하여 그 누구도 언약적 요구 사항과 그에 동반되는 언약적 처벌로부터 자유로울 수 없다. 그런데 15절은 이렇게 말한다: "내가 네 앞에서 물러나게 한 사울에게서 내 은총(חֶסֶד 헤세드)을 빼앗은 것처럼 그에게서 빼앗지는 아니하리라." 여기서 언약적 신앙과 관련하여 매우 중요한 의미를 갖는 "만약에 ~한다면"이라는 조건이 폐지된다(참조. 출 19:5).[20] 앞에서 살펴본 사안들이 연쇄적으로 일으키는 효

---

19 Otto Eissfeldt, "The Promises of Grace to David in Isaiah 55:1–5," in *Israel's Prophetic Heritage: Essays in Honor of James Muilenburg*, ed. B. W. Anderson and W. Harrelson (New York: Harper & Row, 1962), 196–207을 보라. Eissfeldt는 해당 글에서 어떻게 다윗을 향한 약속이 우선적으로 다윗이라는 한 개인의 가문과 왕조에 적용되고 난 다음 후대에 가서 백성들에게 적용되는지를 설득력 있게 개진한다.

20 언약적 신앙과 관련하여 "만약에 ~한다면"이라고 표현되는 조건에 대해서는, James

과는 무조건적이다. 즉, 그 어떠한 환경이나 조건도 야웨를 다윗과 그의 가문으로부터 떼어놓을 수 없다는 말이다. 이 단락을 결론짓는 사무엘하 7장 16절의 종결 양식(concluding formula) 안에는 두 가지 사안이 들어 있다. 첫째는, 다윗 왕조가 영원히 안정적으로 보존될 것(נֶאְמַן 네에만) 이라는 점이다(참조. 삼상 25:28). 그리고 그 나라와 왕위가 영원히(עַד־עוֹלָם 아드-올람) 견고하게 설 것이다. 요컨대, 상상가능한 그 미래가 "영원히" 지속될 것이라는 뜻이다. 자 이제, 하나님이 다윗에게 하사하신 약속의 특징을 묘사하기 위해 이 전승에 "안정적"이라는 형용사가 사용된 이유가 분명하게 드러난다. 다윗 언약을 설명하는 이 전승은 애매모호한 구석이 전혀 없고, 미심쩍은 부분도 없으며, 조건적이지도 않다. 다른 내러티브 구문에서 발견되었던 언어유희나 조롱 섞인 표현도 포함되어 있지 않다. 조금도 복잡하지 않은 평이하고, 단순한 언어로 오직 한 가지 사안이 이의를 제기할 수 없는 확고한 어조로 표현되어 있다. 이 결정이 천상의 궁정회의 한 가운데 위치한 하나님의 보좌에서 발표된 것이든 아니면 왕궁의 평의회에서 선언된 것이든, 독자들은 이 사안이 선포되기까지 어떤 말들이 오가고 또 무슨 사항들이 숙고되었는지 자세히 알 길이 없다. 또 우리는 이 새로운 사안을 공식적인 어구를 사용해 표현한 이들(브루그만의 표현대로, 천상의 궁정회의이든 왕궁의 평의회이든)

Muilenburg, "The Form and Structure of the Covenantal Formulations," *VT* 9 (1959): 347–65를 참고하기 바란다. 저자는 이 글에서 "만약에 ~한다면"이라는 문구가 구조적으로 중요한 기능을 수행한다는 점을 피력한다. 이 언약적 신앙에 반영된 조건을 나타내는 특성은 David Noel Freedman, "Divine Commitment and Human Obligation," *Int* 18 (1964): 419–31에 자세히 설명해 놓았다.

이 어떤 종류의 신학적 불편함을 느꼈는지도 정확히 알 수 없다. 그럼에도 불구하고, 그들은 한편으로 새로운 자극을 통해 기쁨과 환희를 경험했을 뿐 아니라, 과거 이스라엘의 모든 전통적인 이해와 사상과는 근본적으로 다른 새로운 출발점에 서 있다는 점을 인식했다는 것은 틀림없는 사실이다. 왜냐하면 이는 옛 이스라엘이 상상하며 마음 속에 그려온 그 어떤 것보다도 더 많은 것을 보장해 주는 종교적인 확실성을 찾기 위해 불안정하고 위태로운 역사 과정에서 이탈한 대담한 전환이기 때문이다.

만약에 우리가 이러한 결론을 도출한 신학적 방법론(theological method)을 알고 있다면, 우리가 살펴본 진술을 무미건조하게 간주하든 아니면 지극히 의도적인 것으로 생각하든, 그것도 아니라면 열정적인 지지자들에 의해 표출된 순수한 표현으로 여기든, 이 진술이 갖는 정치적인 기능(political function)에 대해서도 어느 정도 짐작해 볼 수 있을 것이다. 어느 입장을 취하든, 이스라엘의 종교적 가능성들은 여타의 그 어느 곳이 아니라 정확히 바로 이 지점에 포함되어 있다. 환언하자면, 이스라엘의 모든 소망과 두려움은 그 어떤 곳이 아니라 다윗이라는 한 인물 안에서 접점을 이룬다는 것이다! 계속 진행 중인 이 해방의 역사에 동참하기 원하는 사람이라면 누구든 이제 이 특별한 정권과 통치 체제에 순응하여 발걸음을 함께 해야만 한다. 자 이렇게 해서 다윗이 표방하는 이데올로기는 이스라엘의 기억과 신앙을 선점한다.

사무엘하 7장 18-29절

하나님이 하신 신탁의 말씀 뒤에는 그에 상응하는 대답과 반응이 따라와야 한다. 하나님께서 말씀하셨다면, 어떤 식으로든 다윗이 그 말씀에 반응해야 한다는 말이다. 지난 밤 나단의 꿈을 통해 충격적인 신탁의 말씀을 전해 들은 다윗은 정작 그 말씀을 어떻게 받아들이고 또 어떻게 반응할까? 그것을 알 수 있는 특권은 우선적으로 이스라엘 백성에게 주어진다. 그리고 나서 그 소식(news)을 들은 다윗이 어떻게 반응하고 또 뭐라고 말했는지에 관한 공식적인 설명이 오늘날 독자들에게도 제공된다. 하지만 이 설명이 (역사적으로) 얼마나 정확하고 격정적인 신앙을 반영하고 있으며, 또 왕정 이데올로기의 영향을 받아 어떤 담화를 구성하게 되었는지 객관적으로 분석하는 일은 불가능하다는 점을 다시 한번 지적하지 않을 수 없다. 하지만, 다른 문헌에서 발견한 수 있는 것처럼 열정으로 가득한 다윗의 모습과는 달리, 나단이 전하는 야웨의 신탁을 듣고 나서 아주 잘 갖춰진 형태의 기도를 올려드리고 있다는 것 정도는 얼마든지 간파할 수 있다. 나아가 하나님의 신탁만큼이나, 기도를 올려드리는 다윗의 반응도 상당히 심사숙고한 끝에 취한 행동과 태도로 보인다.

고대 근동의 왕들은 세상을 자신의 소유로 삼고 그것을 돌이킬 수 없도록 확고히 한 후 그들의 신께 올려드릴 기도를 신뢰가 가고 잘 정련된 기도문의 형태로 신중을 기하여 준비했다. 왕국의 진실에 관해 논하면서, 혹자는 격정적인 기도를 올리는 왕을 기대하지 않을 수도 있다. 오히려 큰 군대를 호령하는 힘과 세력을 구축한 지도자라는 측면으로 자신의 입지와 영향력을 드러내는 그런 인물을 떠올리기 쉬울 것이다. 그러나 그를 옭아매는 규제와 규율 때문에 그랬을까? 아니면, 왕위에 오른 지 얼마 지나지 않아서 지나치게 격식을 차리되 납득할 만한 말과 행동은 하지 못하는 그런 공적 존재가 되었기 때문이었을까? 그 이유는 정확히 알 수 없다. 하지만 그때 다윗이 할 수 있는 것이라고는 오직 한 가지, 기도뿐이지 아니었을까?

어느 경우이든, 다윗은 야웨를 향하여 입을 열어 대답하기 시작한다. 그가 야웨를 향하여 올려드린 기도 역시 왕국의 진실에 포함된다는 사실은 우리가 진행하고 있는 논의와 관련하여 매우 중요한 의미를 제공한다. 그렇다고 해서 그가 지극히 이데올로기적인 의도로 이런 기도를 한 것이라는 뜻은 결코 아니다. 물론 그럴 수도 있지만, 다윗의 기도에는 그가 처한 사회적 맥락과 관심사들이 충분히 반영되어 있다고 말하는 것이 더 정확한 표현이다. 다윗은 적어도 공적인 차원에서 즉 그가 다스리는 나라와 더불어 백성을 이끌어 가기 위해, 그리고 추측하건대 개인적인 차원도 겸하여, 그 특별한 기도를 야웨께 올려드린다.

사무엘하 7장 18-21절에서 다윗은 야웨를 향해 격식을 갖추어 찬사와 경의를 표한다. 다윗은 세 차례(19, 20, 21절)에 걸쳐 자기 자신을 그 누구도 아닌 야웨의 "종"(servant)이라고 일컫는다. 같은 맥락으로, 동일 본문에서 하나님은 네 번이나 "주 야웨"(אֲדֹנָי יְהוִה 아도나이 야웨)로 불리는데, 다윗의 기도 안에서 일관되게 계속 사용된다. 이 공식 호칭은 다윗 왕조의 특징을 시사하는 듯하다. 즉 (18절에 묘사된 바와 같이, 무엇과도 비교할 수 없는) 이 하나님과 (마찬가지로 그 어떤 왕조도

견줄 수 없는) 다윗 왕조 사이에 특별한 연관관계가 존재함을 암시한다는 것이다.[21]

눈여겨보아야 할 세 번째 요인은 '작다'(קטן 카톤; 참조. 삼상 16:11)라는 단어가 사용되었다는 점이다. 이 단어는 우리가 살펴보고 있는 본문과 평행관계인 솔로몬의 기도 (왕상 3:7)에서도 발견되는데, 그 부분 역시 모든 영광과 존귀를 하나님께 돌리는 진술의 한 부분에 해당한다. 위에서 거론한 두 가지 경우를 모두 고려해 볼 때 다윗의 기도가 단순히 궁중의 언어를 사용하여 표현한 것인지 아니면 진지한 신뢰를 나타낸 것인지 구별하기란 여간 어려운 일이 아니다. 다윗이 자신을 [야웨의] 종이라 부른 것과 작은 존재로 표현한 것은 조심스럽게 다뤄야 한다. 왜냐하면 비록 의심의 여지가 없다고 하더라도, 사실상 정치적 영향력(통치권을 뜻함)에 대해서는 아무것도 거론된 것이 없기 때문이다. 이 기도에 많은 미사여구가 사용되었음에도 불구하고, [다윗의 통치와 관련하여 실제적인] 모든 사항들은 여전히 보류 상태에 머물러 있을 뿐이다.

사무엘하 7장 22-24절은 송영(doxology)에 해당한다. 이 송영은 야웨와 다윗과의 관계를 기초하여 파생된 것으로 야웨와 이스라엘 백성 그리고 왕 사이의 관계를 더욱 강화하는 기능을 한다. 이 송영은 다시금 야웨가 어떤 분이신지를 노래한다. 그리고 야웨를 그 어

---

21 Robert Polzin, *Moses and the Deuteronomist: A Literary Study of the Deuteronomic History. Part One: Deuteronomy, Joshua, Judges* (New York: Seabury, 1980), 36-43을 보라. Polzin은 야웨의 비교불가성을, 여기서 파생되는 이스라엘과 이스라엘의 지도자 모세의 비교불가성과 함께 예리하게 포착한다. Polzin의 분석은 모세의 요청과 주장에도 적용되는데, 우리가 살펴보고 있는 본문과 관련해서는 다윗과 왕조의 비교불가성으로 제시된다.

떠한 신과도 견줄 수 없다는 비교불가성이 22절에 두 번 반복해서 선언된다. 23절에서는 이스라엘의 구속 역사를 바탕으로 이스라엘의 비교불가성이 언급되는데, 마치 다윗과 그의 나라(왕조)가 굳건히 서기까지 어떻게 그 역사가 진행되었는지를 역설하는 10-12절을 회상하는 듯하다. 그리고 나서 이 송영은 이스라엘이 영원하며 그 이스라엘을 향한 하나님의 약속 역시 영원히 유효할 것임을 노래한다. 이 대목을 좀 더 면밀히 살펴보도록 하자.

여기에 사용된 "영원히"라는 단어가 결정적인 역할을 한다. 왜냐하면 이 단어는 왕국의 진실을 피력하기 위한 목적으로 언급된 것이기 때문이다.[22] 야웨께서 영원하시다면 이 사안이 현저하게 부각되지 않을 수도 있다. 그러나 "영원히"라고 외친 자들은 다름 아닌 이스라엘 백성이다. 이러한 수사적 전환(rhetorical move)을 통해서, 하나님께로부터 올 수 있는 위험 요인들이 다윗 왕조를 위해 모두 제거된다. 결과적으로 야웨는 다윗이 통치하는 나라와 왕조를 위한 우호적이면서도 신뢰할 수 있는 후원자(patron)로 서신다.

송영이 왕국의 진실을 부각하려는 목적으로 사용되면 그것은 정치적인 기능도 갖게 된다. 표면적으로 하나님을 드높이긴 하지만, 지금 들여다보고 있는 본문과 마찬가지로, 정치적인 기능도 담당하게 된다는 말이다. 하나님을 향한 찬양은 넌지시 정권의 정당성을 강화한다. 따라서 "영원"(foreverness)이라는 단어에는 다윗 왕조가 영

---

[22] "영원히"라는 단어를 통해서 확인할 수 있는 바와 같이, 왕국이 주권과 권한을 절대화하는 경향에 관해서는, Henri Mottu, "Jeremiah vs. Hananiah: Ideology and Truth in Old Testament Prophecy," in *The Bible and Liberation: Political and Social Hermeneutics*, ed. N. K. Gottwald (Maryknoll, N. Y.: Orbis, 1983), 235-51을 보라.

원할 것이라는 (정치적) 주장도 담겨 있는 셈이다. (다윗이 야웨를 향해 올려드리는 기도에 해당하는) 18-21절에 기록된 찬사와 경의는 22-24절의 송영 부분에서 전혀 예상하지 않았던 방식으로 표현된다.

지극히 거룩하신 하나님은 이전까지 이 가련하기 짝이 없는 종(servant) 다윗과 일정한 거리를 두고 계셨다. 하지만 이제 그 하나님이, 서로를 충분히 감지할 수 있을 정도로, 아무것도 거리끼는 것이 없다는 듯이, 그에게 가까이 다가오신다.[23] 그러면서 특정 사실이나 세부 내용을 묘사하기 보다는 자유롭고, 내러티브 전체를 조명하던 흐름은 곧 왕조의 정당성을 조목조목 논증하는 분위기로 바뀐다. 물론 이스라엘 백성이 이 점에 대해서 문제를 삼거나 혹은 다른 대안적인 방식들(alternative modes)을 고려한다면, 그 논증은 그리 유쾌하기만 하지는 않을 것이다. 야웨와 이스라엘 사이의 거리가 극복되면, 서로를 향한 모호함(ambiguity)이라든지, 상대에게 언어유희적인 말을 한다던지, 혹은 서로의 의사를 일일이 확인해야 하는 번거로움은 사라진다. 실제로 이 본문이 만들어내는 수사적 효과는 그러한 여지들을 모조리 제거해 버린다. 왜냐하면 본문에 묘사된 상황 자체를 가볍게 여길 만한 여지를 제거함으로써 그 외의 모든 사항들을 더욱 구체적으로 드러낼 수 있기 때문이다. 더구나 왕국의 진실은 유머 감각에 기댈 수 있는 그런 것이 아니지 않은가? 거듭 말하지만, 찬사와 송영으로의 전환은 언어가 갖는 문학적 표현

---

[23] 일반적인 정도와 선을 넘어서기까지 하나님께 가까이 이끌림을 받는 것과, 하나님의 자유(freedom) 그리고 그분과의 거리(distance)에 관한 재주장(reassertion)에 대해서는 Werner E. Lemke, "The Near and the Distant God," *JBL* 100 (1981): 541-55를 보라.

방식과 정치적 기능 사이에 연결고리가 존재한다는 것을 잘 보여준다. 정권의 의의와 통치의 정당성을 지지하는 확신을 불러일으키기 위해서는 그것을 주장하는 다소 단호한 진술이 필요하다.[24] 그러므로 그러한 주장을 담은 진술들은 그것이 목적한 바에 부합되도록 일차원적인 언어로 표현되어야 한다.

사무엘하 7장 18-21절에 제시된 하나님을 향한 찬사와 경의 그리고 7장 22-24절의 송영 다음으로, 7장 25-29절에는 하나님을 향한 다윗의 간구(demand)가 뒤따른다. 이 간구는 놀라운 내용이 담긴 기도의 형태로 구성되어 있다. 하지만 확연히 드러나지 않을 뿐 전형적인 기도의 양식을 그대로 따른 것이다. 이 부분 안에서도 "야웨 하나님"이라는 호칭이 계속해서 사용된다. 그런데 이번에는 해당 구절들이 왕국에 관한 진실을 피력하고 있음을 암시하는 몇 가지 특징들이 눈에 띈다.

이 단락은 [히브리 성경의 순서에 따르면] "그리고 이제"(And now)라는 말로 시작한다. "그리고 이제"라는 뜻의 וְעַתָּה(베아타)라는 어구는 세 번 사용된다(25, 28, 29절). 해당 어구는 앞에서 다룬 구절들에서 과거를 회상하다가 갑작스럽게 현재로 되돌아와 현실 상황을 환기시키는 기능을 한다.[25] 하지만 일반적으로 이 어구는 더 강하거나 높은 지위를 가진 사람이 더 약하거나 낮은 위치에 있는 상대에게 무언가를 명하거나 부여할 때 사용된다. 신탁(oracle)의 형태로, 8절에서

---

[24] Herbert Marcuse는 통치 체계의 지배, 그리고 통제와 관련하여 언어가 얼마나 중요한 기능을 하는지를 상당히 명료하게 설명한 바 있다. 그가 제시한 설명에 대해서는 *One Dimensional Man: Studies in the Ideology of Advanced Industrial Society* (Boston: Beacon, 1964), 4장을 보라.
[25] 부사의 구조적 기능에 관해서는 Muilenburg의 "Form and Structure"를 보라.

야웨는 성전에서 왕조로 주제를 전환시키기 위해 이 어구를 사용하셨었다. 그렇다면 지금 다윗이 이 어구를 사용하고 있는 것은 8절에서 야웨가 이 어구를 사용하여 말씀하신 것에 대한 반응으로 보아야 한다는 그럴듯한 주장을 제기할 수도 있을 것이다. 그러나 이 단락에서 다윗은 이 어구를 세 번이나 반복해서 사용한다. 어디까지나 이론적인 추정이지만, 해당 어구를 세 번이나 사용함으로써 다윗은 하나님과의 관계를 전환시키고 그 관계상의 주도권을 선점하려고 한 것이 아닐까? 왜냐하면 이것이야말로 하나님을 언급하면서까지 다윗이 내세우려 했던 왕국의 진실을 근거로 독자들이 이끌어 낼 수 있는 결론과 일치하기 때문이다. 요컨대 이러한 시도를 통해 다윗이 얻기 원한 것은 다름 아닌 하나님을 자신의 왕국의 필요에 따라 즉각적으로 반응하시는 후원자로 삼으려는 데에 있었다는 것이다.

사무엘하 7장 26절에는 명민하게도 왕조의 자기-헌신에 관한 언급이 실려 있다. 이 구절은 야웨의 이름이 크게 높임을 받게 될 것이라는 약속을 가리킨다: "만군의 여호와는 이스라엘의 하나님이라 하게 하옵시며 주의 종 다윗의 집이 주 앞에 견고하게 하옵소서." 여기서 다윗은 아주 오래된 존귀한 이름인 "만군의 여호와"라는 호칭을 사용한다. 그리고 그는 그 이름을 왕조에 관한 주장과 연결시킨다. 다윗은 [그의 왕조가 견고히 섬을 통해] 자기 자신이 존귀해지지 않으면 하나님도 영광을 받으실 수 없도록 이 두 가지 요소를 하나로 견고히 묶는다. 이렇게 다윗은 하나님과 연관된다. 그리고 같은 방식으로, 이스라엘은 다윗과 동일시된다. 이 지점에서 다윗은 찰스

드골 장군이 자기와 프랑스의 연결성을 피력하면서 "내가 곧 프랑스다"라고 했던 주장의 결과를 기대하고 있는 것이다.

27절은 다윗이 한 기도가 담대하다 못해 염치없게 들릴 수 있음을 인정한다. 하지만 다윗은 그렇게 기도를 올려드릴 수밖에 없었던 그의 "마음"을 어떻게 갖게 되었는지를 설명한다(RSV에는 해당 단어가 "용기"[courage]로 번역되어 있다). 다윗이 선보인 담대함은 정말 당혹스러울 정도다.

이와 더불어, 우리는 또 한 가지 흥미로운 병렬적인 사항을 발견할 수 있다. 사무엘하 7장 18-29절 안에서 다윗은 야웨에게 존경과 경의를 표한다는 차원으로 여섯 번이나 자기 자신을 "종"(servant)이라고 일컫는다. 그리고 "영원히"(forever)라는 단어는 네 번이나 사용된다. 그러므로 우리는 이러한 요인들이 매우 정교하고 사려 깊은 신학적 메시지를 형성한다는 사실을 알 수 있다. 한편으로, 이 신학적 메시지는 다윗이 지극히 작고 보잘 것 없는 사람이기에 하나님을 향하여 앞에서 말한 그러한 주장을 내세울 수 없는 미미한 존재임을 밝힌다. 하지만 그는 기도를 통해 하나님을 향하여 그러한 주장을 펼칠 만한 담대한 마음의 소유자다. 물론 다윗이 그럴 수 있는 것은 어디까지나 하나님의 전적인 헌신이 있기 때문이다. 다윗이 야웨에게 기도를 올려드린 목적은 하나님을 견고히 붙들고자 함은 물론이거니와 그 어떤 것과도 타협하지 않고 그분을 향해 헌신하고자 하는 데에 있다. 야웨께서는 굳이 그러한 약속을 하실 필요가 없었다. 왜냐하면 그 약속이 함의하는 바를 이미 성취하고 계셨기 때문이다. 그럼에도 불구하고 다윗은 야웨께서 그 약속의 체결을 피하시거나 체결된 약속을 이행하지 않으실 만한 여지를 남기기를 원하지 않는다.

그러므로 이 본문에 기록된 다윗의 기도는 야웨께서 말씀하신 신탁에 완벽하게 상응한다. 야웨의 신탁은, 특정한 역사적 제도(즉 다윗 왕조를 의미함—옮긴이)를 위한 야웨 하나님 당신의 전적인 헌신으로만 성취 가능한, 믿기 어려운 약속을 담고 있다. 반면에 다윗의 기도는 야웨의 헌신과 약속을 재차 확증한다. 이 두 가지를 직접 하나로 묶는 가장 의도적인 흔적은, 사무엘하 7장 11절에 기록된 다윗 왕조에 대한 야웨의 신탁이 7장 27절에서 한번 더 반복된다는 점에서 찾을 수 있다. 이는 너무나 명징하고 확실한 사실이다. 단지 이 두 구절에 사용된 동사만 다른데, 야웨께서 말씀하신 신탁 부분에는 '만들다'(עָשָׂה 아사)라는 동사가 사용된 반면, 다윗이 기도를 통해 반복한 부분에서는 '짓다'(בָּנָה 바나)라는 동사가 쓰였을 뿐이다. 다만 두 번째 부분에 사용된 동사는 왕조(dynasty)/성전(temple) 두 가지를 함께 지칭하는 듯한 모호성을 지닌 것처럼 보인다. 그럼에도 불구하고 본문의 맥락은 정확하게 성전이 아니라 왕조를 가리킨다.

왕국 건립

왕국 건립에 관한 서론적 진술을 소개하는 사무엘하 7장에 이어서, 그 진술의 구체적인 함의를 드러내는 사무엘하 8장은 우리에게 그다지 큰 놀라움과 충격으로 다가오지는 않는다.[26] 다만 내적으로나 외적으로나 왕국 건립에 관한 서사와 서술로 간주될 따름이다.

사무엘하 8장 1-14절

본 단락은 다윗이 주변 족속들을 정복하고 그들을 그의 통치 안으로 복속시킨 일들을 요약한다. 그런데 우리의 이목을 끄는 것은 이 내러티브 단락이 너무나 무미건조한 진술로 가득하다는 점이다. 다윗이 통치하는 이스라엘이라는 나라가 일궈낸 정복 사업의 성과와 업적을 보고하는 기록이긴 하지만, 이런 종류의 문헌은 대개 사람들에게 흥미를 유발하는 장르도 아니며, 뭇사람들의 시선을 집중시키는 수완에는 더더욱 관심을 두지 않기 때문이다.

먼저, 이 단락을 전개해 나가는 네 개의 동사들을 유심히 관찰해 보자. 사무엘하 8장 1-14절에서 내러티브 흐름을 주도적으로 이끌어가는 동사는 '치다'(נָכָה 나카)라는 단어다. (비록 RSV는 해당 동사의 뉘앙스를 충분히 강조하여 번역하지 않았지만) 이 동사는 다윗이 1절에서는 블레셋을, 2절에서는 모압을, 3절에서는 하닷에셀을, 그리고 10절에서는 도이를 "쳤다"고 진술한다. 여기서 "쳤다"라는 번역은 다윗이 주변 족속을 잔악하게 대하거나 괴롭게 했다는 의미를 미연에 제거한다. 이런 맥락에서, 도이가 다윗에게 평화사절단을 보냈음을 언급하는 10절에도 해당 단어가 사용되었음은 매우 흥미로운 대목이 아닐 수 없다. 10절에서 다윗은 도이가 보낸 평화사절단과 협상

---

26 Heym, *King David Report*, 141-43.

을 진작시키지 않기 때문이다. 그럼에도 불구하고 다윗은 아주 특별한 "샬롬"(shalom)을 추구하는 인물로 계속 자처한다.

다음으로, 7절에서는 "취하다", 8절에서는 "가져오다"라는 뜻으로 번역된 '라카흐'(לקח)라는 동사와, 4절에서 비슷한 뜻(개역개정에 "사로잡다"로 번역되었음)으로 사용된 '라카드'(לכד) 동사다. 이 두 개의 동사들은 일반적인 물건들보다도 전쟁터에서 얻은 전리품과, 특별히 야웨의 성전에 두기 위해서 주변 지역의 신전 안에 있는 기물들을 몰수하는 행위를 묘사하는 데 사용된다. 그러니까 이 동사들은 다윗의 종교심 배후에 은밀하게 숨겨진 탐욕과 약탈의 성향을 드러낸다. 나중에 다윗이 밧세바를 "취하는" 장면을 서술하는 11장 4절에서도 '라카흐'(לקח) 동사가 사용된다는 사실은 이러한 다윗의 성향이 현실로 드러난 자연스러운 결과가 아닐까?!

세 번째로 살펴보아야 할 동사는 놀랍게도 '카다쉬'(קדש)라는 단어다. (RSV에는 '헌정하다'는 뜻으로 번역된) 이 단어는 11절에 [히필형으로] 두 번이나 사용되었는데, 어떤 사람이나 사물을 거룩하게 만들거나 야웨 하나님의 거룩한 소유를 인정하는 의미를 갖는다. 그런데 해당 구절이 정복 사업을 기술하고 있다는 점에서 이 단어가 사용된 것은 다소 의아하다. 만약에 이 진술이 지파나 족속에 관한 것이라면, 혹자는 사무엘상 15장에서 사울이 어리석게도 이행하지 않은 헌신적 행위를 지금 다윗이 직접 시행하고 있음을 피력한 것이라고 주장할 수도 있다. 그러나 나는 좀 달리 생각한다. 왜냐하면 이 구절에는 '헤렘'("완전한 진멸")이라는 용어가 언급되지 않았으며, 그러한 행위는 본문에 묘사된 다윗의 행위와도 전혀 어울리지 않기 때문이다. 게다가 여기서 '카다쉬'(קָדַשׁ)는 다른 용법으로 사용되었다. 본문에 묘사된 왕정은 스스로를 신성하고 거룩한 영역으로 설정함으로써 왕조 자체를 그 어떤 비난과 비판도 넘어서는 초월적인 존재로 상정하여 자기 잇속만 챙기는 군주제 국가(self-serving monarchy)와 다르지 않다. '헤렘'과 반대로, 여기에 사용된 '카다쉬'(קָדַשׁ)라는 단어는 다윗이 현실 세계를 권력의 높고 낮음에 따라 이해하고 있음을 여실히 드러낸다. 현실 세계에 대한 다윗의 이러한 이해는 왕국에 관한 진실을 구축해 나감에 있어서 꼭 필요한 이해 방식이기도 했다.[27]

네 번째 동사는 RSV에 '정복했다'(subdued)라는 의미로 번역되어 11절에 사용된 '카바쉬'(כָּבַשׁ)라는 단어다. 이 동사는 창세기 1장 28절에서 "땅을 정복하라"라는 어구에서도 사용되었는데, 이는 다윗이 아담과 유사한 인물이라는 점을 시사하는 듯하다. '카바쉬'(כָּבַשׁ) 동사는 지파나 족속이 시행한 정복 사업을 일컫는 전통적인 용어로 간주할 수도 있다(민 32:22, 29; 수 18:1을 보라). 그러나 나는 '카다쉬'(קָדַשׁ)가 '카바쉬'(כָּבַשׁ)로 전환된 것은, 다윗이 그가 처한 사회적인 정황과 정치적인 국면을 완전히 변형시켰음을 암시한다고 주장하고자 한다.

사무엘하 8장 1-14절에 열거된 승리의 목록들을 살펴보면서 면밀히 관찰해야 할 또 다른 사안은 "다윗이 어디로 가든지 여호와

---

[27] 현상을 유지하는 이들에 의해 성취되는 거룩함과 순결의 소중함에 관해서는 Fernando Belo, *A Materialist Reading of the Gospel of Mark* (Maryknoll, N.Y.: Orbis, 1981), 1장, 특별히 53-59에 실린 논평들을 참고하라.

께서 이기게 하시니라"(8:6, 14)라는 구문이 두 번이나 사용되었다는 점이다. 하임은 두 번 사용된 이 구문을 관료 시스템에 관한 총괄적이면서도 보편적인 평가로 이해한다.[28] 여기서 "이기게 하시니라"(RSV에는 "승리를 주시니라"라는 의미로 번역되어 있음—옮긴이)라는 부분에 반영된 '이김' 내지는 '승리'라는 의미는 '야샤'(ישע)를 번역한 것인데, 사실 이 단어는 자유롭게 함 즉 '해방'(liberation)을 뜻한다. 6절과 14절에 포함된 문맥상 의미는 너무나 명백하다. 이것이 바로 야웨께서 다윗에게 언약을 하사하시는 장면이 나오는 사무엘하 7장 이후에 기대할 수 있는 가장 정확하고 확실한 주장이며 선언이다.

실제로 다윗이 경이롭게 급부상한 과정과 결과는 그 외에 어떤 것으로도 설명할 수 없다. 그럼에도 불구하고, 정반대의 논조가 물씬 풍기는 13절을 조심스러운 눈길로 응시해야 할 필요가 있다. "다윗이…명성을 떨치니라"(RSV와 같은 영문 성경은 다윗이 "자기 자신을 위해" 이름을 드높였다는 식으로 번역한다—옮긴이). 이렇게 야웨 하나님의 무조건적인 언약과 전적인 헌신이 있었기에 가능했던 모든 승리를 다윗이 자축하는 바로 그 순간—그를 따르는 정권과 관료들은 이러한 다윗의 조치에 결코 저항할 수 없었을 것이다—이전에 다윗이 야웨를 향해 기도를 올려드리며 그분께 고백하며 돌려드렸던 송축과 찬사와 경의는 모두 잊혀진다. 야웨 하나님이 아니라, 다윗 자신에게 그 모든 공을 돌리고 있으니 말이다. 이와 같은 이유로, 사무엘하 7장에 제시된 다윗 언약의 실제적인 효과와 성취는 일단

---

[28] Heym, *King David Report*, 143.

유보된다. 왜냐하면 [야웨께서] 세상 한 복판에 새로운 현실과 실재를 세워 나가기 시작하셨음에도 불구하고 한낱 인간 협잡꾼(human perpetrator)이 그 모든 공을 자기 것으로 가로채고 역사까지 날조했기 때문이다. 이 점 역시 왕국의 진실이 갖는 어두운 면모에 해당한다. 과거에 지파를 이끄는 우두머리였다면 이처럼 야웨 하나님께 돌려 드려야 할 모든 영광과 공을 자기 자신에게 돌려 갈취하는 상황을 결코 연출하지 못했을 테니까. (이와 같은 방법으로 자신의 이름을 내고 명성을 얻으려고 시도하는 그의 모습은, 그 모든 것을 야웨 하나님께 돌리는 열왕기상 1장 47절에 묘사된 다윗의 모습과는 확연한 대조를 이룬다. 위에서 잠시 들여다본 본문 안에서 다윗은 자신[의 이름]을 드높이기 위해 그 모든 것을 스스로 취한다.)

사무엘하 8장 15-18절

사무엘하 8장의 마지막 단락(8:15-18)은 이야기를 완전히 결말짓기 위해 첨부된 부록처럼 보인다. 이 단락은 세 가지 서로 다른 사안들이 빚어내는 긴장관계 사이에 위치한다. 그런데 그 사안들은 앞서 다룬 현실과 실재에 관한 인식이, 여타의 주제들에 의해 야기된 차이점들과 도무지 조화를 이룰 수 없음을 여실히 보여준다. 어떤 왕조이든 통치를 시행하는 정권이란 본디 아주 미묘한 방식으로 의미를 창출해 내되, 그것이 현실로 실현되기만을 손놓고 가만히 기다릴 만큼 한가하게 여유를 부릴 수 없기 때문이다.

해당 본문과 관련하여 가장 먼저 살펴보야 할 사안은 사무엘하 8장 15절에 언급된 것처럼 다윗이 이미 "다스"리고 있다는 점이다

(מָלַךְ 말라크). 이와 관련하여 애매하거나 모호한 부분은 전혀 없다. 다윗이 야웨를 대신하여 이스라엘 백성을 다스린다는 사실을 숨죽여 말하거나 그 어조를 누그러뜨리지도 않는다. 오히려 해당 구절은 군사적인 지도자를 뜻하는 '나기드'(נָגִיד)나 [왕의 아들을 지칭하는] '나시'(נָשִׂיא)라는 용어를 사용하여 에둘러 표현하려 들지도 않는다. 다시 말하지만, 이 구절은 약간의 주저함이나 머뭇거림도 없이 "다스린다"는 뜻의 '말라크'(מָלַךְ)라는 용어를 사용한다. 결국 이 짧은 내러티브 단락은 통치와 다스림의 주인공을 선포하는 것과 관련하여 조금도 당황하는 기색을 드러내지 않는다.

둘째로, 다윗이 "정의"(מִשְׁפָּט 미쉬파트)와 "공의"(צְדָקָה 체다카)를 행했다고 진술하는 사무엘하 8장 15절은 우리에게 또 다른 충격과 놀라움을 던져준다. 사실 이 구절의 의미가 무엇인지 정확히 파악하기란 어려운 일이다. 일단 이 문구는 반복적으로 언급되는 상투적인 것일 수 있다. 어떤 왕조이든 그 왕조에 속한 왕이 "정의와 공의"를 시행한다는 점을 중점적으로 부각시키기 마련이기 때문이다. 그렇다면 이 문구는 왕이 자신의 왕국과 왕조를 위해 공적 직무와 책임을 성실하게 이행하고 있음을 알리는 슬로건과 비슷한 기능을 하는 것으로 이해할 수 있지 않을까?! 마치 공화당 당원들이 경제적인 상황과 현실이 그렇지 않음에도 불구하고 "자유시장 체계"를 계속해서 되뇌이는 것처럼 말이다. 하지만 이 문구는 다윗이 실제로 언약적인 가치들을 몸소 이행하는 실행자였음을 의미하는 것일 수도 있다. 이렇게 사무엘하 8장 15절을 이해하는 독법은 다윗이 이스라엘 백성을 매우 예민하고 섬세하게 다스리는 통치 방식을 소중히 여겼다고

하는 놀랄만한 해석을 지지한다.

셋째, 본 단락에 포함된 16-18절은 다윗이 관료체제를 구축했음을 시사한다(5:13-15도 함께 보라). 본문에 그렛 사람(들)과 블렛 사람(들), 즉 용병들이, 함께 포함되어 있다는 사실이 유독 눈에 띈다(18절). 그런데 이 용병들에 관한 언급은 다윗이 [자신을 위해] "명성을 떨"쳤다는 13절의 주장을 다시금 상기시킨다. 13절이 의미하는 것처럼, 이스라엘 백성을 다스리는 다윗의 수하 대소신료(大小臣僚)들을 소개하는 목록에 이방 용병들이 열거된다는 사실은 그가 자율에 입각한 통치를 펼쳤다는 단적인 증거이기 때문이다. 요컨대, 왕위에 오른 다윗은 계속해서 치뤄야 하는 전쟁을 위해서 이스라엘 백성을 징집하는 것보다는 왕의 명을 받아 전쟁에 임할 사람들(용병들을 의미함)에게 지불할 비용이 필요하게 되었다는 말이다. 이러한 국가 차원의 현실은 우리가 앞서 살펴보았던 지파의 참 면모—즉 이스라엘 백성이 자신들을 이끄는 리더십을 기꺼이 인정하고 자원하는 마음으로 그 두령을 따랐던 상황(삿 5:2, 9)—와는 큰 차이가 있다. 우리는 지금 다윗이 수장인 당국의 정책과 그 백성들의 인식 사이에 커다란 간극이 생겼던 당시에, 유다 왕국이 지불한 돈을 받고 자원하여 그 나라와 신을 위해 전쟁에 임한 이방 민족 출신의 용병들을 보고 있다. 이러한 양상은 당시 유다 왕국이 시행한 정책의 일면을 보여주는 창구임에 틀림이 없다.

위에서 언급한 13절에 사용된 문구가 특별히 누군가 자기의 이름을 내고 명성을 얻고자 하는 욕망이 반영된 또 다른 실례인 바벨탑 이야기(특히 창 11:4)를 연상시킨다는 점은 분명 주목할 필요가 있다.

사실 이 내러티브 단락이 과연 야웨 하나님을 향한 다윗의 신실한 신앙을 묘사한 것인지, 아니면 열왕들이 결국 자신들의 잇속을 위해 취한 권력을 사용한 행적들을 노골적으로 보고하는 것인지, 선뜻 판단하기란 쉽지 않아 보일 수도 있다. 하지만 그러한 양면적 모습이야말로 이 이야기를 더 흥미롭고 중요하게 만드는 요인이 아닐까?!

내러티브의 예술 기법

우리가 지금까지 시도한 연구는 내러티브와 이야기를 근거로 한 신학적인 작업과 관련이 있다. 그런데 아주 엄밀히 말하자면, 이번 장에서 다루고 있는 내용들은 우리의 연구 주제는 물론 그 목적과도 완전히 부합되지는 않는다. 여기서 다룬 본문들은 우리가 일반적으로 생각하는 내러티브 기법을 거의 반영하지 않기 때문이다. 그럼에도 불구하고, 바로 그 사실 자체는 왕국의 진실을 이해함에 있어서 반드시 고려해야 할 중요 사안이다.

이야기의 능력—즉 이야기를 통해 전하고자 하는 것을 말하고 들어야 할 것을 듣는 능력—은 정치, 경제, 그리고 사회적 요인들과 깊은 연관성을 갖는다. 이 연구를 통해서 다윗에 관해 알게 되는 주된 내용은, 이 아름다운 이야기가 다윗이 이스라엘을 다스리는 정당성 내지는 그 왕국의 통치 질서를 이념적으로 뒷받침하려는 목적에 부합하는 모양새를 갖추고 있지만, 정작 이 이야기 안에서 무언가 비참한 일이 벌어지게 된다는 점이다. 하임이 펼쳤던 주장이 바로 그것이다. 특정 범주의 결론이 도출되어야 한다는 압력이 끝임없이 주어지는가 하면, 이야기가 시작되기도 전에 마치 결론을 모조리 알고 있다는 식의 해석이 즐비하지만, 이데올로기가 이 이야기 안에서 어떤 역할을 하는지 상상력(imagination)을 동원하여 고찰해보면 어떤 사건이 기필코 발생하고야 말 것이다. 건(Gunn)이 이미 잘 파악한 것처럼, 다윗 이야기가 발휘하는 창의적이고 역동적인 힘은 그 이야기 자체가 미리 정해진 어떤 결론으로 치닫지 않는다는 점에서 나온다.[29] 그러나 건이 이러한 이해를 피력한 것은 지금 우리가 살펴보고 있는 내러티브 단락이 아니라 [왕위] 계승 내러티브를 바탕으로 한 것이었다. 위에서 확인한 것처럼, 만약에 성경 저자들이 예술적인 기법을 사용하여 서술한 내러티브를 검열하는 사람들이 있었다면, 지금 우리 손에는 누구나 인식할 수 있는 그저 평범하고 뻔한 방식으로 기록된 내러티브가 놓여있을지언정, 훌륭한 예술 작품에서 발견할 수 있을 법한 그런 기발하고 창의적인 자유로움은 반영되어 있지 않았을 것이다.

나는 이런 고찰이 우리에게 매우 중요한 통찰을 제공해 준다고 생각한다. 우리는 지금 다윗이 세운 이스라엘 왕국에 관한 진실을 담고 있는 몇몇 본문들을 이해하고 해석하는 작업을 시도하고 있다. 또한 믿음을 포용하기 위해서 과연 우리는 누구이며, 또 정작 우리가 할 수 있는 것은 무엇이며 우리가 할 수 없는 것은 무엇인지 주위를 기울여 반추하고 있다. 그러기에 정치적이고 경제적인 요인

---

29 L. C. Knights가 시도한 셰익스피어 분석에 대해서 Gunn이 특별히 *Story of King David*, 25-27에 언급한 견해를 참고하라.

들까지 함께 고려해야 한다. 하지만 문화적인 진화나 지적 혹은 도덕적 발달이라는 차원에서 그 본문들이 드러내는 차이점들을 찾으려는 낭만적인 인간 이해는 오히려 경계해야 한다. 다윗 내러티브 안에는 분명 인식의 변화가 존재한다. 그 변화는 기술의 발달과 더불어 조직이 모습을 갖추고 권력이 힘을 발하는 사회적인 형태와 긴밀하게 연결되어 있다. 내러티브는 한 개인이 혼자만을 위해 상상력을 펼치는 내면적인 예술이 아니다. 오히려 내러티브는 공공의 삶이라고 하는 일정 범위 안에서만 가능한 한 외면적이면서도 공적인 의사소통의 장이다. 그러므로 우리는 지금까지 왕정의 도래와 함께 이스라엘 안에서 변화된 공적인 의사소통의 방식들을 살펴본 셈이다.[30]

사무엘하 8장에 포함된 내러티브 단락들을 [왕위] 계승 내러티브와 나란히 놓음으로써, 공적인 의사소통은 다양한 형태의 (문학적) 양식이나 장르를 취할 수 있으며, 왕국의 진실이라는 차원에서 모든 사항들이 그 모습을 감춰야 할 필요는 없다는 사실 또한 명백해졌다. 하지만 그런 맥락에서 내러티브를 떠안는다는 것은 분명 또 다른 문제를 유발시킬 뿐만 아니라 기존의 정치 체계와 가치 질서를 전복시키는 함의를 갖는다.

---

[30] 지금 흥미를 갖고 연구하고 있는 대상인 내러티브에 비추어서, 기술 발전이 변화시키는 의사소통 방식들에 관해 자세히 공부해 보는 것도 의미가 있는 작업이다. 내러티브는 의사소통을 기술이라는 도구의 차원으로 축소시키는 것에 완강하게 대항하여 의사소통을 작동시키는 하나의 방식이기 때문이다. 어처구니없지만, 20여년 전에 *Time* 매거진(1983년 1월호)은 "컴퓨터"를 "올해의 인물"로 선정하기도 했다.

오늘날 왕국의 진실을 연구한다는 것

마지막으로, 우리의 왕국에 관한 진실을 연구하는 것에 대한 네 가지 결론을 살펴볼 차례다. 첫째, 성육신 기독론 내지는 위로부터의 기독론(high Christology)의 깊고 곧은 뿌리인 신앙을 교회에 공급해 온 것은, 특별히 사무엘하 7장처럼 왕국의 진실에 대해 진술하는 본문들이다. 교회론은 "교회에 관한 진리"라는 뜻으로 간주되지만, 다른 한편으로 교회론은 상당 부분 왕국에 대한 진실을 담고 있는 것이 사실이다. 새로운 다윗으로 오신 예수님으로 표현된 신앙은 때로는 이야기가 갖는 모호성이라든지 다분히 모순적인 면모들까지 밋밋하고 평이한 진술로 모조리 바꾸어 놓으려는 경향이 강하다. 그러나 교회가 고수해 온 신앙의 내용이 왕국에 관한 진실보다는 지파의 진실이라든지 아니면 고통의 삶을 살아온 한 인간인 다윗에 관한 진실이 말하는 바와 어떻게 다른 지를 살펴보는 것도 유의미한 연구가 될 것이다.

둘째, 다윗과 예수님을 연결하는 것은 오늘날 우리가 이 내러티브를 통해 얻을 수 있는 유일한 교훈은 아니다. 왕국에 관한 진실은 오늘을 살아가는 우리에게 전적으로 종교적인 의미로만 다가오는 것도 아니다. 과도하게 종교적 확신에만 머무를 것이 아니라, 우리의 공적 정신(public mind)을 형성하는 자본주의적 선전도 주의해야 한다. 왜냐하면 그것은 미묘한 방식으로 성경 내러티브의 다양한 내용을 사전에 검열하기라도 하듯이 걸러내는 시각을 갖게 하기도 하고, 소비주의 목적 일환으로 성경 내러티브 속에서 마음껏 나래를 펼쳐야 할 우리의 상상력을 으스러뜨리기도 하기 때문이다.

셋째, 칼 막스(Karl Marx)와 지그문트 프로이트(Sigmund Freud)는 각각 다른 방법으로 성경 내러티브가 "그곳에서"의 이야기였지만 결국 "이곳에서"의 이야기로 전환되어야 한다는 점을 통찰력 있게 직시했다. 피터 버거(Peter L. Berger)와 토마스 루크만(Thomas Luckmann)은 객관적인 진실을 내면화 하는 방법—즉 "우리의 이야기"뿐만 아니라 "나의 이야기"로 삼는 과정—을 책으로 써낸 바 있다.[31] 환언하자면, 우리는 왕국의 진실을 개인적인 차원으로 구현하면서 살아가고 있다는 것이다. 위에서 언급한 지나친 종교적 확신과 공적 검열 조치는 이 이야기들을 지극히 비인격적이며 경직된 상태에서 구연하면서 살아가도록 우리를 몰아붙인다. 그러나 성경 내러티브를 우리의 삶으로 살아내고 시행하는 것은, 방금 전 앞에서 말한 그런 사회에서 지파 차원의 진실과 개인적 차원의 진실을 있는 그대로 전해 들을 수 있는지 그리고 이 두 가지 차원의 진실을 대안적 진실(alternative truth)로 제시하는 것이 과연 유의미한 시도인지를, 우리에게 되묻는다.

마지막으로, 이데올로기를 반영하기 마련인 내러티브에 대한 지적과 더불어, 우리는 새롭고 검열을 통해 그럴 듯하게 잘 짜 맞춘 담론이라 할지라도, 언어 본연의 창의적인 기능과 작동을 철저하게 차단시키지 못한다는 점을 확인할 수 있다. 의도적으로 평이하고 일차원적으로 기록된 이 본문의 경우도 마찬가지다. 이 본문이

---

[31] Peter L. Berger and Thomas Luckmann, *Social Construction of Reality: A Treatise in the Sociology of Knowledge* (Gaden City, N.Y.: Doubleday, 1967), chap. 3.

얼마나 신비롭고 기이하게 저작되었으며, 그리고 그것을 기록한 저자와 얼마나 깊은 연관성이 있는지 그 정도를 정확하게 구별해내기란 여간 어려운 일이 아니다. 하지만 공교롭게도 그 안에는 어느 하나를 삭제하거나 걸러낼 수 없는 아주 흥미로운 두 가지 사항이 나란히 병치되어 있다. 그것은 "다윗이…명성을 떨치니라"라는 진술과 "여호와께서 이기게 하셨더라"라는 진술이다. 내용상 서로 충돌을 일으키도록 의도된 것이든 아니든, 이 두 개의 진술은 말 그대로 이상한 조합이 아닐 수 없다. 다윗이 정의와 공의를 행했다는 기록에 이어서, 그가 용병들을 고용했다는 언급 또한 주목해야 할 만한 사안이다. 추측하건대, 이처럼 상반되거나 불협화음을 일으키는 내용이 병치되어 있는 것은 본래 저작의 의도가 그대로 반영된 것이리라. 이와 반대로 정권과 통치 체계에 대한 아둔하고 민감하지 못한 말들은 정작 그것이 의도된 것이 아니며, 또한 무슨 의미인지도 모른 채 허공을 향해 떠들어 댄 소리일 가능성도 다분하다. 그러나 둘 중 어느 경우에 해당하든 간에, 서로 상반되고 충돌을 일으키는 이 진술들을 못 본 척 그냥 지나치는 것은 적절한 자세가 아니다. 심지어 우리의 이목을 크게 끌지 않는 본문들 안에서도 그 이야기는 때때로 지배의 주체들에 대항하여 나름대로의 힘을 발휘하곤 한다. 왕국의 진실 조차도 처음에 그랬던 만큼 확실하지 않음을 우리는 확인할 수 있다. 오히려 그 왕국의 진실 한가운데에는, 억제할 수 없는 다른 진실에 관한 징후들이 자리하고 있다. 왕국의 진실은 아래에 소개한 것처럼 은행에서 돈을 인출하는 것과 비슷하다. 이상하지만 이런 상황을 상상해 보면 좋을 것 같다. 한 은행 직원이 당신이 인출하려고 요구한 돈을 건넨다. 그 돈을 세어보고는 당신은 "20 달러 더 주셨네요"라고 대답하면서 그 돈을 그 직원에게 되돌려준다. 하지만 그 은행 직원은 잠깐 눈을 지긋이 감았다가 뜬 다음 시선을 돌리지도 않은 채 그 돈을 당신을 향해 다시 내밀면서 이렇게 말한다: "우리 은행은 결코 실수하지 않거든요."[32] 이처럼 단호하고 확신에 찬, 왕국의 진실을 어떻게 대해야 할까? [설령 은행 직원이 아무런 실수도 잘못도 저지르지 않았다는 신념으로 잘못 건네 준 20 달러와 같은] 이 왕국의 진실은 선물인가, 오류인가, 아니면 뇌물인가?

---

[32] Alexander Solzhenitsyn—in "An Incident at Krechetovka Station," in *Stories and Prose Poems*, trans. M. Glenny (New York: Farrar, Strause & Giroux, 1971), 167-240—은 왕국의 진실에 대해서 기민하고 통찰력 있게 이야기를 전개한다. 결론부에서, 경비 담당관은 왕국의 진실에 대한 결정적인 주장을 선포한다: "트베리킨(Tverikin) 문제는 제대로 처리되었습니다. 우리는 결코 실수하지 않거든요." (p. 240). (이 자료를 참고할 수 있도록 도움을 준 Gail R. O'Day에게 감사한다).

4장

―

회중의
소망어린 진실

시편 89편과 139편
예레미야 애가 3장 21-27절
이사야 55장 3절
역대기상 10-29장

지금부터는 다윗에 관한 기사에서 파생되어 명확한 신학적 함의를 구성하는 이차적인 문헌들로 시선을 돌리려고 한다. 그렇다고 해서 이전에 살펴본 본문들이 신학적으로 구성되어 있지 않다는 뜻은 아니다. 우리가 이 시점까지 진행해 온 논의의 핵심 요지도 그랬고, 앞서 면밀히 관찰했던 본문들 역시 특정한 신학적 담론을 형성하고 있음을 확인했다. 그럼에도 불구하고, 이제부터 다룰 본문들은 더욱 확실하고 널리 인정된 건설적인 요소들을 제시한다. 여기에서는 특별히 다음 두 가지 주제들만 언급하려 한다: (1) 다윗을 중심으로 특히 사무엘하 7장에서 기원한 왕권과 예전에 관한 약속들(royal, liturgical promises); (2) 역대기에 반영된 교회적 전승(ecclesial tradition).

이 전승들을 깊이 고찰하기 위해서, 나는 몇 가지 사안들과는 의도적으로 거리를 둘 생각이다. 첫째, 우리가 지금까지 줄곧 다뤄 온 내러티브 관점에서, 독자들의 시선을 사로잡는 매혹적인 이야기들—즉 다윗이 사울에게 위협적인 존재로 "급부상"하는 상황을 묘사한 이야기, 그리고 그의 몰락과 더불어 솔로몬에게 왕좌를 물려주는 과정을 아우르는 "[왕위] 계승" 이야기—는 지금부터는 논외로 할 것이다. 이렇게 해서, 우리는 매우 극적이고 인상적인 요소들을 통해 흥미와 상상력을 자극하는 이야기들과는 일정한 거리를 유지함으로써 보다 객관적인 시각으로 신학적 담론을 따져보는 기회를 갖게 될 것이다. 둘째, 역사적 사안과 관련하여, 역사적 신빙성을 입증하기 어려울 지라도, 나는 거리낌없이 독자들을 새로운 본문들 안으로 안내하여 함께 뛰어 들어갈 것이다. 이 본문들은 역사적 고증을 거쳐야만 밝혀낼 수 있는 다윗의 면모와는 또 다른 모습을 제시하는 듯하다. 우리의 최종 관심은 이 본문들 안에 반영된 문학적인 특성들을 고려하는 데에 있는 것이 아니다. 왜냐하면 현재 시도하는 전환은 단순히 덜 역동적이고 신학적 함의 역시 미미한 내러티브로 우리의 시선을 돌리려는 것이 결코 아니기 때문이다. 또한 이 장에서 살펴보려는 본문들 안에 반영된 역사적 특성들을 집요하게 파고드는 데에 궁극적인 목적을 두려는 것도 아니다. 철저한 고증을 통해 역사성이 덜 한 본문들을 선별하여 그것들을 파헤치고자 하는 의도는 더더욱 아니기 때문이다. 오히려, 우리의 관심사와 목적은 방금 전까지 열거한 것들과는 완전히 구별되는 전혀 다른 범주에 해당한다. 요컨대 새롭게 주어진 각각의 본문들 안에 어떤 진실이 반영되어 있는지 그 양상을 밝히는 것이 바로 우리의 핵심 관심사다. 이 일은 본문을 문학적으로 탐구하거나 그 역사적 가치를 재고 따지는 일에 의해 방해를 받아서는 안 된다.

우리 앞에는 [포로기 이전 본문들에 묘사된] 다윗에 관한 한 가지 진실과, [포로기 상황을 배경으로 하는 본문들에 반영된 대로] 주전 5세기에 대한 신학적 반성이라는 관점에 입각해 진술된 또 다른 다윗에 관한 진실이 함께 놓여 있다. 이 두 가지 진실은 "사실에 더 가까운" 어느 한 가지가 다른 것보다 우선성을 차지하는 그런 종류의 진실이 아니다. 두 가지 모두 관심을 가지고 그 구성 방식, 문학적인 형태와 맥락, 그리고 기록 의도를 할 수 있는 한 최대한 주의 깊게 면밀히 들여다보아야 하는 진실이다. 왜냐하면 정경 공동체가 이 모든 본문들에 반영된 진실성을 기꺼이 인정했기 때문이다.

"회중의 소망어린 진실"이라는 제목 아래, 나는 우선적으로 사무엘상 25장 28절과 사무엘하 7장 14-16절에서 파생된 시편 89편; 이사야 55장 3절; 예레미야 애가 3장 21-27절; 시편 132편을 차례로 살펴보고자 한다. 이 본문들은 모두 지파 차원(삼상 25:28)과 왕국 차원(삼하 7:14-15)에서 승인하고 지지하는 다윗 언약을 다루면서도, 파격적인 반전을 꾀한다. 그러고 나서, 특별히 신앙 공동체를 위한 목적으로 긴 분량에 걸쳐 다윗 한 사람을 집중적으로 회고한 역대기상 10-29장을 고찰해 보도록 하겠다.

다윗을 향한 소망

우리가 지금 성경 본문을 통해서 밝혀 내려는 진실은 신학적이며 교회론적인 진실이다. 비록 옛 시대에 주어진 정치적인 약속들이 기념되고 있지만, 이 약속들은 이제 완전히 바뀐 상황과 환경 가운데 처한 이스라엘 공동체를 향해 새로운 진리를 선포하는 형태로 이루어져 있다. 단언하건대, "회중의 진실"은 정치적 현실주의와 야망을 완전히 배제하지 않는다. 그렇지만 정치적인 차원은 이전과 다른 식으로 전개된다. 이 "진실"은 더 이상 왕국이나 제국의 관점을 채택하지 않는다. 우리가 이제부터 다룰 본문들은 거의 대부분 이스라엘이 정치적 권력을 상실한 까닭에 왕국이나 제국의 이름으로 불릴 수 없는 포로기나 포로기 이후의 상황을 역사적 배경으로 하기 때문이다. 그 본문들은 미래에 다윗(언약)을 구심점으로 한 신앙 공동체를 주로 염두에 둔 문헌들이다. 다윗이라는 인물은 더 이상 정치적으로 실제적인 도움을 줄 수 있는 존재가 아니며, 바벨론이나 페르시아의 지배자들이 위협을 느낄 만한 인물도 아니다. 이스라엘이 제국을 이루는 것은 불가능하다. 따라서 이제부터는 필히 의식적으로 신앙적인 차원에서 형성된 전혀 다른 종류의 상상력의 지평이 작동되어야 한다.

내가 "회중의 진실"이라는 제목을 사용한 이유는, 정치적인 공동체와 구별되는 신앙 공동체를 언급하기 위해서다. 여기서 "회중"이라는 단어는 정치적 탁월함에서 소망의 근원을 찾지 않는 신앙 공동체로서, 본래는 유대인들을 그리고 이어서 기독교 공동체를 가리킨다. 오히려 이 공동체는 현실적으로 신앙을 삶으로 살아내며 다가올 미래를 상상하고 기대하는 공동체다. 이러한 신앙 공동체는 적어도 지배적인 세속 제국의 힘과 논리에 의해 좌지우지하지 않는 삶의 방식을 추구하는, 가장 겸손하면서도 실행가능한 역사적 실체다.

나는 이 역사적 실체를 소망어린 진실이라고 명명했다. 이 어구는 다음 두 가지 사안을 시사한다. 첫째, "소망어린"이라는 표현은 메시아가 오실 그 때—우리 그리스인들에게는 주께서 다시 오시는 그 마지막 때—를 가리키는 종말론의 지평을 활짝 열어 젖힌다. 이 진실은 단순히 다윗을 회고하는 선에서 끝나지 않는다. 역사 한가운데에 진정한 샬롬을 회복시키기 위해서 다윗으로 오실 이 곧 그리스도에 관한 진실로 확장되기 때문이다. 이 다윗으로 오실 이는 실제로 다윗이 성취했어야 했으나 그렇게 하지 못한 바를 모두 이루실 이상적인 다윗이다. 물론 다윗으로 오실 이 역시 사람의 몸을 입고 오시지만, 자신에게 맡겨진 하나님의 뜻과 계획을 완전히 성취하실 것이다. 그분의 사역은, 자기 자신을 위해 잇속을 차린다든지 애매모호하게 이중적 태도로 권력을 위해 줄타기를 하는 위선과 같은 부정적 요소로 결코 흠잡을 수 없을 정도로, 완전하고 완벽할 것이다. 우리가 면밀히 들여다볼 전승들 안에 등장하는 다윗이라는 이름은 하나님이 우리를 향한 꿈과 의지를 가지고 계심을, 역사는 아직 끝나지 않았음을, 그리고 다윗이라는 인물은 다가오는 미래에 열매로 결실할 하나님의 목적을 위한 도구임을 역설적으로 보여준다.

이처럼 "소망어린 다윗"은 대담한 신학적인 전망을 투사하고 있음에 틀림이 없다. 아마도 곧 읽게 될 본문들이 역사적 정확성을 지나칠 정도로 따져 묻지 않는 이유도 이러한 이유 때문일 것이다. 앞에서 주지했다시피, 나는 이번 장에서 다윗이 속한 지파의 염원이 가득 담긴 진실(1장)과, 한 개인이 인격을 통해 고스란히 겪어야만 했던 고통으로 점철된 진실(2장), 그리고 왕위에 올라 왕조와 통치를 견고히 다져 나가기를 원한 다윗에 의해 확실하게 드러난 진실(3장) 중에 어떤 특정 차원의 진실을 집중적으로 조명하지 않을 것이다.

오히려, 우리가 주목하려는 다윗은 현재를 거쳐 앞으로 종말론적으로 다가올 미래를 위해 투영된 하나님의 뜻을 토대로 상상해 봄직한 그런 다윗이다.

둘째, "소망어린"이라는 표현은, 이제 곧 뛰어들어갈 성경 본문들을 "모든 것을 참으며 모든 것을 믿으며 모든 것을 바라며 모든 것을 견디느니라"(고전 13:7)라는 성경 구절이 가리키는 바와 같은 태도와 자세로 받아들인다는 것을 의미한다. 이번 장에서 살펴볼 본문들은 다윗 이래로 참고 믿으며 바라고 견뎌 온 내러티브에 속하는 문헌들로서 다윗에게서 비롯된 최상의 것(즉 다윗으로 오실 이—옮긴이)을 소망한다. 우리는 이러한 전망이 역대기 안에서 이미 작동하고 있음을 어렵지 않게 확인할 수 있다. 사무엘서에 기록된 다윗이 저지른 불미스러운 일들과 그 사건들에 관한 부정적인 평가를 대부분 걷어낸 역대기 안에서, 이스라엘은 다윗과 관련하여 가장 밝은 약속된 앞날을 기념하고 예견한다.

"회중의 소망어린 진실"에 대해 한 마디 더 덧붙일 말이 있다. 즉 이 장에서 살펴볼 본문들은 우리가 다룬 기존 이야기와 달리 예전의 시행(liturgical process)이라는 목적에 부합하게끔 저작된 예전적 구성물(liturgical constructions)이라는 점이다. 환언하자면, 일반 학문이 다루는 "역사와 같은"[1] 세계에서 작동하는 몇몇 요인들은 우리의 논

---

1 "역사와 같은"(history-like) 이라는 어구가 함의하는 범주에 관해서는 James Barr, *The Scope and Authority of the Bible*, ExTh 7 (London: SCM, 1980), 1–17을 보라. Barr는 Hans W. Frei가 그의 저서 *The Eclipse of Biblical Narrative: A Study in Eighteenth and Nineteenth Century Hermeneutics* (New Haven: Yale University Press, 1974)를 통해서 해당 사안에 대해 시도한 가장 완벽한 분석을 활용했다고 말한다.

의와 관련해서 중단되거나 유보되어야 한다는 것이다. 따라서 내가 이번 장에 명명한 "소망어린 진실"의 모든 특징적인 면모들은 특별히 제의적 행위와 긴밀하게 연결되어 있다. "소망어린 진실"은 신앙 공동체를 목적으로 한 것이며, 다가오는 미래를 향하여 열려 있음은 물론, [종말론적 새 시대를 여는] 전형적인 최선의 대안을 무비판적으로 감싸안는다.

잠시 후에 살펴볼 본문들 안에 묘사된 다윗과 그리고 추가적으로 생각해볼 수 있는 다윗의 세계는 예전적으로 구축된 (liturgically shaped) 인물의 세계다. 달리 말해, 이스라엘 회중은 공적으로 진행되는 예배와 예식을 통해서 이 본문들 안에 투영된 다윗과 그의 세계에 관한 이미지들과 그림들, 그리고 시나리오들을 느끼고 경험했다는 것이다. 이 본문들 배후에 존재하는 이스라엘의 공적인 예배와 예식은 사실주의 회화 작품처럼 있는 사실을 냉철하게 그려내기보다는, 그 공적 예배가 도출하고 이루어 내려는 비전을 환기시키는 데에 주안점을 둔다. 따라서 암울하기 그지없는 역사적 정황과 함께 해당 본문들 안에 등장하는 다윗이 모든 이들의 눈에 선명하게 들어오지 않을 수도 있다. 하지만 이 [신앙] 공동체—비록 실제 상황에서는 그렇게 큰 가치와 의미를 획득하지 못한 공동체였다고 하더라도—는 다윗을 신뢰하고 그를 통해서 소망을 발견한다.

예배에 관한 제의와 그 의식을 뜻하는 예전(liturgy)은 포로기와 포로기 이후의 이스라엘 백성으로 하여금 시적으로 표현된 대안 세계 (alternative world)를 삶을 통해 구현하며 살아내는 것을 가능하게 한다. 예전적 행위와 활동은 우리 앞에 놓인 세상이 바뀌지 않는다는 고정관념을 완강히 거부한다. 오히려 그들은 하나님을 향해 드리는 예배를 통하여 그 세계를 대안적으로 다시 구성할 수 있다고 강력하게 주장한다. 실제로, 그들이 행한 예배 행위를 기술한 묘사와 기록은 당대 세계를 새롭게 재구성하는 데 반드시 필요한 대안을 제공한다. 신앙 공동체가 살아가는 이 세상은, 대안 세계를 직접적으로 경험하는 것은 아니더라도 "이렇게 변화될 수 있어"라고 힘차게 선언하는 담대하고 창조적인 예전을 통해, 대안 세계로 중재 및 조정된다. 여타의 다른 세계와 마찬가지로, 다윗의 세계 역시 사회적으로 재구성된 세계다. 곧 살펴볼 본문들은, 우리가 앞에서 묵상한 다윗의 삶처럼, 그의 행적과 그가 남긴 유산을 사회적 시각으로 바라봄으로써, 후대 이스라엘이 다윗이 처했던 현실을 바탕으로 대안 세계를 형성하고 그것을 살아내도록 독려한다. 요컨대, 다윗이 처했던 현실은 이방 나라들의 압제와 핍박뿐만 아니라, (바벨론과 페르시아에서) 무기력하게 살아가야만 하는 이스라엘 포로들의 절망과, 그리고 이방 여러 지역에서 디아스포라(Diaspora)로 살아갈지언정, 절대 포기하거나 망각하지 말아야 할 정체성의 상실에 정면으로 맞서도록 힘을 북돋아주는 대안적인 세계관을 제공한다는 말이다.[2] 삶을 축소시키는 유혹들에 대항하여, 희망으로 가득찬 다윗의 진실은 위엄을 수호하고, 공동체를 하나로 통합시키며, 절망으로 치닫

---

2 Sara Japhet, "People and Land in the Restoration Period," in *Das Land Israel in Biblischer Zeit*, edited by G. Strecker, GTA 25 (Göttingen: Vandenhoeck & Ruprecht, 1983), 103-25; and *idem*, *The Ideology of the Book of Chronicles and Its Place in Biblical Thought*, 2nd ed., trans. A. Barber, BEATAJ 9 (Frankfurt: Lang, 1997), 352-93을 보라. 이 문헌들의 저자는 위에서 언급한 신학적 이해가 필요한 문화적 상황을 유용하게 분석했다.

는 중에도 소망을 갖게 해 준다.

[하나님의] 신실한 사랑과 견고한 [다윗] 왕조

그럼 먼저 다윗과 관련하여 종말론적이고 교회론적으로, 즉 각기 다른 관점으로 이야기하고 있는 본문들을 탐구해 보도록 하자. 그 첫 번째 관점은 사무엘하 7장 15-16절에 언급된 다윗 언약에 포함된 핵심 어구에 초점을 맞춘다:

> 나의 신실한 사랑을 빼앗지 아니하리라
> 내가 사울에게서 한 것처럼
> 네 집과 내 나라가 내 앞에서 영원히 보존되리라…
>
> [브루그만의 번역]

위에 인용한 두 개의 구절은 상당한 분량과 깊이의 신학적 사고를 낳는 근원적 본문으로 기능한다.[3] 사무엘하 7장 14-16절이 중추적인 역할을 하는 본문이라는 점은 의심의 여지가 없다. 특히 이 구절들은 지파 차원의 모든 주장을 하나로 모으는 한편, 회중이 소망하는 바를 현실적으로 실현 가능하게 만든다. 회중이 소망을 품고 선포한 근원적 본문인 만큼 이 구절들을 좀 더 자세히 살펴보도록 하자.

---

3 Jean M. Vincent, *Studien zur Literarischen Eigenart und zur geistigen Heimat von Jesaja, Kap. 40-55*, BBET 5 (Bern: Lang, 1977)에 제시된 본문 분석을 참고하라.

사무엘하 7장 14-16절은 아무런 맥락 없이 기록된 것이 아니다. 다윗의 집과 나라 그리고 그의 왕위가 영원히 견고할 것이라는 나단의 신탁은 이미 지파의 진실 안에서 크게 공명한 바 있다(1장을 보라). 또 사무엘상 25장 28절에서는 아비가일의 입을 통해서 지파의 비전이 확정적으로 선포되기도 했다: "여호와께서 반드시 내 주를 위하여 든든한 집을 세우시리니 이는 내 주께서 여호와의 싸움을 싸우심이요 내 주의 일생에 내 주에게서 악한 일을 찾을 수 없음이니이다." 이 선포적 진술은 초기 이스라엘 내러티브 안에 포함되어 있던 것이다. 따라서 이 시점에서 우리는 해당 전승의 원시적인 주장에 가까이 접근했다고 생각할 수도 있다. 아비가일이 선포한 선언의 내용은 사무엘상 26장 23절과 27장 12절에서도 들려온다.[4] 앞에서 언급한 세 개의 구절들은 다소 이르긴 하지만 다윗에 관한 신학이 벌써 출현했음을 알리는 근거가 된다. 이미 이 부분에서 "든든한"(אָמַן 아만, 삼하 7:16에서는 "견고한"으로 번역됨) 그리고 "신실한"(삼상 26:23 히브리 성경에는 אֱמוּנָה[에무나]로 기록되어 있지만, 브루그만은 삼하 7:15에 사용된 חֶסֶד[헤세드]로 이해한다—옮긴이)이라는 두 개의 단어가 작동하고 있다. 이 지점은 앞으로 내러티브가 계속 전개되면서 보다 더 준엄하고, 보다 더 정교하며, 보다 더 냉철한 모습으로 발전하는, 다윗에 관한 신학적 궤도가 시작하는 출발점이다. 다소 직설적인 지파 차원의 진술과 선언을 토대로, 사무엘하 7장 14-16절에서는 다

---

4 Matitiahu Tsevat의 도발적인 연구인 *The Meaning of the Book of Job and Other Biblical Studies* (New York: Ktav, 1980), 101-17을 보라. 나는 Tsevat이 시도한 다윗 언약에 대한 왕조 전(pre-dynastic) 이해를 찾는 데 다소 어려움이 있다고 생각하지만, 그의 사무엘하 7장 분석에 대해서는 동의한다.

윗의 왕위와 왕조에 관한 약속이 공식적으로 선포된다. 즉 예전에 한 지파가 가슴 깊이 품고 간절히 염원했던 다윗에 관한 기대와 소망이 마침내 정식으로 형식과 규례를 갖추고, 계획적 진술로 그 위용을 드러낸 것이다. 이 진술을 발판 삼아, 다윗 왕정의 통치와 다스림은 본격적으로 가동된다. 그러므로, 이미 앞에서 언급한 것처럼, 왕정을 공식화하는 이 진실은, 과거에 일개 지파가 선언했던 주장에 머무르지 않고 그것을 훨씬 더 웅장하고 강력하게 확대 및 고조시킨다. 더구나 이 본문에서 주어진 하나님의 약속은 다윗을 위해 단순히 "든든한 집"을 세워주는 것으로 그치지 않고, 결코 무르거나 취소될 수 없는 하나님의 "신실한 사랑"(여기서도 브루그만은 אֱמוּנָה[에무나] 대신에 חֶסֶד[헤세드]를 언급했음)까지 보장한다. 이런 의미에서, 과거 지파의 진실에 반영되었던 주장은, 모든 지파들이 가졌을 법한 범위와 경계를 넘어서서, 여타의 정권과 체제가 늘 그런 것처럼, 영원을 기대하고 소망하는 데까지 나아간다.

그럼에도 불구하고, 이미 앞에서 본 것처럼, 왕국의 진실은 참된 진실을 위한 수단인 동시에 그것을 우리에게 전달해 주는 역할을 담당한다. 비록 여타의 이유와 목적으로 인해 편향되거나 왜곡이 생기기도 하지만 말이다. 다윗 왕조가 역사의 무대에서 패망한 이후, 이스라엘 회중은 한번도 상상해 보지 못했던 새로운 상황 가운데서 영향력을 발휘하며 적실한—즉 영원히 변치 않으며 취소되지도 않는—참된 진실을 발견할 수 있었다. 그러므로 그 변하지 않는 참된 진실이 의미하는 바를 연상시키기 위해 앞에서 언급한 본문들을 살피는 것은 지극히 당연한 일이다. 하지만, 그 본문에 반영된 정치 선전적 기능(propagandistic function)은 지금 우리가 진행하고자 하는 논의와는 별로 상관이 없다. 자 그럼 사무엘상 25장 28절과 사무엘하 7장 14-16절을 회고하고 연상하는 이차적 본문들을 이전에 시도한 것과는 다른 방향으로 접근해 보도록 하자.

시편 89편

우리가 첫 번째로 들여다볼 본문은 사무엘하 7장에 실린 신탁을 예전적 시각으로 반추하고 해설을 가미한 시편 89편이다. 어떤 이들은 사무엘하 7장을 진지하게 검토하기에 앞서서 시편 89편을 먼저 연구하기도 한다. 그러나 나는 사무엘하 7장을 먼저 다뤘고, 이제 그 사무엘하 7장의 파생 본문인 시편 89편을 검토해 보려고 한다. 시편 89편은 복잡하지만 중요한 특징을 갖고 있는 예전적인 작품(liturgical piece)이다. 그렇다고 여기서 그 복잡다단한 특성들을 모두 상세히 다룰 수는 없다. 다만 우리가 진행하고 있는 논의와 관련해서, 사무엘하 7장 15-16절에 나오는 "견고한"(אָמַן 아만)이라는 단어와 하나님의 "신실한 사랑"(חֶסֶד 헤세드, 개역개정은 "은총"으로 번역했음)을 가리키는 단어가 함께 배열된 이중적 양식 어구(double formula)가 사용되었다는 사실에 최대한 집중하고자 한다.

앞에서 언급한 "견고한"(אָמַן 아만)과 "신실한 사랑"(חֶסֶד 헤세드) 이 두 단어는 사무엘상 25장 28절 그리고 사무엘하 7장 14-16절에서 결정적인 역할을 한다. 특히 시편 89편에서 이 두 단어는 아주 광범위하게 나타난다. 우선 이 두 단어는 야웨께서 역사하시는 방식을 특징적으로 묘사하기 위한 목적으로 사용된다. 그러고 나서는 다윗의 독특한 역할을 설명하는 데에도 사용된다. 다윗은 야웨께서 당신의 신실한 사랑을 베푸시는 특별한 인물이다. 따라서 이 두 단어—"견고한" 그리고 "신실한 사랑"—는 야웨의 신실한 사랑의 수혜자인 다윗 특유의 영향력을 집중 조명한다고 말할 수 있다. 결국 이 한 쌍의 단어는 야웨의 신실하심을 은혜로 받은 다윗에 의해 수립된 왕정의 몰락을 경험한 이스라엘 후손들에게 더욱 실제적이고 중요한 신학적 의미를 던져줬을 것임은 너무나 자명한 사실이다.

이처럼 "견고한"(אָמַן 아만)과 "신실한 사랑"(חֶסֶד 헤세드) 두 단어가 시편 89편에 사용된 용례와 용법은 다음과 같다(영어 번역과 작시법을 반영한 브루그만의 번역임):

내가 당신의 인자하심(חֶסֶד 헤세드, 복수형)을 노래하며…
주의 성실하심(אֱמוּנָה 에무나)을 선포하리라…. (1절)
당신의 인자하심(חֶסֶד 헤세드)을 영원히 세우며,
주의 성실하심(אֱמוּנָה 에무나)을 하늘에서 견고히 하시리라. (2절)
주의 기이한 일(פֶּלֶא 펠레)을 하늘이 찬양할 것이요,
주의 성실(אֱמוּנָה 에무나)도 거룩한 자들의 모임 가운데서 찬양하리이다. (5절)
여호와 만군의 하나님이여, 주와 같이 능력있는 이가 누구리이까?
주의 성실하심(אֱמוּנָה 에무나)이 주를 둘렀나이다. (8절)
정의와 공의가 주의 보좌의 기초라
인자함(חֶסֶד 헤세드)과 진실함(אֱמוּנָה 에무나)이 주 앞에 있나이다. (14절)
나의 성실함(אֱמוּנָה 에무나)과 인자함(חֶסֶד 헤세드)이 그의 앞에 있으리니,

내 이름으로 말미암아 그가 존귀함을 받으시리로다. (24절)

나의 인자함(חֶסֶד 헤세드)을 그에게서 거두지 아니하며,

나의 성실함(אֱמוּנָה 에무나)도 폐하지 아니하리라. (33절)

여호와여, 주의 지난 날 당신의 인자하심(חֶסֶד 헤세드, 복수형)이 어디 있나이까?

주께서 주의 성실하심(אֱמוּנָה 에무나)으로 다윗에게 맹세하셨나이다. (49절)

위에서 보는 바와 같이, 시편 89편이 사무엘하 7장에 선포된 기본적인 사안들을 예전적 행위와 의식을 통해 읊조리며 묵상하고 있다는 점은 너무나 명백하다. '헤세드'(חֶסֶד)와 '에무나'(אֱמוּנָה)가 사용된 대부분의 용례에서, 두 단어는 평행 관계를 형성한다. 단 8절에서는 '헤세드'(חֶסֶד)없이 '에무나'(אֱמוּנָה)만 사용되었지만, '하신'(חֲסִין '능력있는') 이라는 단어가 '에무나'(אֱמוּנָה)와 평행을 이루고 있다. 또 14절에서는 다른 한 쌍의 평행 단어들인 "의"(צֶדֶק 체데크)와 "공의"(מִשְׁפָּט 미쉬파트)가 사용되긴 하지만, 주된 초점은 어디까지나 '헤세드'(חֶסֶד)와 '에무나'(אֱמוּנָה)에 맞춰져 있다.

시편 89편에서 '헤세드'(חֶסֶד)와 '에무나'(אֱמוּנָה)가 한 쌍으로 형성하는 평행 관계와 그 쓰임새는 여러 부분에서 다양한 방식으로 나타난다. 첫째로, 1, 2, 5, 8, 14절에서 확인할 수 있는 것처럼, 두 단어는 어떤 왕조나 여타의 역사적 사건에 대한 언급 없이 야웨를 향해 올려드리는 영광으로 가득한 송영(doxology)을 구성한다. 이러한 용례는, 야웨에 관한 가장 장엄한 주장을 선포함과 동시에, 천상 궁정 회의에 속한 "거룩한 자들"(divine council)을 언급함으로써 현실 상황

을 하늘까지 아우르는 우주적인 전망 가운데 투사하는, 5절에서 발견된다. 비록 8절에서 "만군의 하나님"이라는 호칭의 사용과 함께 수사적으로 이스라엘의 역사와 경험으로 그 관점이 축소되고, 14절에서도 주의 보좌와 왕권에 대한 은유적 표현이 나오기는 하지만, 결과적으로는 아무것도 달라지지 않는다. 어떤 주제와 사안을 다루든 상관없이, 모든 관심과 초점의 대상은 오직 야웨 한 분뿐이시다. 이는 야웨께로부터 왕조로 관심과 시선이 전환되었던 사무엘하 7장과는 날카로운 대조를 이룬다.

시편 89편의 첫 단락 끝부분인 18절에 가서야 비로소 "우리의 왕"이라는 어구가 언급되는데, 이로써 우리는 이 모든 것들이 이스라엘의 왕정과 왕조의 현실을 염두에 둔 암시라는 것을 알아차릴 수 있다. 이어서 이 암시가 의미하는 바는 '헤세드'(חֶסֶד)와 '에무나'(אֱמוּנָה)가 단순히 다윗을 향한 헌신이기보다는 야웨의 뜻과 의향이 발현된 것임을 확고히 하면서 이제부터는 아주 다른 양상을 띤다. 이런 맥락에서 '헤세드'(חֶסֶד)와 '에무나'(אֱמוּנָה)의 첫 번째 용례는, 아직까지 정치적이기보다는, 오롯이 신학적이다.

그런데 시편 89편은 19절에서 왕조를 향해 갑작스럽게 그 시선을 돌린다. "그때에" 즉 다윗의 시대에, 주께서 말씀하신 성도는 다윗으로 집약된다. 그리고 다윗과의 연관성을 토대로, 신화적인 (mythological) 차원에서 역사적인 차원으로의 전환이 이루어진다. 다윗 왕조에 관한 이러한 언급은, 사무엘하 7장에 제시된 다윗 언약을 정확하게 재차 반복하는, 24절에서도 확인할 수 있다. 모든 영광과 찬양을 올려드려야 할 대상인 하나님의 고유한 성품과 특징이 다윗과 그의 왕조에게 부여되고 있으니 이 얼마나 엄청난 수사적 전환(rhetorical move)인가! 24절에서 '헤세드'(חֶסֶד)와 '에무나'(אֱמוּנָה)는 한낱 인간에 불과한 다윗 안에 자리하고, 33절에서는 이 두 가지 하나님의 성품이 다윗에게서 제거되지 않을 것이며, 급기야 37절에서는 다윗 왕조가 궁창의 확실한 증인같이 영원히 "견고하게 되리라"(נֶאֱמָן 네에만)라는 약속이 선언된다.

시편 89편에서 이 두 개의 단어가 한 쌍으로 쓰인 세 번째 용례는 더더욱 놀라울 따름이다. 해당 시편은 46-51절의 탄식(lament)으로 끝이 난다. 다윗의 왕정과 왕위가 굳건히 서기 전에 격랑이 이는 해협을 지나는 것처럼 끊임없이 힘들고 혼란한 상황을 헤쳐 나가야 하기 때문이다. 시인은 더 이상 유효해 보이지 않는 약속을 붙들고 호소한다.

> 여호와여, 주의 지난 날 당신의 인자하심(חֶסֶד 헤세드, 복수형)이 어디 있나이까? 주께서 주의 성실하심(אֱמוּנָה 에무나)으로 다윗에게 맹세하셨나이다. (49절)

시인의 입을 통해 터져 나오는 탄식은 상당히 구체적이다. 다윗의 이름을 직접 언급하는가 하면, 야웨께서 직접 맹세하신 약속을 이행하지 않고 계시다고 호소하기도 한다. 이처럼 시인이 탄식 중에 집요하게 호소하는 바는 사무엘하 7장 18-29절에서 다윗이 간구한 야웨의 구원 역사와 별반 다르지 않다. 그렇지만 이 시편 89편에는 한층 더 처절하고 절망 섞인 상황을 경험한 짙은 정념(pathos)이 깊게 베어 있다. 반대로, 사무엘하 7장에 실린 다윗의 기도는 정념보다는 설렘과 기대감으로 가득 차 있다.

이렇게 해서 우리는 '헤세드'(חֶסֶד)와 '에무나'(אֱמוּנָה)가 아비가일의 입을 통해서 고백된 지파 중심의 열정(삼상 25:28)과, 나단의 신탁 안에서는 균형잡힌 확신(삼하 7:16)으로, 그리고 이 시편에서는 예전적인 호소와 간구로 표현됨을 알 수 있다. 시편 89편은 존재론적으로 하나님의 실재에 뿌리내린 주장과 호소를 피력하고 있는 셈이다. 이 시편은 한편으로 야웨의 전적인 헌신과 구원 역사를 칭송하고 찬양한다. 그렇지만 또 다른 한편으로는, 그 헌신과 구원 역사가 동반하는 문제적인 특성도 인식하고 있다. 시편 89편은 야웨께서 맹세하신 확고하고 견고한 약속은 무조건적이고, 아무것도 거리낄 것이 없음을 분명히 한다. 이 약속의 무조건적이고 절대적인 특성의 상실은 직간접적으로 신정론의 문제(question of theodicy)를 불러온다. 다윗에 의해 전달된 진실은 결과적으로 다윗의 가문을 포함한 이스라엘 민족 전체를 향한 야웨의 심오하고 무조건적인 약속과 구원 역사다. 이미 앞 단락에서 주지한 바 있듯이, 시편 89편은 탄식으로 마무리된다. 왜냐하면 시인의 눈에는 방금 전에 언급한 전제(premise)가 여전히 "작동하지" 않는 것처럼 보이기 때문이다. 인간의 눈 앞에 펼쳐진 역사적인 현실이란 그처럼 무조건적이고 절대적인 소망에 도달할 수 없기 마련이다.

시편 89편(의 신학적 담론과 주장)을 역사적인 차원에서 다루는 것은 불가능하다. 오브레이 존슨(Aubrey R. Johnson)은 전혀 모호하지 않은 방식으로 이 위기적인 상황을 종교를 중심으로 한 문화적 위기로 다룬다.⁵ 아터 와이저(Artur Weiser)는 이 시편이 적어도 주전 587년 이전에는 역사적인 것으로 간주되었을 것이라고 생각한다.⁶ 한스-요아킴 크라우스(Hans-Joachim Kraus)는 시편 89편을 예전적 위치에 설정하되, 주전 587년 이전에 유다 사회가 직면했던 역사적 위기로 바라본다.⁷ 우리의 논의와 관련해서는, 다음 두 가지 사안을 살펴보는 것으로 충분하다: 첫째, 전제 왕정을 추구하는 국가의 진실과 관련된 핵심 주장들은 현재성이 강하며 매우 기능적이다; 둘째, 이 핵심 주장들은 심각한 곤경에 처해 있다. 여기서 어떤 결론을 분명하게 내릴 수 있는 것은 아니지만, 시편 89편은 우리의 시선을 무엇인가를 주목하도록 안내한다. 즉 아무리 막대하고 강력한 권력과 부를 소유한 전제 왕국조차도, 있는 그대로의 삶의 실재를 견고히 지탱해 줄 수는 없다는 것이다. 오히려 신정론의 문제를 야기시킨 주범은 전제 왕국의 권력과 부귀를 손아귀에 넣기 위해서 고삐 풀린 망아지처럼 이리저리 날뛴 왕국의 진실이다. 왜냐하면 그것은 현실과 거의 일치하지 않기 때문이다.

예레미야애가 3장 21-27절과 이사야 55장 3절

---

5 Aubrey R. Johnson, *Sacral Kingship in Ancient Israel* (Cardiff: Univ. of Wales Press, 1967), 106-11.

6 Artur Weiser, *Psalms: A Commentary*, trans. H. Hartwell, OTL (Philadelphia: Westminster, 1962), 591.

7 Hans-Joachim Kraus, *Psalms 60-150*, trans. H. C. Oswald, CC (Minneapolis: Augsburg, 1987). 시 89편에 대한 광범위한 최근 연구 목록을 확인하기 위해서는, Erhard S. Gerstenberger, *Psalms, Part 2, and Lamentations*, FOTL 15 (Grand Rapids: Eerdmans, 2001), 155-57을 보라.

아비가일이 염원했던 내용(삼상 25:28)은, 특별히 주후 587년 이후 야웨의 돌보심과 역사하심을 완전하게 확신하기 어려운 처지에 놓인 포로기 공동체를 지탱하기 위한 목적으로, 사무엘하 7장과 시편 89편에서 다시 수면 위로 떠오른다. 이 과정에서 우리는 포로기 공동체의 간절한 소망이 실제적으로 이루어진 두 가지 사례를 관찰할 수 있다(애 3:21-27; 사 55:3).

예레미야애가 3장 21-27절은 세 개의 연속적인 시행이 히브리어 알파벳의 순서에 따라 의미와 운율을 형성하며 진행되도록 구성된 매우 정교한 이합체 시(acrostic poem)다. 시인은 18절에서 ""내 소망"(תוֹחַלְתִּי 토할티)이 끊어졌다"고 말한다. 그러나 21절에서 그런 절망은 중단되고 24절까지 이어지는 후행 구절에서 놀라운 반전이 일어난다.

> 그러나 이것을 내가 내 마음 속에 떠올리니,
> 그러므로 나는 소망합니다(אוֹחִיל 오힐, יָחַל 야할 히필형);
> 여호와의 인자(חֶסֶד 헤세드, 복수형)가 끝이 없으며,
> 그의 긍휼이 무궁하나이다;
> 이것들이 아침마다 새로우니;
> 주의 성실(אֱמוּנָתֶךָ 에무나[테카])이 크도소이다.
> 여호와는 나의 기업이시나이다.
> 그러므로 내가 그를 소망하나이다(אוֹחִיל 오힐, יָחַל 야할 히필형).
> (애 3:21-24; 브루그만의 번역)

18절에서 자신의 소망이 완전히 끊어져 절망에 빠졌다고 토로했던 시인은 두 절 다음인 21절에서 다시금 소망을 갖고 일어선다. 이와 같은 반전은 시인이 야웨의 인자(חֶסֶד 헤세드)가 끝이 없음을 기억해 내는 그 시점에서 시작된다. 단정적으로 말하긴 어렵지만, 21절에는 인용 부호를 붙여야 적절할 듯하다. 왜냐하면 지금 시인은 머리 속에 별로 대수롭지 않은 생각을 떠올리거나 일상 생활 중에 있었던 유쾌한 순간을 되뇌이는 것이 아니라, 성경 본문—즉 사무엘하 7장에 나오는 다윗을 향한 나단 신탁 혹은 거기서 비롯된 또 다른 성경 본문—을 인용하고 있는 것처럼 보이기 때문이다. 이처럼 성경 본문의 인용을 근거로 해당 시의 나머지 부분은 완전히 다른 방향으로 전개된다.

시편 132편의 경우와 같이 "만약에 ~하면"(개역개정 12절에 생략되어 있음)이라는 조건에 의해 자격이 부여되거나 흔들리지 않는 다윗에게 약속으로 주어진 때는, 이방 땅에서 포로로 살아가던 이스라엘 후손들이 마음 속 깊은 곳에서 다시금 소망을 발견해 낸 바로 그 순간이다. 그러나 방금 전에 언급한 사안은 나단의 신탁을 기억해 내는 것과 같이 단순히 역사적인 것에 그치지 않는다. 이것은 문학적인 것이기도 하다. 앞에서 열거한 성경 본문들을 인용하면서 이스라엘 포로 공동체는 그들이 소망 가운데 바라는 바를 의심하지 않는다. 비록 그 성경 본문들의 내용이 그들을 둘러싼 모든 역사적인 정황과 심각한 충돌을 일으키고 있었지만 말이다. 이런 차원에서 시편 89편과 132편은 성경 본문을 신학적인 자원으로 사용한 좋은 본보기라고 할 수 있다.

확실히 이 시편들 안에는 왕이나 보좌 혹은 왕조에 대한 직접적인 언급이 전무하다. 하지만 그렇기 때문에 그 시편들 안에 투영된 진실은 소망으로 가득하다. 물론 시편 89편과 132편이 노래하는 소망은, 매우 구체적이고 명확하게 다윗(왕조)의 회복을 말하는 여타의 성경 본문들보다, 강력하지 않거나 아예 성취될 가능성이 없는 것처럼 보일 수도 있다. 당연히 역사적인 요인들과 주변 상황들이 더 역동적이고 실제적으로 작동해야 그 소망이 성취될 수 있기 때문이다. 그러나 다윗을 통해 주어진 소망어린 암시는 절망적인 상황에 처한 포로민들이 야웨의 '헤세드'(חֶסֶד 복수형)가 그들과 함께 하며, 또 그 어떠한 재앙도 그것을 무효화시키거나 취소할 수 없음을 믿는 믿음만으로 충분하다. 이처럼 다윗에게 주어진 야웨의 "인자"(חֶסֶד 헤세드)에 관한 약속은 사무엘하 7장에서 파생된 여타의 본문들 안에서 더욱 풍성하고 자유로운 형태를 띤다.

여러 가지 목적으로 소환된 결정적인 기억을 중심으로 진행되는 예레미야애가 3장 27절에 후행하는 부분에서, 시인은 야웨를 향한 열정적인 확신을 노래하며 자기-회의(self-doubt)를 극복한다. 이러한 양상은 예레미야애가 3장 57-66절에서 2인칭 대명사 "당신"(개역개정에는 "주"나 "여호와"로 번역되어 있음)을 중심으로 이루어진 일련의 진술들을 통해 분명하게 드러난다. 그렇게 함으로써 이 시는 모든 부정적이고 적대적인 상황을 거슬러 새로운 미래를 여는 주도권을 쥔 분은 오직 야웨 하나님 한 분뿐임을 천명한다.

위에서 언급한 급격한 반전이 선명하게 드러난 두 번째 성경 본문은—포로기가 끝날 즈음에 새 창조를 약속하는—이사야 55장 3

절이다. 새 창조에 관한 약속을 바탕으로 이 구절에 언급된 소망은 사무엘하 7장 14-15절에 깊이 뿌리내리고 있다:

> 너희는 나에게 귀를 기울이고, 내게로 나오라.
> 들으라, 네 영혼이 살리라;
> 내가 너희와 영원한 언약[בְּרִית עוֹלָם 베리트 올람]을 맺을 것이니,
> 다윗을 향한 나의 신실하고, 견고한 사랑[חַסְדֵי דָוִד הַנֶּאֱמָנִים 하스데 다윗 한네에마님]이니라.

여기서 다시 '헤세드'(חֶסֶד)가 형용사를 동반한 복수형으로 사용된다. 포로기를 역사적 배경으로 하는 이사야 55장 3절이 사무엘하 7장을 회상하고 있음은 의심의 여지가 없다. 그러나 이 구절은 전혀 다른 요점을 제시한다. 아주 유력한 논문에서, 오토 아이스펠트(Otto Eissfeldt)는 이 본문에 시편 89편이 문자적으로 그것도 매우 상세하게 반영되어 있다고 주장한다.[8] 그럼에도 불구하고 아이스펠트는 이사야 55장이 특정 형태의 소망에 파격을 가하고, 새 창조의 약속을 공유하는 전체 이스라엘 백성을 특징적으로 묘사하기 위해서 사무엘하 7장을 은유적인 방법으로 인용했다고 설명한다. 즉 장차 다가올 미래를 바라보는 전망이, 다윗 언약이 직접적으로 주어진 다윗의 가문과 왕조에만 한정되지 않고, 오히려 이스라엘 공동체

---

8 Otto Eissfeldt, "The Promises of Grace to David in Isaiah 55:1–5," in *Israel's Prophetic Heritage: Essays in Honor of James Muilenburg*, ed. B. W. Anderson and W. Harrelson (New York: Harper & Row, 1962), 196–207.

전체로 확장된다는 것이다.

시편 132편

시편 132편과 89편이 상당한 긴장 관계에 있다는 점은 이미 널리 알려진 사실이다.[9] 시편 132편은 전반적으로 예루살렘에 언약궤가 안치되는 과정을 노래한다. 따라서 사무엘하 6장과 밀접하게 연결되어 있다는 느낌을 준다. 언약궤와 관련된 핵심 사안은 사실 왕조 그 자체가 아니라 야웨의 임재다. 그러나 이스라엘은 언약궤를 성전에 안치함으로써 확보하게 될 그 임재를 왕조(의 명분과 통치의 정당성)와 연결시킨다. 결과적으로 왕이 함께 하지 않는 성전을 생각하기 어렵다. 시편 132편 11절은 사무엘하 7장과 시편 89편에 나오는 약속을 상당히 친숙한 형태로 다시 반복한다:

여호와께서 다윗에게 굳건히 맹세[אֱמֶת 에메트]로 서약하셨으니
그가 변개하지 아니하시리라;
"네 몸에서 날 아들들 중에서 하나를
네 왕위에 두리라."

언어와 표현방식이 살짝 바뀌긴 했지만, 그 내용은 오해의 여지가 없을 정도로 너무나 명백하다. 약속은 동일하다. 만약에 이 시가

---

9 실제적인 사례를 위해서는 Tsevat, *Meaning of the Book of Job*, 108-9를 보라.

위에서 언급한 약속으로 끝이 났다면 시편 89편과 함께 다뤄도 아무런 문제가 없을 것이다. 그러나 시편 132편 12절은 예상하지 못했던 방식으로 전환을 꾀한다:

만약에[אִם] 네 자손이 내 언약과
그들에게 가르칠 내 증거들을 지킨다면,
그들의 후손도 영원히
네 왕위에 앉으리라

12절에서 이루어지는 이 단 한번의 수사적 전환을 기점으로 모든 것이 달라진다. 특히 이 구절을 여는 "만약에"라는 조건 접속사는 모세의 중재를 통해 체결되었던 [시내산-모압] 언약을 상기시킨다(왕상 2:4에서 [다윗] 왕조와 관련하여 이루어지는 동일한 수사적 전환을 보라). 지극히 단순해 보이지만, 이 전환을 기점으로 왕국 신학을 지탱하는 모든 위대하고 장엄한 주장들이 새롭게 재편된다. 그 주장들이 완전히 사장되거나 취소되지 않는다면 말이다. 다윗을 중심으로 한 주장들은 모세를 통해 주어졌던 언약적 기조 아래 종속된다. 사회적으로 이 전환이 갖는 중요성은 아무리 강조해도 결코 지나치지 않다. 왕국의 진실은 항상 더 가혹하고 부담이 크기 마련인 지파의 진실에 의해 심판받는다. 사울이 순종하지 않았기 때문에 최종적으로 위태로운 상황에 처하게 되었다는 사실은 지속적으로 기억될 것이다. 즉 그는 방금 전에 설명한 "만약에"라는 어구가 연상시키는 모세의 중재를 통해 전달된 언약 체계에 순응하지 않았다. 그리고 지금 우리가 살펴보고 있는 시편 132편은, 다윗의 후손들이 왕위에 계속 앉을 것인지 아닌지 그 여부 역시 사울에게 적용되었던 것과 마찬가지로 모든 것을 위험한 상황으로 몰고갈 만큼 부담스러운 조건에 의해 평가되고 또 결정될 것이라고 말한다.

지금 나는 시편 132편이 89편보다 더 우선시되어야 한다고 주장하는 것이 아니다. (비록 나의 개신교 배경과 성향이 시편 132편을 더 선호하도록 부추기는 것은 사실이다). 다윗의 진실은, 설령 국가의 정치적인 형편과 현실적인 논리에 의해 형성되었을 때조차도, 모호함으로 가득하며 또 그것을 둘러싼 논쟁들도 끊이지 않는다. 그런데 다른 성경 본문들보다 어떤 성경 본문을 더 좋아한다고 해서, 그 본문만을 유일하게 유효한 하나님의 말씀으로 선택하는 것은 바람직하지 않다. 오히려 우리는 각각의 성경 본문들이 주장하는 것과 사회적 기능을 함께 면밀히 검토해야 함은 물론, 우리가 어떤 본문을 다른 본문보다 선호한다고 해서 그 본문만이 꼭 사무엘하 7장을 반영한 유일하게 "정확한 해석"이라고 말할 수 없다는 점도 꼭 인식해야 할 필요가 있다.

분명한 것은 각기 다른 시대에 이스라엘 사회 안에는 다양한 (신학적) 목소리들과 관심사들이 존재했다는 사실이다. 결과적으로 이스라엘 사회를 향한 야웨의 약속 내지는 언약도 시대마다 다른 방식으로 표현되었다. 엄정한 개혁을 단행하고자 했던 이들은 과거에 모세를 통해 이스라엘 공동체에게 주어졌던 언약적 조건을 다시 도입해야만 했다.[10] 하지만 시편 89편은, 모든 기반이 모래성처럼 힘없이 무너져 내리는 상황에서도 그 공동체를 굳건히 지탱해 줄 견고한 기초를 찾으려는, 상당히 독특한 목회적 예민함을 드러낸다.[11]

그러므로 사무엘하 7장에서 다윗에게 주어진 언약이 성경 본문 여러 곳에서 저마다 상이한 소망으로 다시금 표현된다고 결론지을 수 있다. 물론 그 본문들은 한결같이 다윗의 진실을 견고히 붙들고 있다:

시편 89편은 다윗 왕조가 회복될 것임을 지속적으로 신뢰하는 믿음을 투사하며 분명하고 구체적인 소망을 내비친다. 나는 이것이 메시아의 관점에서 다윗에 관한 진실을 진솔하게 피력하는 전승이라고 생각한다. 그렇다고 해서 거기에 아무런 동요나 흔들림이 없는 것은 아니다. 신정론(theodicy)에 관한 문제가 고개를 들기 시작하기 때문이다. 46절에서 "언제까지니이까?"라는 비탄에 찬 질문과 함께 애가나 탄식시에 자주 나오는 단어들과 어구들이 줄지어 잇따를 때, 우리는 하나님께서 이 모든 약속들을 더 이상 이행하고 계시지 않을 뿐만 아니라 그 약속을 지키지 않기로 작정하시기 직전의 순간에 서 계시다는 것을 깨닫는다. 같은 맥락에서, 예언자 나단이나 이데올로기에 편승하려는 지도자들이 우리로 하여금 설득시키려 하는 만큼 사무엘하 7장의 신탁이 그렇게 순수하고 투명한 것이

---

10 Paul D. Hanson, *The Diversity of Scripture: A Theological Interpretation*, OBT (Philadelphia: Fortress Press, 1982), 16과 해당 책 도처에서, "개혁"(reform)이라는 단어가 급진적인 예언-묵시적 전승(prophetic-apocalyptic tradition)을 지칭하는데 사용된다.
11 Hanson은 이 "견고한 기초 다지기"(sure grounding)에서 신앙의 연속성을 발견할 수 있다는 취지로 그것을 "형식"(form)의 실재라고 부른다.

아니라는 점도 함께 인식하게 된다.

이사야 55장 3절과 예레미야애가 3장 20-22절은 또 다른 형태의 소망을 투사한다. 이 본문들은 야웨께서 이스라엘을 위해 부단히 일하실 것이라고 확고하게 선언한다. 하지만 이스라엘 앞에 펼쳐질 미래는 정확하게 역사적으로 어떤 모양새를 갖출 것이라고 기대하기 어려운 미래다. 게다가 왕조와 왕국의 형태는 더더욱 그렇다. 그러므로 이스라엘 신앙 공동체는 앞에서 열거한 두 가지 성경 본문이 제시하는 미래의 소망을 함께 받아들여만 한다. 어쨌거나 그 윤곽과 모양은 알 길이 없다. 따라서 이 전승은 여타의 전승보다 하나님 중심적(theocentric)이다. 그래서 해당 전승은 야웨께서 다윗을 향해 베푸신 전적인 헌신과 사랑은 신뢰할 만한 정도를 넘어서서 다른 그 무엇보다도 최우선시되어야 한다고 말한다. 다만 역사적으로 다윗이라는 인물을 있는 그대로 묘사하는 데에 그렇게 집착하진 않는다.

시편 132편은 다른 두 가지 범주의 본문들과 확연히 구별된다. 실제로 시편 132편은 사무엘하 7장에는 쓰이지 않은 "언약"이라는 단어와 "만약에"라는 조건접속사를 둘 다 사용한다. 이로써 이 시는 앞으로 다가올 미래가 윤리와 도덕적인 차원까지 아울러 실현될 것이라고 이해한다. 이러한 전망은 다른 본문이 거론하지 않은 영역이다.

다윗이라는 인물을 통해 신학적으로 투사된 소망을 설명함에 있어서, 지금까지 살펴본 사안들 중에 다른 것들을 모두 제외하고 어느 한 가지만을 취하는 태도는 바람직하지 않다. 또 이 사안들 중에 어느 한 가지가 나머지 것들을 전부 대표한다는 식으로 축소시키거나, 반대로 모든 사안들이 같은 면모를 지니는 것 마냥 인위적으로 조화를 이루도록 강제하는 방법도 온당치 못하다. 오히려 각기 다른 목소리를 내는 여러 개의 본문들을 있는 그대로 받아들여야 한다. 즉, 다윗의 진실과 관련된 성경 본문들을 각기 다른 환경 속에서 적절하게 각양각색의 목소리를 담아낸 풍성한 다양성으로 이해하거나, 격변과 격동의 역사 속에 생존해 온 이스라엘 공동체가 끊임없이 어려움에 놓였었음을 입증하는 근거로 취할 수도 있다. 요컨대 성경신학적 연구를 심도있게 진행하려면 성경 본문들이 지닌 이 풍성한 다양성과 곤혹스러운 불확실성 모두를 관심있게 관찰해야 한다는 것이다. 만일 성경 본문이 갖는 이 두 가지 면모를 외면한 채로 신학 연구를 계속 진행한다면, 성경 본문 자체를 지극히 폐쇄적이고 이데올로기적인 진술로 축소시킬 가능성이 매우 크다.

다윗은 약속의 담지자다. 다시 말하자면, 사방으로 우겨쌈을 당하는 듯한 혹독한 현실에 대항하고 미래를 활짝 열어젖힐 인물이라는 뜻이다. 다윗의 진실은 확실하게 그리고 견고히 약속된 미래에 관한 진실이다. 위에서 다룬 네 개의 본문들은 다소 의외의 조합이기에, 그 본문들을 무리하게 한 가지 유형으로 묶고 싶지는 않다. 그 본문들은 모두 왕조를 언급하는 공식 문구를 포함함으로써, 앞으로 펼쳐질 미래를 단호하게 직시하는 관점을 공유하는 듯하다. 시편 89편은 왕조에 관한 사안들과 긴밀하게 연관되어 있는데, 해당 시편 끝부분에서 시작하는 애가는 그 왕조가 위기에 봉착했음을 증언한다.

시편 132편은 모세를 통해 주어진 예언의 성취를 기대하며, 그 요구 사항들을 응시하는 한편, 여전히 미래가 어떻게 전개될 지를 묻는다. 근본적으로, 이사야 55장 3절과 예레미야애가 3장 20-22절은 다윗에 관한 전승들을 상실감에 빠져 있는 이스라엘 포로들에게 소망을 주기 위한 목적으로 활용한다. 이 본문들은 다윗에 대한 중요한 진실—하나님께서 이 인물과 그를 통해 이루실 미래의 꿈과 약속을 친히 이끌어 가시고 역사하신다는 진실—을 확고히 주장한다. 확언하지만, 우리가 연구한 그 어떠한 문헌도 미래를 이런 시각으로 바라보지 않을 뿐만 아니라, 괴로움으로 가득한 실패투성이의 현실을 직시하려 하지도 않는다.

역대기에 묘사된 다윗

이미 주지한 것처럼 소망어린 회중의 진실은 상당히 다른 방향으로 추적해 볼 수도 있다. 역대기는 구약성경 중에 다윗을 토대로 한 소망을 교회론적으로 가장 일관성 있게 묘사한 책이다. 그럼 역대기를 읽는 독법에 영향을 줄 만한 몇 가지 비평학적인 사항들을 살펴보는 것으로 논의를 시작해 보도록 하자.

첫째, 역대기는, 우리에게 주어진 정경의 형태 그대로, 에스라-느헤미야서와 문학적으로 밀접한 연관성을 갖는다. 비평학적으로 말하자면, 에스라-느헤미야서가 정경 안에서 어떤 위치를 차지하며 또 어디에 배열되어 있는지를 다루는 것이 역대기의 위치를 설명하는 것보다 훨씬 수월하다. 따라서 역대기의 위치와 전체적인 특징을 논하려면 에스라-느헤미야서를 매우 중요한 자료로 함께 참고해야 한다. 요컨대, 역대기는 느헤미야의 성벽 재건 사업과, 엄격한 법률주의가 아니라면 적어도 토라의 실재에 기반을 두고 강력하게 시행된 에스라의 개혁의 관점에서 이해해야 한다는 것이다. 이렇게 토라에 의해 형성된 미래는, 만약에 그 미래가 다윗과 연결되어 있다면, 시편 132편에서 확인한 것처럼 특별히 다윗(언약)에 호소할 것이다.

역대기와 관련해서 몇 가지 구별 가능한 사안들이 있다. 1961년에 데이빗 프리드만(David Noel Freedman)은 역대기 안에 몇 개의 서로 다른 자료층이 존재한다고 주장했다.[12] (나중에 프랭크 크로스[Frank M. Cross] 역시 이 주장에 동의한다).[13] 프리드만은 역대기 대부분이 주전 515년경에, 잘 알려지지 않은 스룹바벨의 활동을 학개와 스가랴의 사역과 연계하여, 당시 성전 재건이 마무리된 역사적 정황에 부합하도록 다윗을 중심으로 한 이스라엘의 회복을 지지하고 강조하기 위한 목적으로, 현재의 모습을 갖추게 된 것이라고 설명했다. 그런데 이 설명은 역대기의 주된 관심사가, 프리드만과 크로스가 강력하게 주장한 것처럼, 다윗 왕조를 기반으로 한 왕정 회복 운동을 더욱 강력하게 토라를 지향하는 에스라-느헤미야의 사역으로부터 분리해 내는 데 있음을 의미한다.[14]

둘째, 역대기상 1-9장은 특별한 관심사와 특정 문제를 다룬다.

---

12 David Noel Freedman, "The Chronicler's Purpose," *CBQ* 23 (1961): 436-42.
13 Frank M. Cross, "A Reconstruction of the Judean Restoration," *JBL* 94 (1975): 12-18.
14 H. G. M. Williamson, "Eschatology in Chronicles," *TynBul* 28 (1977): 120-33을 보라.

이 장들은 과거의 모든 이스라엘 족보들을 총정리한다. 다윗으로 이어지는 계보를 짧은 시간에 요약하는 이 족보들은 특별히 우리의 눈길을 끈다. 즉 역대기는 다윗이 등장하기 이전까지의 역사에는 큰 관심을 보이지 않는다. 그래서 다윗이 등장하기 이전 시대를 그렇게 짧게 요약적으로 다루는 것이다. 그리고 역대기상 1-9장의 구조는 그 모든 역사가 새로운 시대—이 신앙 공동체가 맞이해야 할 중요한 역사적 시대—를 도래하게 할 주인공인 다윗이 출현하기만을 기다리고 있었음을 시사한다.

다윗이 역사에 등장하기 이전에 있었던 모든 것들은 어디까지나 예비적인 것에 불과하며, 따라서 각주로 처리해도 무관하다. 온 우주가 이 사람이 출현하는 순간을 손꼽아 기다리기라도 한 것처럼 말이다. 이러한 관점은, 다소 이상한 말로 들릴 수도 있지만, 세례 요한 이전 시대의 이스라엘의 역사를 모조리 부정하는 마르시온 분파의 경향과 크게 달라 보이지 않을 수도 있다. 또 이러한 관점은 루터와 함께 새로운 역사가 시작되었다는 시각으로 고대 및 중세 교회에 대해서는 침묵으로 일관하는 종교개혁의 후예들이 나타내는 경향과도 별반 다르지 않다. 뿐만 아니라, 이러한 관점은 미국의 핵심 정치 정당들이 자신들의 역사에 대한 회고를 제퍼슨이나 링컨을 기점으로 시작한 것으로 설정하려는 성향과도 다르지 않으며, 우리 중에 어느 누구든 심리치료를 받으면서 지난 과거의 일이나 사건들을 기능적으로 선별하고 간추리는 방법을 발견하는 것과도 다르지 않다. 정말이지, 예루살렘을 중심으로 하는 우주 전체는 이 사람이 역사에 등장하는 그 순간을 그렇게 고대하며 기다려왔다.

셋째, 역대기의 역사적인 배열과 내러티브가 시작하는 방식은 다윗을 중심으로 잘 정돈된 이 "진실"의 목적과 의도를 제대로 반영한다.

1. 우리의 두 손에 놓인 성경 안에는 다윗이 경험한 역사적 현실과 실제를 바탕으로 한 이스라엘 전체 역사를 구성하는 또 다른 한 권의 책 즉 역대기가 포함되어 있다. 이 책에 관한 엄청난 분량의 자료들이 증빙하고 있듯이, 그외 모든 사안들은, 서투르게 요약하거나 간과할지언정, 방금 전에 언급한 진술 안에 내포된다. 다윗은 역사가 진행하는 과정 중에 등장한 실제 인물이다.

2. 다윗이라는 인물을 통해 표출된 회중의 소망은 정치적 차원도 숨김없이 다룰 만큼 상당히 구체적이다. 오히려 은밀한 비유를 사용하는 것과 같은 모습은 찾아보기 어려울 정도다. 다시 말해서, 다윗은 신학적으로는 신뢰할 만하며 역사적으로도 중요한 삶을 영위하는 신앙 공동체를 허락하고, 승인하며, 적법화 하는 기능을 한다.

3. 역대기상 1-9장에 반영된 소망은 해방 신학을 실현하는 면모도 없지 않다. 이스라엘 회중이 간절히 염원한 다윗 언약의 실현과 회복의 반대편에는 페르시아 제국의 통치에 대한 거절이 자리하고 있다. 그러므로 역대기는 상당히 절제된 전복적 문헌(subversive literature)이며, 당대의 사회 및 정치적 공황 상태를 거스르는 소망에 자양분을 공급한다.

4. 우리는 이처럼 정치적인 차원을 전제로 새로운 종말론적 상황을 고려하여 조심스럽게 그 최종 모습을 갖춘 역대기 안에 표출

된 이 소망을 올바르게 직시해야 한다. 이 소망은 분파적인 방향으로 흘러갈 때도 있지만, 해당 문헌의 역사적 맥락과 적절하게 조화를 이룬다. 더욱 직접적으로 말하자면, 다윗 왕조를 구심점으로 한 독립의 꿈과 야망은 페르시아 제국이라고 하는 역사적 실체 아래로 종속되어 버렸다.

우리가 지금 회중의 소망어린 (종말론적) 진실을 다루고 있는 것은 틀림없지만, 그것이 (정치 형태인 이스라엘) 왕국에 관한 진실인지 아니면 (종말론적 언약 공동체인) 회중에 관한 진실인지는 확연하게 구분되지 않는다. 역대기 내러티브 안에는 다윗이 세운 나라의 위대함과 장엄함을 논하는 본문 안에 간혹 "민망하고 낯 간지러운 부분"(itch)이 포함되어 있다. 그럼에도 거기에는 역사적 현실주의가 깔려 있다. 적어도 역대기에 묘사된 다윗은 그 인물을 정치적으로 내세운 왕국이 추구했던 바를 지속적으로 꿈꾸지는 않기 때문이다. 대신에, 그 인물은 신앙 공동체를 이끈다. 역대기 내러티브의 탁월함은 다윗을 구심점으로 하는 이 새로운 (종말론적 언약) 공동체에게 정당성과 권한을 부여하는 것이 얼마나 중요한지를 역설하는 데에 있다. 이러한 형태의 다윗에 관한 진실은 매우 상이한 환경과 조건에도 굴하지 않고 생명력과 적실성을 유지하는 놀라운 능력이 있다. 고대 이스라엘 백성은 그러한 환경과 조건에 따른 요구 사항들과 가능성에 의존하면서도 아주 다양한 방식으로 그 진실을 표현해 낼 수 있었다.

역대기상 10-29장

다윗에 관한 기사는 역대기상 10-29장에 위치해 있다. 우선적으로 역대기 기자가 해당 기사를 어떤 방식으로 서론(10장)과 결론(29장)의 틀 안에 배열했는지를 확인한 다음, 그 가운데에 위치한 핵심 내용들과 주제들을 다루어 보도록 하자.

시작과 끝

역대기상 10장은 그 직전 부분까지 소개된 이스라엘의 계보에 대한 진술을 일단락하고, 다윗에 관한 진실을 담고 있는 내러티브 안으로 본격적으로 들어가는 관문이다. 아마도 독자들은 이 내러티브 안에는 사무엘상 내용이 거의 언급되지 않는다는 것을 이미 잘 알고 있을 것이다. 이 회중의 진실은 여러 모로 미숙했던 지파 시절로 돌아가기를 원하지 않는다. (지파는 국가의 모습을 갖추어 살아가게 된 것에 만족할 뿐 아니라, 서투르고 당황스러운 상황을 초래하는 사안들이 포함되어 있을 수도 있는 지파 차원의 미숙한 생각이나 견해를 병뚜껑처럼 국가 차원의 진실로 꽉 닫아 그것들이 밖으로 새어 나오지 못하게 한다.) 아무튼 새롭게 다윗에 관한 기사가 전개됨에 따라, 이러한 전환에 대한 긍정적이고 우호적인 설명이 점점 두드러지게 부각되기 시작한다. 공교롭게도 이 내러티브의 첫 장면에서 사울이 자기 칼에 엎드러져 죽었다는 기록이 나온다. 그 기록과 함께 사울은 이야기 전면에서 완전히 사라진다. 해당 내러티브 장면은, 사울의 죽음에 관한 책임과 비난이 다윗에게 돌아가지 않도록, 정교하게 구성되어 있다. 14절에 이르기까지 다윗은 이야기에 아예 등장하지 않는다. 다만 다윗의 이름이 아주 간결하게 언급될 뿐이다: "여호와께서 그(사울)를 죽이시고 그 나라를 이새의 아들 다윗에게 넘겨주셨더라"(10:14). 이때까지만 해도 다윗은 사울의 죽음과 이스라엘 왕국을 이양받는 일과는 아무런 상관이 없다. 그는 바라지도 않았던 나라를 수동적이면서도, 그것을 선물로 기꺼이 이양받는, 순수한 방관자처럼 그려진다. 다윗은 그 선물을 욕망하지도, 탐내지도, 간구하거나 도모하지도 않았다. 그것은 어디까지나 야웨께서 당신의 자유로운 의지에 따라 다윗에게 선사한 선물이었다! 곧 살펴보겠지만, 역대기 안에 묘사된 다윗은 자기 자신을 그러한 방식으로 이해하고 이스라엘을 다스리는 통치권을 하나님의 선물로 받아들인다.

그러므로 사무엘상에 나오는 다윗에 관한 기사와 내용은 이 부분에서 아주 짧게 요약적으로 제시된 다음 금방 잊혀진다. 역대기상 10장은 사울을 다윗과 겸하여 슬쩍 언급하고 지나가 버린다. 왜냐하면 역대기는 사무엘상과 달리 사울과 다윗의 대결 양상에 대해서는 별로 관심이 없기 때문이다. 그리고 사무엘상의 나머지 부분들은 에피소드를 소개하듯이 후반부 이곳 저곳에 유용하게 배치된다. 왕위에 오르기 위해 다윗이 모략을 도모했다는 일관된 설명이나 정치적 갈등을 일으켰다는 암시는 역대기 본문 어디에서도 발견되지 않는다. 오히려 역대기는 야웨의 역사하심과 섭리에 의해 다윗이 이스라엘의 왕위를 향한 첫 발을 떼기 시작한 것으로 조심스럽게 설명한다:

여호와께서…그 나라를 이새의 아들 다윗에게 넘겨주셨더라 (대상 10:14)

그들이 다윗에게 기름을 부어 이스라엘의 왕으로 삼으니 여호와께서…전하신 말씀대로 되었더라 (대상 11:3).

만군의 여호와께서 함께 계시니 다윗이 점점 강성하여 가니라 (대상 11:9)

이 전승은 역사의 선상에서 발생한 사건들을 초월하여 다윗(과 그의 왕정)이 견고히 서기까지 긴요하게 작동한다.

다윗 기사의 마지막 장에 해당하는 역대기상 29장은 다윗의 믿음과 그가 행동으로 옮길 예전적 행위에 관한 그의 관심을 하나로 묶는다. 역대기는 믿음과 예배를 서로 떼려야 뗄 수 없는 단일체로 인식한다. 실제로 역대기상 29장은 예전적 순서(liturgical sequence)처럼 진행된다:

1절은 기본적인 대전제를 진술한다: "이 성전은 사람(אָדָם 아담)을 위한 것이 아니라 여호와 하나님을 위한 것이라."

2-5절은 성전 건축을 위해 다윗이 있는 힘을 다해 필요한 물자를 준비하여 야웨께 드린 일을 근거로, [포로지에서 돌아온 이스라엘 백성 역시] 새 성전 건축을 위해 필요한 물자를 야웨께 즐거이 드리라고 권한다: "내가 이미…힘을 다하여 준비하였나니" (2절); "성전을 위해 준비한 것 이외에도…내 하나님의 성전을 위하여 드렸나니" (3절).

그리고 나서 5절은 다음과 같이 호소한다: "누가 즐거이…드리겠느냐?" 여기서 '나다브'(נָדַב) 동사의 히트파엘(강조-재귀 용법) 형태로 사용된 '미트낟데브'(מִתְנַדֵּב)를 주목할 필요가 있다. 이 동사는 일반적으로 자원하는 마음으로 드리는 행위를 묘사할 때 쓰인다. 즉 계산적인 행동이나 어떤 시스템의 강요에 의한 행위를 뜻하지 않는다. 바꾸어 말하자면, 재귀적인 의미가 훨씬 더 강하다는 말이다. 그런데 해당 동사가 역대기상 29장에서만 무려 여섯 번이나 사용된다(5, 6, 9절에 각각 두 번씩, 그리고 14, 17절에 한 번씩). 이는 전체 성경 중에 역대기상 29장이 이 동사가 가장 많이 사용된 본문임을 의미한다. 그러므로 역대기상 29장은 자기를 내려놓고 헌신과 복종의 뜻으로 야웨께 올려드리는 드림을 강력하게 선포하는 것으로 간주해야 한다. 역대기상과 같은 전승인 역대기하 17장 16절에서도 동일한 단어가 발견되는데, 거기서는 이스라엘 백성이 군사 활동에 자원하여 동참하는 행위를 지칭한다. 또 에스라 1장 6절; 2장 68절; 3장 5절 그리고 느헤미야 11장 2절에서도 해당 단어는 [바벨론 포로지에서 귀환한 이스라엘 백성이 예루살렘에] 새 성전을 건립하기 위해 물질을 아낌없이 바치는 모습을 묘사하는 데에 줄곧 사용된다. 이와 다른 영역에서 사용된 딱 한 번의 용례는 드보라의 노래에서 찾아볼 수 있다. 거기서는 "즐거이 헌신하여"라는 어구를 통해 이스라엘 농민들이 드보라와 바락이 진두지휘하는 군사 활동에 자발적으로 참여하는 행위를 가리킨다(삿 5:1, 9). 챔 라빈(Chaim Rabin)에 이어 노만 갓월드(Norman K. Gottwald)는 이 어구가 단순한 "자발적인 동참"(volunteer) 이상으로 "사회-구조상 부과되는 군사적 의무"(social-structure obligation of the levy)을 언급하며 "전쟁에서의 승리는 전쟁에 임하는 지파의 구성원들이 전쟁을 위한 징집 요청에 얼마나 자발적으로 신속하게 임하느냐에 달려있다"고 주장했다.[15] 이렇게 모집된 군사들은 잘 훈련된 국가의 군사력과 대비된다. 물론 지파의 옛 전통으로부터 역대기에 묘사된 회중에 관한 진실로 너무 성급하게 건너뛰기에는 무리가 있다. 하지만 그 둘 사이의 연결점들은 중요하지 않을까? 지금 우리에게 필요한 것은 어떤 종교에 관한 재정적 평가가 아니라, 긴급한 사안에 대해 합의와 공조를 일궈낸 공동체 결속(community solidarity)에 관한 이해다.

이어서 6-8절은, "즐거이 드리되"라는 말에서 확인할 수 있는 것처럼, 백성의 반응을 기록한다. 결국 이 구절들은 구조적으로 2-5절에 제시된 권고와 초청에 응한 반응인 셈이다.

마지막으로 9절은 이스라엘 백성이 자원하여 드리고 다윗은 이를 심히 기뻐한다는 결론에 도달한다. 따라서 이 구절은 역대기상 29장을 여는 1절에 제시된 대전제에 상응한다. 즉 교차대구적 구조(chiastic structure)를 형성한다. 1절과 9절은 커다란 봉투처럼 핵심 주장들을 둘러싼다. 그리고 2-5절, 6-8절에서는 그 주장들이 실제적이며 특징적으로 시행된다.

다음 단락인 역대기상 29장 10-22절에는 기도와 축복이 나온다: 10-13절은 모든 것을 야웨께 돌려드리며 그분을 높이는 송영(doxology)에 해당한다. 그리고 14-17절에서도 다윗은 모든 것이 주께로 말미암았음을 인정하고, 자기 자신에게는 아무것도 돌리지 않음으로써 야웨께 모든 영광과 존귀와 찬송을 올려드린다. 역대기에

---

15 Norman K. Gottwald, *The Tribes of Yahweh: A Sociology of the Religion of Liberated Israel* 1250-1050 B.C.E. (Maryknoll, N. Y.: Orbis, 1979), 539 n. 457.

묘사된 다윗의 모습과 태도는 방금 전에 언급한 송영과 잘 부합되는데, 특히 14절은 친숙한 문구를 통해 이를 효과적으로 뒷받침한다: "모든 것이 주께로 말미암았사오니 우리가 주의 손에서 받은 것으로 주께 드렸을 뿐이니이다." 이보다 더 간결하고 순전하게 표현된 송영과 찬가를 상상하기 어렵다. 자원하는 마음으로 즐거이 드린 것조차도 주께서 주신 것을 다시 주께 돌려드린 것에 불과하다고 인정하고 있으니 말이다. 특히나 이 고백은 역대기를 배경으로 한 이스라엘과 이미 흘러간 모든 세대의 이스라엘을 정해진 거처 없이 이곳 저곳 유랑하는 나그네로 인식한다 (이러한 고백과 더불어 모든 것을 야웨께 돌리는 행위는, 고전 4:7에서 바울이 고린도 교인들과 격론을 벌일 때 한 말에서 다시금 반복된다: "네게 있는 것 중에 받지 아니한 것이 무엇이냐?") 내가 송영이라는 단어와 감사 및 경의로운 마음으로 돌려드리는 찬가를 언급한 이유는, 다윗이 사무엘하 7장에서 야웨께 올려드린 기도를 설명할 때도 똑같이 그렇게 했기 때문이 아니다. 오히려 해당 본문의 맥락은 그러한 것들을 필요로 하지 않는다. 너무나 자명하게도, 역대기는 앞 장(1-3장)에서 다룬 사무엘서와는 전혀 다른 환경 가운데 서 있다. 혹자는 우리가 지금 역대기를 살펴보면서 사무엘서를 다룰 때보다 유독 다윗이 선보인 믿음의 행위에 천착한다는 느낌을 갖을 수도 있을 것이다. 18-19절에서는 세 개의 동사—'지키다'(keep, 개역개정-"두어"), '향하게 하다'(direct, 개역개정-"돌아오게 하시오며"), 그리고 '주다'(grant, 개역개정-"주사")—가 지배적으로 기능하여 야웨를 향한 간구를 형성한다. 즉 하나님께 솔로몬과 이스라엘이 순종하게 해주십사 간구하는 내용으로 되어 있다. 순종조차도 야웨께서 주시는 선물로 간주된다. 그리고 20-21절에서는 야웨를 송축하고 제사를 드리는 축제 행위들이 뒤따른다.

예전적 행위(liturgical activity)를 직접 행동으로 옮기는 다윗에 관한 마지막 장면을 유심히 살펴보아야 한다. 이 장면에 묘사된 다윗의 모습이 사무엘 전승에 그려진 그의 초상과는 현격하게 다름을 간파하는 데에는 그렇게 많은 상상력이 필요하지 않다. 그리고 이렇게 묘사된 다윗의 모습이 기원전 5세기 포로지에 처한 공동체에게 큰 영향을 주었음은 물론, 레위 제사장들이 [신앙 공동체를 새롭게 회복하기 위해서] 내세운 특정 가치관과 주장을 떠받치는 지지대 역할을 했음에 틀림없다는 사실을 파악하는 것 역시 그리 어렵지 않다. 역대기 본문에 제시된 다윗에 관한 진실은, 그가 경건한 인물이며 진솔하고 믿음에 기초한 헌신을 통해 고양된 삶을 영위한 신앙의 사람이라는 것이다. 그는 참으로 [이스라엘 회중에 속한 일원인 동시에 그 회중을 대표할 만한] "회중의 사람"(man of the assembly)이다.

새롭게 다시 표현된 다윗의 진실

역대기가 다윗의 진실을 제시한다는 관점에서 역대기에 그에 관한 이야기가 어떤 기준으로 선택되고 또 어떤 방식으로 배열되었는지를 따져보아야 할 차례가 되었다. 역대기에 실린 다윗 이야기는, 우리가 이미 본 것과 같이, 전혀 기대하지 않았던 선물(대상 10장)로 다윗의 공적인 생애가 시작되고, 그의 엄청난 헌신을 통해 절정(대상 29장)에 이르는, 커다란 틀에 의해 둘러싸여 있다. 그 외의 나머지 부분들은, 다윗에게 선물이 주어지는 해당 이야기의 시작점과 다윗의 헌신이 절정에 도달하는 결론부 사이에서, 나름의 목적에 맞게 각각 기능한다.

역대기는 다윗의 진실을 그 일부 내용이 제거되거나 삭제된 형태로 제공한다. 다시 말해서, 역대기에 실린 다윗에 관한 자료들은 사무엘서 내러티브에서 취한 것들이다. 그 중에 어떤 것들은 신학적 목소리를 조금도 누그러뜨리거나 수정하지 않은 채로 그대로 가져온 것이다. 역대기상 11장 15-19절에 인용된 사무엘하 23장 12절이 이 부류에 속한다.[16] 서로 긴밀하게 연결된 이 두 개의 내러티브 본문들은 다윗이 그의 수하 용사들과 신의와 충성을 바탕으로 결속과 연대를 다지는 모습을 묘사한다. 동시에 이 내러티브 본문들은 다윗이 우리아를 기만하고 배신한 사건과 극명한 대조를 이룬다 ([사무엘서에 가감없이 기록되어 있는] 그 "고통스러운 진실"이 역대기에 전혀 언급되지 않는다는 것은 분명 특이할 만한 일이다). 더욱이 흥미로운 점은 동일한 에피소드가 전략적으로 다윗 내러티브가 시작되는 지점에 배치되어 있다는 것이다. 이와 같은 결정적인 특징을 선보이는 해당 에피소드는, 사무엘하에 선명하게 드러난 본래의 목적보다, 훨씬 더 강력하게 역대기의 저작 의도를 반영하는 방식으로 기능한다.

이미 사무엘서에 나온 내용이지만 역대기 안에서 중대한 변화를 알리는 몇 개의 본문들이 더 있다. 역대기상 17장은 사무엘하 7장을 거의 대부분 되풀이하여 기록한다. 이 사안과 관련하여 예의주시해야 할 점은 17장 13절이다. 이 구절에는 죄에 대한 처벌이나 죄책이

---

16 이 두 본문에 관한 상세한 비교와 대조를 위해서는, Williamson, "Eschatology in Chronicles," 134-42를 보라

전혀 언급되지 않는다. 게다가 역대기상 20장 1절에서는 밧세바-우리아 사건이 완전히 삭제된다. 이는 해당 전승이 틀림없이 그 사건을 알고 있다는 사실을 반증하는 것이다. 그 내러티브 단락은 사무엘하 11장을 삭제한 채 다음과 같이 시작한다:

> 해가 바뀌어 왕들이 출전할 때가 되매, 요압이 그 군대를 거느리고 나가서, 암몬 자손의 땅을 격파하고, 들어가 랍바를 에워싸고…요압이 랍바를 쳐서 함락시키매…다윗이 모든 백성과 함께 예루살렘으로 돌아오니라 (대상 20: 1, 3)

또 역대기상 21장은 다윗이 시행한 인구조사와 그 결과로 뒤따르는 처벌을 내용으로 하는 사무엘하 24장을 반복한다. 동일 사건을 생소하게 묘사한다는 점이 꽤나 특이하다. 그러나, 익히 잘 알려진 것처럼, 사탄의 등장(대상 21:1)은 하나님과 다윗 양측을 부정적인 사건으로부터 재차 보호한다. 아무튼 이 세 개의 단락들은 사무엘상에서 끌어온 것들이다.

분명한 사실은 역대기 저자가, 이미 앞에서 살펴본 것처럼, 다윗의 전체 생애를 고려할 때 너무나 중요한 인물에 관한 사건과 내용을 삭제했다는 점이다. 밧세바-우리아 사건을 자신도 모르게 삭제했다고 상상하기란 매우 어려운 일이다. 핵심 요점은 역대기에 등장하는 다윗이 [사무엘서에 묘사된 다윗과] 상당히 다른 인물로 보인다는 것이다. 그 이유는 사무엘서에 그려진 다윗도 마찬가지이지만, 매우 다른 신학적인 의도와 목적에 따라 문학적으로 구성된 까닭이다. 역대기에 등장하는 다윗은, 주제넘게 자기를 앞세우거나 윤리-

도덕적으로 모호한 구석을 찾아볼 수 없는, 철저히 순종적인 사람이다. 이 다윗이야말로 신실한 신앙 공동체(의 존재의 의미와 목적)를 입증하는 데 꼭 필요한 인물이다. 여기에는 단순하지만 우리가 꼭 주목해야 할 사안이 한 가지 더 있다. 즉 다윗에 관한 소망어린 진실은 옛 전승과 깊고 심오한 긴장 관계 속에서 생명력을 유지해 나간다는 사실 말이다. 분명히 이 사안은 옛 전승을 빌려왔으며, 그것을 통해서 알게 된 것이며, 그리고 그 옛 전승과 갈등을 빚고 충돌하고 나서야 비로소 다윗에 관한 급진적인 새로운 진실을 쏟아낸다.

제의적 실재

역대기상 안에서, 이스라엘 계보에 뒤따르는 두 번째 부분인 동시에 가장 지배적인 위치를 차지하는 자료는, 역대기 앞에 배열된 책인 사무엘서에서 취한 전통적인 내러티브가 아니다. 오히려, 제의적 시스템과 성전, 그리고 하나님을 바르고 온당하게 섬기는 방법에 대한 관심이야말로 역대기 기자를 사로잡았으며, 결과적으로 역대기에서 가장 많은 분량을 차지하는 내용이기도 하다. 역대기상 13장과 15장은, 이미 옛 이야기(사무엘서를 뜻함) 안에 소개된 것과 같이, 다윗이 "하나님의 궤"(혹은 "여호와의 언약궤"로도 불림)를 예루살렘으로 옮겨오는 일련의 과정을 조명한다. 역대기상 15장 16-24절은 이 일과 연관된 레위 사람들의 길고 특별한 목록을 제공한다. 이어서 역대기상 16장 4-6절은 그 레위 사람들의 이름을 낭독하고, 후행하는 37-42절은, 시편 105편을 연상시키는 듯, 제의에 관한 정보들을 연이어 열거한다. 이 구절들 안에 시편 105편과 유사한 내용이 배열된 것을 단순히 편집의 흔적으로 간주하는 것도 가능하긴 하지만 별로 설득력은 없어 보인다. 이것 역시 다윗의 진실을 담아내고 있기 때문이다.[17] 이 진실은 현실의 실재를 직시하는 다윗의 인식이 본질적으로 제의적 헌신과 관련되어 있다고 선포한다. 우리는 이 진실이 선포하는 바를 열등하다고 생각하거나 묵살할 하등의 이유가 없다.

역대기상 22-25장은 예배에 관한 광범위한 자료들을 포함한다. 우선 22장은 성전 건축을 위해 동원된 것들을 나열한다. 그리고 나서 새로운 내용을 펼친다. 23장에서는 레위 사람들에게 제의와 관련된 권한이 부여된다. 혹자는 이 장면에서 일반 레위 사람들이 부각되는 전승과 아론 계열의 우선성을 주장하는 전승 사이에서 발생하는 긴장과 충돌을 감지할 수 있을 것이다. 우리는 이러한 양상을 본문이 제시하는 그대로 인정해야 한다. 즉 일반 레위 사람들은 아론 계열의 후손들과 대등하게 나란히 선다. 24장은 아론 계열의 후손들을 중점적으로 다루지만, 20절에 가서 일반 레위인들에 대한 여지를 남긴다. 실제로 6절은 신앙 공동체를 함께 아우르는 제사장적 질서와 체계에 대한 전망을 비춤으로써 웅대한 보편주의 색채를 띤다. 마지막으로 25장은 음악과 악기를 연주하는 이들을 포함하여, 제의와 관련된 의식들이 바르고 적법하게 시행되도록 돕는 모든 사람들에 관한 내용이 주를 이룬다.

---

17 사회적으로 호소력 있게 전승을 활용하는 방편으로서 이 시편의 기능과 역할에 대해서는, Gary A. Herin, "The Role of Historical Narrative in Biblical Thought," *JSOT* 21 (1981): 40-42에 소개된 저자의 통찰력있는 제안을 참고하라.

다윗의 진실을 반영한 이 내러티브 본문은 가장 광범위한 신학적 주장들을 제의적 실재를 상당히 일상적인 사안들과 탁월하게 연결한다. 가령, 성전을 건축하는 데 필요한 준비 사항들을 따분할 정도로 하나하나 열거하면서 다윗은 솔로몬에게 이렇게 말한다:

너는 강하고 담대하게 이 일을 행하라 두려워하지 말며 놀라지 말라 네가 여호와의 성전 공사의 모든 일을 마치기까지 여호와 하나님 나의 하나님이 너와 함께 계시사 네게서 떠나지 아니하시고 너를 버리지 아니하시리라 (대하 28:29)

다윗이 솔로몬에게 한 모든 명령과 당부 사항은 우리가 듣기에도 전혀 이상하지 않다. 오히려 이 명령과 당부는 (이미 폰 라드[Gerhard von Rad][18]와 제이콥 마이어스[Jacob M. Myers][19]가 주목한 것처럼) 레위 사람이 할 법한 설교의 가장 표준적인 형태를 갖추고 있다. 이 구절에 사용된 언어와 거기에 반영된 사상은 과거 정복전쟁과 연관이 있는 전승들에서 비롯된 것들이다. 그런데 위에 인용된 구절은 솔로몬이 전쟁에서 큰 승리를 거두거나 적에게 대항하여 영웅적으로 행동해야 한다는 식으로 말하지 않고, 오히려 성전 건축사업의 책임을 자기 자신에게 돌린다. 그러므로 그 언어와 사상은 [정복전쟁이라는 범주를 초월하여] 좀 더 포괄적인 신학적 확신을 갖게 하려는 의도로 사

---

18 Gerhard von Rad, "The Levitical Sermons in I and II Chronicles," in *The Problem of Hexateuch and Other Essays*, trans. E. W. T. Dicken (New York: McGraw-Hill, 1966), 243-66.
19 Jocob M. Myers, "The Kerygma of the Chronicler," *Int* 20 (1966): 159-73.

용되고 또 반영된 것이다. 다윗은 그의 아들 솔로몬에게 자신의 가장 중요한 권한을 이양하여 맡긴다. 그리고 앞에서 인용한 구절에 이어, 성전 건축사업을 위해 필요한 인적 자원이 충분히 공급될 것임을 골자로 하는 역대기상 28장 21절이 뒤따른다는 점을 주목해야 할 필요가 있다.

> 제사장과 레위 사람의 반이 있으니 하나님의 성전의 모든 공사를 도울 것이요 또 모든 공사에 유능한 기술자가 기쁜 마음으로 너와 함께 할 것이요 또 모든 지휘관과 백성이 온전히 네 명령 아래에 있으리라

예전적 토대를 기초로 하는 이 전승은 실로 위대한 전망을 제시하고 있지만, 현실적인 부담과 어려움도 간과하지 않는다. 그럼에도 불구하고, 위에 인용된 구절은 효과적으로 선발하여 적재적소에 배치할 인적 자원 역시 하나님의 약속이 성취되기까지 그 모든 과정에 야웨께서 함께 하실 것임을 시사한다.

핵심 주제들

다소 성급해 보일 수도 있지만, 이제 역대기에 실린 다윗에 관한 기사들에 반영된 세 가지의 핵심 주제들을 살펴보고 그것들을 정리해 보려고 한다.

첫째, 다윗은 진정성있는 경건의 사람이다. 물론 이 주제가 성립되기 이전에 회중 편에서 상상력을 기초로 한 기원과 간구가 동반

되어야 했음은 의심의 여지가 없다. 요컨대 이스라엘의 옛 기억 속에 남아있는 몇몇 모티프들을 세심하게 계획된 침묵으로 대신하여 의도적으로 언급하지 않았다는 뜻이다. 그럼에도 불구하고 다윗에 대한 이 주장의 신빙성은 철저히 현실을 근거로 한다. 다윗 이야기는 처음부터 끝까지 꾸며낸 이야기가 결코 아니다. 가령 그가 회개하는 모습이 고스란히 담겨있는 사무엘하 12장처럼, 다윗에 관한 옛 기억의 다발 속에는 그가 얼마나 경건한 사람이었는지를 보여주는 매우 인상깊은 장면들이 가득 들어 있다. 이처럼 경건하고 신앙심 깊은 다윗의 면모는 포로기 이후 신실한 회중으로 서기 위한 방법을 모색하던 신앙 공동체에게 중요한 본보기가 된다. 시대와 상황의 요청에 따라 신앙과 경건의 모범을 찾으려는 이들에게 다윗을 모델로 내세우는 것보다 더 나은 방법이 과연 있을까?

다음으로, 다윗은 끊임없이 야웨를 향해 세심하게 주의를 기울이며 충절을 저버리지 않는다. 다윗이라는 인물과 관련하여, 이 주제는 야웨께서 그와 함께 하실 것이라는 옛 지파의 주장을 회상하여 투영한 것이 확실하다. 실제로 다윗의 생애와 발자취에 대한 모든 기억과 회상은 이 점을 분명히 한다. 의심의 여지없이 그에게는 왕권과 국가에 관한 이데올로기 이상의 그 무언가가 존재한다. 이것이 바로 다윗이라는 위대한 인물의 삶에 관한 하나의 진실이다. 동시에, 다윗처럼 야웨를 향해 예민하게 반응하며 주의를 기울이는 자세는 그의 생애와 행적에 대한 기억과 회상을 중심으로 형성된 신앙 공동체에게도 요구될 만큼 특별히 중요한 요소에 해당한다. 그 외의 다른 요소들은 포로기를 겪은 유대인들이 회복 공동체로 다시 서는 데에 이렇다 할 공헌을 하지 못했다. 왜냐하면 하나님이 다윗과 그의 백성에게 변함없이 신실하게 대해 주신 다윗의 하나님으로 투사되었다는 사실이 그만큼 중요했기 때문이다.

셋째, 다윗의 경건과 야웨의 신실하심은 예전과 제의를 통해 서로 매개되어 하나의 실재로 드러난다. 전제 왕정을 꿈꾸던 왕국의 정치적 선전과 망상이 완전히 실패로 끝나 버리고, 포로지에서 돌아온 이스라엘 공동체가 공적으로 시행한 예전과 제의는 그들에게 [새로운] 세계를 가시적으로 보여주는 능력을 가지고 있다는 점이 중요하다. 당연히 다윗은 이 회중을 위해 헌신한 사람으로 묘사되고, 야웨는 앞서 언급한 예배와 제의 즉 예전의 시행을 통해 역사하시는 하나님으로 나타나신다. 예배와 제의에 대한 이러한 강조점은 우리가 이전에 살펴본 다윗에 관한 다른 문헌에서는 거의 찾아볼 수 없다. 하지만 이제 포로지에서 귀환한 이스라엘 공동체의 눈 앞에 펼쳐질 새로운 세계는 전적으로 예배와 제의를 통해 그 전망과 역량을 드러낸다. 즉 이 공동체가 신뢰할 수 있는 다윗의 진실은 예전적 진실이다. 이것이 바로 다윗은 물론이거니와 그에 의해 동력을 얻은 사회적 실재(포로지에서 돌아온 공동체를 가리킴)를 위한 도구이자 수단이다. 이를 통해 다윗과 그를 구심점으로 하는 공동체는 이제 "예배를 지향하는"(at worship) 예배 공동체로 자리매김한다.

요약 정리

지금까지 우리는 사무엘서에 나오는 다윗에 관한 기사를 부분적으로 인용한 두 종류의 파생 본문들을 탐색했다. 이스라엘 왕정 안에서 "신실한 행위"(חֶסֶד 헤세드)를 바탕으로 다윗을 종말론적 메시아로 투영한 시편 89편과 132편; 예레미야애가 3장 21-27절; 사 55장 3절과, 다윗을 교회론적 시각으로 묘사한 역대기 본문이 그 파생 본문들에 해당한다. 이 두 종류의 본문들이 그리는 궤적을 하나로 묶을 수 있는 쉽고 분명한 방법은 존재하지 않는다. 이 두 종류의 본문들의 궤적이 각기 다른 방향으로 전개되기 때문이다. 그럼에도 나는 이 두 종류의 본문들이 함께 소망으로 가득한 다윗을 묘사한다고 제안하고자 한다. 그렇게 서로 다른 전승 안에 각각의 관점과 방식에 따라 다윗이라는 인물을 통해 투사된 소망은, 적대적이지 않을지언정 모든 것이 낯설기 그지없는 이방 땅 한복판에서 신앙 공동체가 지속될 수 있도록 힘과 생명을 불어넣는다. 포로기 동안 다윗은 이방 땅에 포로로 끌려간 이스라엘 후손들이 하나님께 그들의 고통과 구원에 대해 호소하는 근거와 같은 대상으로 기능하듯이, 포로기 이후 "작은 일의 날"(슥 4:10)로 불리는 기간 동안에는 하나님께 호소할 수 있는 동기와 근거를 제공해 주는 인물로 제시된다. 서두에서 언급한 "신실한 행위"를 바탕으로 하는 전승과 역대기 전승 안에서 공히 다윗의 인격과 성품 그리고 그의 역할을 통해 역사의 사건들이 재가되는 무언가 결정적인 일들이 벌어진다. 이러한 면모는 그 "신실한 행위"를 근간으로 하는 전승에서 더 확연히 나타난다. 그렇게 말할 수 있는 이유는, 예레미야애가 3장 18-22절과 이사야 55장 3-5절에서, 다윗의 약속을 믿는 믿음이 현재의 어려운 환경과 고통을 불러오는 현실적 상황을 부인하고 반박하는 데 사용되기 때문이다.

역대기 내에서는 이 문제가 그리 선명하게 드러나지 않는다. 여기서 종말론은 (폴 핸슨[Paul D. Hanson][20]이 제안한 것처럼) 무언가를 앞질러 예상하고 기대하기보다는 그것을 실현하고 성취하는 경향이 더 강하다고 할 수 있다. 혹은 (제임스 뉴섬[James D. Newsome][21]이 주장하듯이) 학개서와 스가랴서의 상호 연관성은 이 전승을 종말론적 전망 가운데 위태롭고 임박한 미래에 관한 것으로 이해하도록 우리를 안내하기도 한다. 둘 중 어느 쪽이든, 역대기 저자가 바라본 다윗은 현재뿐만 아니라 미래까지도 필연적으로 그를 중심으로 형성된다고 믿는다.[22] 이러한 차원에서 역대기의 마지막 단락(대하 36:22-23)이 상당히 중요하다. 이 단락은 에스라서를 여는 첫 구절들과 연결된다. 설령 이 구절들이 후대에 삽입된 것이라고 간주하여 역대기와 에스라서의 연결성을 무시한다고 하더라도, 그 열린 미래가 제시하는 요점은 의미하는 바가 크다. 역대기하 36장 21절에 따르면, 이스라엘이 바벨론 땅에 포로로 끌려온 것은 예레미야의 입을 통해 그들에게 선포하신 말씀 즉 심판의 말씀이 성취된 것이다. 역대기

---

20 Paul D. Hanson, *The Dawn of Apocalyptic: The Historical and Sociological Roots of Jewish Apocalyptic Eschatology*, rev. ed. (Philadelphia: Fortress Press, 1979), 276.
21 James D. Newsome, "Toward a New Understanding of the Chronicler and His Purpose," *JBL* 94 (1975): 201-17.
22 Williamson, "Eschatology in Chronicles," 153-54.

하 36장 22-23절(이 역시 예레미야의 입을 통해 하신 말씀임)에 의하면, 머지않아 그들은 약속의 땅으로 귀환할 것이다. 그 귀환은 한치의 오차도 없이 예루살렘을 향한 발걸음이 될 것이다. 만약에 역대기가 예루살렘의 가치를 부각하고 그 중요성을 강조하기 위한 목적으로 기록된 것이라면, 스룹바벨과 학개-스가랴서 전체의 전망을 하나로 묶는 연관성은 수용할 만하다. 다윗 전승은 유다의 패망에 따른 절망과 더불어, 고집스러운 바벨론과 무관심으로 일관한 페르시아를 부정하기 위한 목적으로 전혀 예상치 못한 방식으로 사용된다. 이 전승은 다윗에 관한 자료들을 통해 미래를 위한 엄청난 에너지를 불어넣는다. 실제로 이 전승에 뿌리박은 미래를 제외하면, 귀환한 포로들로 구성된 회복 공동체의 미래를 예견하는 것은 불가능하다.

역대기 본문에 회중의 소망어린 진실이 풍성하게 드러나는 이유는 그것이 정치적인 계산이나 모략과는 궁극적으로 상관이 없기 때문이다. 정치적 과정 중에 발생하는 기회들과 가능성들은 그리 중요하게 고려되지 않는다. 오히려 정치적 영향력이 없는 사람들이 처한 변두리 상황에서, 이 전승들은 믿음을 근간으로 한 공동체의 삶을 창조하시는 하나님의 신실하심에 전적으로 의존한다. 여타 형태의 소망은 뒤로 한 채, 오직 하나님께 시선을 고정하는 것, 그것이야말로 진정한 소망이다. 이것은 현재와 미래 모두가 하나님께 속하였음을 인정하는 신앙적인 선언이다. 다윗은 하나님의 통치와 다스림이 현재는 물론이거니와 미래에도 역사적으로 성취되게 한 하나님의 대리인이다. 또 그가 생존하던 때로부터 상당한 시간

이 흐른 후대—즉 포로기와 포로기 이후—에 이스라엘 회중의 구심점이 되는 원역사(primal history)를 일궈낸 인물이기도 하다. 다윗에 대한 이처럼 강력한 기억과 유의미한 회상은 이스라엘 앞에 펼쳐질 새로운 미래를 중재하여 이끌어 내도록 그렇게 형성된 것이다.

결론

진실,
그 자유와
위험천만함에
대하여

다윗은 이스라엘의 상상력을 자극하고 힘을 공급해 주는 인물이다. 이스라엘에게 주어진 전승은 물론, 그들의 신앙 마저도 다윗에게 지속적으로 매료되어 왔다. 그 전승 안에 모습을 드러내는 다윗은 늘 현재의 상황을 넘어서는 새로운 역사적 기회들을 창출한다. 우리는 다양한 성경 본문들 안에서 다윗에 관한 진실을 발견했다. 그 진실은 강력하고 유의미한 만큼 미묘하고 난해하며, 단언적인 만큼 아이러니로 가득하다.

우리는 풍성하고 다양한 신학적 관점으로 구약성경을 횡단하듯 광범위하게 살펴보았다:

지파의 염원이 가득 담긴 진실: 사무엘상 16장 1절—사무엘하 5장 5절 (1장)

다윗의 고통스러운 진실: 사무엘하 9-20장 그리고 열왕기상 1-2장 (2장)

왕국의 확실한 진실: 사무엘하 5장 6절—8장 18절 (3장)

회중의 소망어린 진실: 시편 89편; 132편; 예레미야애가 3장 21-27절;

이사야 55장 3절; 역대기상 10-29장 (4장)

가장 먼저, 우리는 다윗에 관한 전승이 얼마나 다양한지를 관찰했다. 세대가 다를지언정, 이스라엘 백성은 그들이 삶을 신실하게 살아갈 수 있도록 도와주는 다윗에 관한 각기 다른 자료들의 위상을 정확하게 집어낼 수 있었다. 다윗(의 생애와 업적)을 각기 다른 각도와 구별된 방식으로 묘사해 낸 성경 문헌들은 저마다 순전하게 하나님의 말씀으로서 권위를 갖는다.

이와 병행하여, 다윗에 관한 전승은 모두가 동의해야 하는 단 하나의 교리적 진술이나 주장으로 축소되거나 함몰되어서는 안 된다. 또 어떤 진술은 우선성을 갖고 또 다른 진술은 하위에 위치한다고 이해하거나, 어떤 본문은 원본에 더 가깝고 다른 본문은 파생적이라고 구분하여 성경으로서의 권위가 다르다는 식으로 접근하는 것은 온당하지 않다. 이미 앞에서 지적한 것처럼, 우리는 "원본"에 대한 열망 때문에 역사적 증거를 찾는 데에만 몰입하거나, 정경에 반영된 예술성에 매료되는 실수를 반복해 왔다. 그러나 다윗의 진실이 기준이라면—즉, 다윗에 관한 전승을 통해 그가 걸어간 삶의 발자취를 회상하는 이 기억 속에서 발견한 파급력과 신뢰가 결코 부정할 수 없는 기준이라면—우리는 말을 더 아끼고, 역사적이거나 문학적인 환원주의 내지는 축소주의(reductionism)를 경계해야 한다. 과연 누가 [역사적이거나 문학적인 방법론을 사용했다고 해서] 다윗을 가장 잘 식별해 냈다고 말할 수 있을까? 오늘날 심리학으로 쏠리는 선호 때문에, 많은 이들은 다윗의 내면에 대한 힌트를 얻을 수 있는 유일한 출처인 [왕위] 계승 내러티브에 더 강한 애착을 갖기 쉬울 것이다. 하지만 그렇다고 해서 그러한 선호 현상이 꼭 본문의 상대적인 우위를 가리키는 것은 결코 아니다. 우리 자신과 이 시대에 관한 진술은 더욱 그러하다. 역대기 저자와 마찬가지로, 의심할 나위없이 다른 환경과 맥락 속에서 우리는 "더욱 참된 진실"(truer truth)을 반영한 예전적 다윗(liturgical David)을 찾으려 한다. 이 시점에서 놓치지 말아야 할 요점은 여러 본문들 안에 묘사된 다윗의 매혹적인 특성들이 확연히 드러나더라도, 저마다 특별히 고려되고, 가치를 인정받으며, 매우 진지하게 다뤄진다는 점이다.

마지막으로, 한 가지 더 일반적인 진술을 해야 할 것 같다. 우리가 지금까지 진행해 온 연구는 우리로 하여금 과연 무엇이 다윗을 그토록 매력적인 인물로 보이게 만드는 것인지에 대해 의문을 갖게 한다. 우리가 앞에서 살펴본 성경 본문들은 왜 다윗에게 하는 것만큼 사울이나 솔로몬 혹은 그 외의 다른 인물을 집중적으로 묘사하지 않는 것일까?

방금 전에 제기한 질문에 대해서 나는 이렇게 생각하고 싶다. 한편으로, 다윗은 우리와 무척 비슷한 인물이다. 그에게는 무언가 진짜 사람다운 구석이 있다. 이 말은 다윗의 인생과 발자취에 우리가 의지하고 동일시할 수 있는 인간적인 모습이 있음을 의미한다. 또 그를 흥미롭게 생각하는 반면, 지루하다고 생각하지 않는 자유도 있다. 하지만 우리가 우리 자신을 다윗과 동일시하는 중에도, 우리와 다윗 사이에는 차이가 엄연히 존재한다. 이 차이는 그의 면전에 서 있는 모든 사람들을 설득하고 이끄는 탁월한 리더십을 통해 발현되는 그의 대담함과 위엄에서 비롯된다. 그의 위대하고 탁월한 리더십 안에는, 계략이나 획책이 아니라 순전하고 진심어린 방법으로 사람들의 이해와 설득을 얻어내는 강인한 믿음이 자리하고 있다. 그리고 우리에게는 그러한 다윗과 우리 자신을 동일시할 뿐만 아니라, 지금의 우리 자신을 넘어설 힘과 능력이 있다.

그렇다면 우리는 성경이 기억하는 이 인물에 관한 상상력을 어떻게 포착할 수 있을까? 나는 앞에서 환원주의 내지는 축소주의를 범하지 말라고 경고했지만, 지금은 그것과 비슷한 시도를 하려고 한다. 다윗의 심리를 지배적으로 묘사한 [왕위] 계승 내러티브로 돌아가기보다는, 이 인물의 됨됨이를 한 마디로 요약해 놓은 역대기상 29장 4절로 가보도록 하자:

> 모든 것이 주께로 말미암았사오니,
> 우리가 주의 손에서 받은 것으로 주께 드렸을 뿐이니이다.

이 진술은 역사적으로 다윗과 상관없이 예전을 위해 기록된 것처럼 보일 수도 있다. 그렇지만 나는 이 구절에서 다윗(의 생애)에 관한 변함없는 특징을 하나 포착할 수 있다고 생각한다. 인생이란—모든 영역에서 이러저러한 요인들에 의해 영향을 받고 곤란한 상황에 처해 혹사를 당할 수도 있지만, 끝내 영광을 차지하게 되는—선물이라는 그의 깨달음이 바로 그것이다.[1] 다윗에 관한 전승은 놀라울 정

---

[1] 이미 한 논문에서, David M. Gunn은 "선물—움켜쥠"(gift-grasp)이라는 모티프가 야기하는 긴장(tension)이야말로 다윗 전승에서 결정적인 역할을 한다는 사실을 피력한 바 있다("David and the

도로 변화무쌍하다. 그렇지만 그 모든 상이한 변화들을 하나로 묶는 초점이 존재하지 않을까? (구약성경 안에 등장하는 또 한 명의 위대한 인물인) 모세와 달리, 다윗은 은혜를 받고 그 은혜를 다시 하나님께 돌려드릴 수 있는 인물이다. 다윗은 광신도가 아니다. 지나칠 정도로 양심적으로 꺼려하는 사람도 아니다. 다만 (언약) 공동체의 일원으로서 그에 부합하는 삶을 영위하는 기회가 제공된 인물이다. 우리는 이 점을 앞서 네 개의 그룹으로 이루어진 성경 본문들을 통해서 확인했다.

1. 다윗에 대한 지파의 주장과 관련해서, 특히 "다윗의 급부상"이라는 제목을 사용한 부분(1장을 보라)에서는 사무엘상 16장 1-13절에 기술된 내용을 주로 다뤘다. 11절에서 다윗은 의존적이며, 순종적인 "막내"(קָטֹן 카톤) 즉 '하찮은/작은 자'로 소개된다. 이 특징적 묘사는, 문학적 효과를 최고치로 끌어올리기 위한 의도가 반영된 것이기도 하지만, 그가 거대한 골리앗과 맞서 싸울 때까지도 계속된다.

2. [왕위] 계승 내러티브에서 다윗은 은혜를 받고 그 은혜를 다시 하나님께 돌려드린다는 동일한 모티프를 그야말로 고난과 우여곡절이 어우러진 길고 복잡한 과정을 거치면서 경험한다. 이 모티프는 특히 다윗이 회개하는 모습을 묘사한 사무엘하 12장 13절에서

Gift of the Kingdom [2 Sam. 2-4, 9-20, 1 Kgs. 1-2]," *Semeia* 3 [1975]: 14-45). 물론 Gunn은 그 모티프를 신약성경으로 끌고 오진 않는다. 그러나 누군가 그러한 연구를 시도한다면, 빌 2:5-11에 나오는 찬가와 구조상 매우 유사한 평행을 발견하게 될 것이다.

선명하게 드러나는데, 그 장면에서 다윗 자신은 인생이란 계획하고 뜻한 바대로 살아지는 것이 아님을 뼈저리게 깨닫는다. 이 성찰과 깨달음은 다윗이 그의 생명을 하나님의 손에 의탁하는 고백어린 호소가 실린 사무엘하 15장 25-26절과 16장 12절에도 고스란히 반영된다.

3. 국가 차원의 주장과 관련해서, 야웨는 아무런 자격이 없는 다윗에게 선물을 일방적이면서도 무조건적으로 하사하신다(삼하 7:8-16). 다윗은 "하나님께 모든 영광과 존귀를 올려드리는" 기도를 통해 그 선물을 받는다(삼하 7: 18-22). 비록 다른 품사(동사, 7:19)이긴 하지만, 여기서도 קטן(카톤)이라는 단어가 사용된다. 해당 단락에서 다윗은 내려놓으려고 준비한 것보다 더 크고 많은 것을 받는다.

4. 방금 전에 설명한 내용은, 다시금 자격이나 조건을 따지지 않고 허락하시는 야웨의 언약적 약속을 기록한 역대기가 피력하는 바와 다르지 않다(대상 17장). 역대기상 17장 16-17절에도 קטן(카톤)이라는 단어가 사용되는데, 이 단어는 사무엘서와 역대기를 균형 있는 시각으로 바라보게 해준다.

따라서 역대기상 29장 14절에 묘사된 비움과 신뢰를 바탕으로 한 항복에 해당하는 다윗의 행위는 그에 관한 전승을 기록한 이들이 한결같이 발견한 반복적인 주제(leitmotif)를 형성한다. 이 구절이 예전적인 틀에 입각해 기술된 것임은 틀림없는 사실이다. 게다가 고도로 양식화된 형식을 사용한 것이기도 하다. 다윗이 때로는 무자비하고 교활한 모습을 보인다는 것도 틀린 말은 아니다. 그럼에도 불구하고, 우리를 매혹시키는 것은, 다윗에게는 그를 신뢰하게 만드는 순전하고 소박한 인간적인 면모가 있다는 점이다. 이는 실로 어마어마한 힘을 발휘한다. 내가 경험한 신학적 전통에 의하면, 이것은 "은혜"(grace)라고 부를 만하다.

다윗은 당연히 신학자가 아니다. 따라서 "신학"이라는 용어를 전문적인 의미로 사용하려는 의도는 추호도 없다. 다만 사무엘하 23장 14-17절 단 네 개의 절로 구성된 짧은 내러티브 안에 반영된 은혜로움을 집고 넘어가고자 한다. 순전한 위엄과 고결함을 바탕으로 다윗은 그의 용사들이 자신들의 주군에게 전적으로 헌신하여 목숨을 걸고 블레셋 진영을 돌파하고 지나가 베들레헴 성문 곁 우물에서 가지고 온 물을 마시는 것을 기뻐하지 않는다. 그 물을 야웨께 부어드리는 행위는 그에게 주어진 선물을 사양하고 거절하는 것으로 이해할 수 있다. 다윗의 용사들은 다윗이 그 물을 땅 위에 붓는 행동이 성례전적 행위임을 잘 알고 있었다. 그 어떤 말을 사용해도 그들이 서로를 얼마나 신뢰하고 끈끈하게 결속되어 있는지 충분히 설명해 낼 수 없을 것이다. 역대기상 11장 17-19절에도 동일한 에피소드가 기록되어 있다. 우리가 앞 장에서 살펴본 것처럼, 역대기는 일화적인 내용들을 많이 걸러내는 경향이 다분하다. 그런데도 역대기 저자는 이 이야기를 해당 책 안에 포함시킬 뿐만 아니라, 다윗 이야기가 시작되는 제일 첫 번째 장, 그것도 앞부분에 배치해 놓았다. 요컨대, 역대기 저자는 이 사건을 알고 있었음은 물론 그것을 생략할 수 없었다는 것이다. 왜냐하면 해당 사건이 이 사람에 대한 진실을 드러내 주기 때문이며, 오직 이야기만이 그렇게 그에 관한 진실을 선언적으로 드러낼 수 있기 때문이다.

다윗에 관한 전승 안에는 인간을 향한 그리고 하나님을 향한 다윗의 이러저러한 태도와 모습들이 많이 나타나 있지만, 그 모든 것들은 사무엘하 23장 14-17절이 보여주는 다윗의 놀라운 인간적인 섬세함과 결속과, 역대기상 29장 14절이 묘사하는 하나님을 향한 그의 철저한 항복이 형성하는 양 극단 사이에 포함된다. 다윗이 하나님과 많은 사람들에게 은혜와 사랑을 받는 것은 놀라운 일이 아니다. 놀라운 인간적인 섬세함 그리고 하나님을 향한 철저한 항복 이 두 가지의 결정적인 자질은 서로 떼려야 뗄 수 없는 것들이다. 이 둘 중에 어느 하나를 배제하지 않는 두 가지 자질 모두 다윗에 관한 전승이 높이 사고 또 널리 알리고자 하는 진실에 해당한다(참조. 요일 4:20-21). 이는 우리에게 의미하는 바가 매우 크다. 이 두 가지 자질은 우리가 살아가는 이 시대에 가장 절박하게 요청되는 진실이기 때문이다.

이 책에서 신약성경을 논의에 포함시키지 않았지만, 당연히 신약성경 안에도 우리가 연구해 온 주제와 관련하여 이목을 끄는 사안들이 많이 있다. 하지만 안타깝게도 신약성경까지 영역을 확대시켜 나가는 것은 우리에게 주어진 시간과 지면의 한계를 넘어서는 일이다.

그렇다고 해서 구약성경과 신약성경의 연결성을 부정할 수는 없다. 우리는 지금까지 다윗의 진실에 관한 질문들을 탐색했다. 이미 앞에서 주지했다시피, 다윗의 진실이라는 말은 의미가 꽤 모호하다. 해당 어구는 다윗의 역사적 현실—감추고 싶은 상처와 깊은 흔적까지 빠짐없이 포함한 다윗에 관한 모든 진실—을 추적하는 역사적 방법론도 어느 정도 연관성이 없지 않다. 부분적으로는 우리도 그런 역사적 현실에 의문을 가지고 접근하기도 했다. 하지만, 전적으로 그렇게 하지는 않았다. 진실이라는 단어는 다윗이 살아낸 삶 중에서도 그가 붙들고 의존했던 개인적인 신앙을 의미할 수도 있다. 그렇지만 우리는 진실을 역사나 문학적인 연구를 통해서 터득할 수 있는 그런 것이 아니라는 이해를 바탕으로 그것을 우리가 손을 뻗어 닿을 수 있는 것 이상의 의미를 가지고 있는 것으로 간주했다. 물론 다윗의 진실이라는 표현은, 다윗에 관한 정경과 이스라엘 공동체의 기억과 소망을 붙좇기 때문에, 결정적 순간을 현실로 성취해 내는 인간 다윗을 둘러 싼 현실을 실제적으로 드러나게 하는 것을 뜻할 수도 있다. 엄밀히 말하자면, 우리가 시도한 연구는 이 세 가지 차원의 의미를 조금씩 전부 공유한다. 그러나 우리의 주된 관심사는 세 번째 의미—즉 인간 다윗을 둘러싼 현실을 실제적으로 드러내는 것—에 초점을 맞췄다. 이것은 한 인간 안에서 구체화된 진실이며 그의 삶을 매개로 한 진실이기 때문이다.

예수님에 관한 이야기에서, 당대 이스라엘의 통치자요 제국의 지성과 지식을 독점한 감독 빌라도는 예수님께 최종적으로 "진리가 무엇이냐?"(요 18:38, 옮긴이)라고 묻는다. 이와 마찬가지로, 네 번째 복음서의 기자는 다음 세 개의 질문을 던진다:

예수님에 관한 실제적인 문제(factual matter)는 무엇인가?
예수님이 붙드신 진리는 무엇인가?

참 사람이신 예수님을 둘러 싼 현실을 실제적으로 드러나게 하는 것은 무엇인가?

예수님께서 친히 진리를 단수 형태로 설명하신 것을 제외하고는 (요 14:6),[2] 빌라도의 물음은 그리 단순하게 답할 수 있는 것이 아니다. 예수님과 빌라도 사이에 있었던 사건을 묘사한 이야기는 빌라도가 예수님에게 위 물음을 묻는 말과 함께 끝난다. 그러나 요한복음 서두에서 예수님은 "은혜와 진리"가 충만한 분으로 선포된다(요 1:14). "은혜와 진리"의 헬라어 어구 χάρις καί ἀλήθεια(카리스 카이 알레떼이아)를 히브리어 식으로 바꾸면, 다윗에 관한 전승에서 살펴본 חֶסֶד וֶאֱמֶת(헤세드 베에메트)로 표현할 수 있다.[3] 이 단어들은 이스라엘 백성이 빈번하게 사용한 어구이긴 하지만, 사무엘하 7장 14-16절에서는 다윗(언약)과 관련하여 사용된다.

다윗의 용사들이 블레셋 진영을 돌파해 들어가 베들레헴 성문 곁 우물에서 길러온 물을 다윗이 마시지 않고 오히려 그들을 향한 신뢰와 결속을 다지고 나서 그 물을 하나님께 부어드리게 한 것(삼하 23:14-17; 대상 11:15-19)은 바로 은혜와 진리였다(חֶסֶד וֶאֱמֶת; χάρις καί ἀλήθεια). 또 주의 손에서 받은 모든 선물을 다시 주님께 돌려드린 것뿐이라는 다윗의 고백 역시 은혜와 진리에서 비롯된 것이다(대상

---

[2] Paul Lehmann이 *The Transfiguration of Politics* (New York: Harper & Row, 1975), 48-78에 소개한 이 본문에 관한 논의를 참고하라.
[3] 한 쌍으로 사용된 이 어구의 용법과 의미에 대해서는, Edgar Kellenberger, חֶסֶד וֶאֱמֶת *als Ausdruck einer Glaubenserfahrung: Gottes Offen—Werden und Bleiben als Voraussetzung des Labens*, ATANT 69 (Zurich: Theologischer Verlag: 1982)를 참고하라.

29:14). 게다가 신뢰와 언어유희가 기묘하게 결합되어 있는 이 은혜와 진리는, 성경 본문에 대한 우리의 탐구를 지속시키고, 그 결과를 효과적으로 표현해 내게 하며, 확실하긴 하지만 아직 완전히 다 드러나지 않은 계시와 성취를 진술하는 유일한 통로인 성경 내러티브를 적실성있는 하나님의 말씀으로 자리매김하게 한다. 논의를 마무리하는 이 시점에 다다른 우리는 빌라도와 비슷한 위치에 서 있다. 은혜와 진리를 함께 대하는 이 만남이 실제적인 것임을 우리는 익히 잘 알고 있지만, 이 만남이 얼마나 믿을 만한 것인지에 대해서는 여전히 의아해한다. 다윗(의 진실)은 계속해서 궁금증과 의문점들을 불러 일으킨다. 우리네 인생은 절망에 빠진 사울의 두려움이나 부끄러할 줄 모르는 솔로몬의 자기 확신 그 어디에도 안착하지 않을 것이다.[4]

다윗과 같은 인물에 관한 진실은 항상 속임수나 이데올로기의 가장자리 끝 위험한 부분 어딘가에 놓이기 쉽다. 놀랄 만큼 자유롭지만, 또한 항상 위험에 노출되어 있기에 위험천만하다. 이와 달리, 감언이설로 포장된 진실은 다윗과 같이 부단히 달음질 친 인물을 객관적으로 담아내지 못할 것이며, 이보다 더 확고한 진실은 여전히 남아있는 약속을 향한 이 사람의 열망을 감당해 낼 수도 없을 것이다.

---

4 내가 다윗에 대해 *In Man We Trust: The Neglected Side of Biblical Faith* (Richmond: John Knox, 1972), 4장에서 언급한 미묘한 입장을 살펴보기 바란다.